D1694540

Karlheinz Kurt Naumann

Wirtschaftsboom am Zuckerhut

In memoriam Kurt Naumann
*24.10.1921 † 10.11.2007

Karlheinz Kurt Naumann

Wirtschaftsboom am Zuckerhut

Strategien für langfristigen Erfolg in Brasilien

REDLINE WIRTSCHAFT

Bibliografische Information der Deutschen Nationalbibliothek

Die Deutsche Nationalbibliothek verzeichnet diese Publikation in der Deutschen Nationalbibliografie.
Detaillierte bibliografische Daten sind im Internet über http://dnb.d-nb.de abrufbar.

ISBN 978-3-636-01559-4

Unsere Web-Adresse:
www.redline-wirtschaft.de

Redaktion: Tanya Wegberg, Neuruppin
Umschlaggestaltung: INIT, Büro für Gestaltung, Bielefeld
Umschlagabbildung: getty images, München
Abbildung S. 24: www.holidaycheck.de
Abbildung S. 25: Sabine Heinle, Baden-Württembergisches Brasilien-Zentrum der Universität Tübingen: www.uni-tuebingen.de/brasilien-zentrum
Satz: M. Zech, Landsberg am Lech
Printed in Austria

Inhaltsverzeichnis

Einleitung

Brasilien ist kein asiatischer Tigerstaat, sondern das Land des südamerikanischen Jaguars: schön, exotisch, gefährlich, scheinbar faul, aber immer auf dem Sprung, wenn es gilt, schnell wie der Blitz eine Beute zu packen. Brasilien hört sich nach Abenteuer und Tropenurwald an, aber auch nach Samba, Karneval und Fußball, und natürlich nach Kaffee, heiß und schwarz.

Ich freue mich auch nach 30 Jahren immer wieder über die Begeisterung der Zuhörer, wenn ich auf meinen Vortrags- und Beratungsreisen erzähle, dass ich in Brasilien wohne. Diese Begeisterung ist nicht immer sachlich gerechtfertigt, doch weil in Deutschland leider auch nicht alles zum Besten steht, suchen Unzufriedene gern ihr Eldorado in weit entfernten sonnigen Ländern, über deren grauen Alltag sie wenig wissen. Der kann einem das Leben allerdings auch in Brasilien schwer machen.

Aber heute kennen viele Menschen Brasilien aus eigener Anschauung, sei es geschäftlich oder privat. Über 1.200 deutsche Firmen haben sich in Brasilien niedergelassen, einige davon schon vor über 100 Jahren, und entsprechend viele deutsche Fach- und Führungskräfte sind nach Brasilien gereist. Nicht wenige davon wollten für drei Jahre dort arbeiten – und sind heute wie ich nach 30 Jahren immer noch da.

So grau kann der Alltag also doch nicht sein. Und wer den schönen Spruch kennt »10 Millionen *Bild*-Leser können nicht irren«, der schließt zu Recht schnell: »1.200 deutsche Firmen können auch nicht irren«, denn wer wie Bayer oder Siemens rund ein Jahrhundert in Brasilien ausgeharrt hat, hat sicher *à la longue* kein Geld dabei verloren. Nicht zu vergessen die vielen Urlauber, die trotz der nicht gerade billigen und durchaus beschwerlichen zwölfstündigen Anreise den Weg nach Brasilien nicht scheuen, um Verwandte und Freunde zu besuchen oder das Land und seine Bewohner kennenzulernen.

Nach dem Zweiten Weltkrieg war Brasilien ein begehrtes Ziel für deutsche Unternehmer. Ich kam 1978 als Produktionsvorstand der Amortex SA nach Brasilien. Diese Firma im Süden São Paulos stellte zuerst Stoßdämpfer, dann auch Kupplungen her und gehörte seit 1959 zur damaligen Fichtel & Sachs AG. Heutiger Firmensitz ist São Bernado do Campo. Lange nahm Deutschland hinter den USA den zweiten Platz unter den ausländischen Investoren in Brasilien ein. Das änderte sich mit der Privatisierung der brasilianischen Staatsbetriebe, an der sich deutsche Firmen nicht beteiligten und wodurch es von Ländern wie Spanien schnell auf hintere Plätze verdrängt wurde.

Die Wiedervereinigung Deutschlands lenkte das Interesse deutscher Unternehmer dann für mehr als ein Jahrzehnt zunächst nach Osteuropa, ehe es sich auf Russland und China sowie heute verstärkt auf Indien verlagerte. Ich merke das deutlich an der Anzahl meiner Beratungsgespräche, die ich seit 1997 jedes Jahr in Industrie- und Handelskammern in Nordrhein-Westfalen im Rahmen der NRW-Firmenpooltage halte. Anfänglich hatte ich an einem einzigen Tag über 20 Interessenten zu beraten, dann ging die Zahl der täglichen Gespräche auf sechs zurück, während meine Poolmanagerkollegen aus China auf einmal alle Hände voll zu tun hatten.

Seit einiger Zeit hat das Interesse an Brasilien wieder deutlich zugenommen. Auch Dr. Acker, der hiesige Chef der BASF und Präsident der AHK São Paulo, sprach auf dem Deutsch-Brasilianischen Unternehmertreffen 2007 in Blumenau von einer Trendwende. So haben Firmen aus der Europäischen Union 2006 immerhin 5,3 Milliarden Euro in Brasilien investiert und »nur« 4,3 Milliarden Euro in Russland, 3,7 Milliarden Euro in China und 1,6 Milliarden Euro in Indien. Wenn Brasilien also bei einer Diskussion über die BRIC-Staaten nicht gebührend berücksichtigt wird, sollte man diese Zahlen im Auge haben und auch vermerken, dass 2005 und 2006 von spanischen Unternehmen 3,6 Milliarden Euro in Brasilien investiert wurden, die damit zu den größten Einzelinvestoren aus der Europäischen Union wurden. Im ersten Halbjahr 2007 investierten ausländische Firmen 24,3 Milliarden Dollar in Brasilien, alleine im Juni 2007 waren es über 10 Milliarden Dollar wegen der Übernahme der brasilianischen Arcelor-Tochter durch Mittal, den Kauf des Finanzvermittlers Serasa durch Experian und der Übernahme einer zur Unibanco gehörenden Immobilienfirma durch die Deutsche Bank. So viel investierten ausländische Unternehmen 2003 insgesamt in Brasilien – 2007 reichte dafür ein einziger Monat!

Weiter unten werde ich Ihnen zeigen, wohin diese Investitionen gehen. Hier sei aber schon vermerkt, dass der weitgehend brasilianisch beherrschte Rohstoffsektor eine wichtige Rolle dabei spielt und die relevanten Investitionen 2007 in die Branchen Stahl, Chemie, Bergbau und Agrobusiness mit Schwerpunkt Ethanol gehen, also in die Bereiche, die Brasiliens Exportrückgrat bilden. Das ist verständlich, denn der Export wächst nach wie vor, trotz des starken Wertzuwachses des Real in den letzten zwei Jahren. Mit einem allgemeinen Rückgang der Rohstoffpreise rechnet niemand, obwohl in Einzelfällen – siehe Kupfer und Nickel – die Preise durchaus fallen können.

Also fehlt zum Glück der brasilianischen Exporteure nur noch ein Rückgang der Bürokratie bei der Abwicklung ihrer Auslandsaufträge. Wobei der Binnenmarkt von den Investoren durchaus nicht vernachlässigt wird, denn die Bauwirtschaft, die Nahrungsmittel- und Getränkeindustrie und der Kraftfahrzeugbereich wachsen stark und ziehen neues Kapital an, auch wenn im zweiten Halbjahr 2007 zum Beispiel die Zucker- und Ethanolpreise stark nachgegeben haben. Dieses Kapital kommt nicht mehr nur aus der alten Welt oder den USA, sondern vermehrt aus anderen Schwellenländern. Das ist eine ganz junge Tendenz, denn 2000 kamen weniger als 1 Prozent der ausländischen Investitionen aus Schwellenländern, 2006 waren es schon 10 Prozent mit starker Beteiligung Lateinamerikas, allen anderen voran Mexiko, Chile und Kolumbien.

Während Brasilien für viele Deutsche in erster Linie exotisch und erst in zweiter Linie ein Ort für Geschäftspartnersuche ist, gehen die Brasilianer zunehmend selbst ins Ausland – als Investoren und nicht nur als Touristen! Ausländische Konzerne investierten 2006 in Brasilien 18 Milliarden Dollar, brasilianische Multis investierten im Gegenzug 26 Milliarden Dollar außerhalb der Grenzen Brasiliens und stärkten damit ihre globale Wettbewerbsfähigkeit. Und um auf den starken Real zurückzukommen: Ohne dieses Engagement hätten einige Branchen zurzeit schlechte Karten, unter anderem der Textilbereich.

Von Januar 2004 bis Februar 2007 konnte Brasilien dank des starken Real und der dadurch ermöglichten Importe, die auf die Preise drückten, bei einigen Produkten eine kräftige Deflation verzeichnen:

– 43 % DVD-Spieler	– 28 % Reis	– 27 % Fernsehapparate
– 24 % PCs	– 14 % Sojaöl	– 13 % Margarine
– 11 % Telefonapparate	– 8 % Seife	– 7 % Nudeln

Das bedeutet nicht notwendigerweise, dass wir jetzt in Brasilien nur noch importierte Ware kaufen, sondern in vielen Fällen auch, dass sich die einheimische Industrie der Konkurrenz gestellt hat, durch Rationalisierung und Innovation wettbewerbsfähig wurde und damit ihr Überleben sicherte. Es gibt natürlich auch Fälle wie die Spielzeugindustrie, die viele einheimische Produkte durch (selbst) importierte ersetzte, was bedeutet, dass die Fabrikation zugunsten des Handels mit Importware zurückgefahren oder eingestellt wurde. Eine Firma fit für den globalen Wettbewerb zu machen ist natürlich anstrengender, als Händler zu werden. Besonders, wenn es unter anderem auch gegen chinesische Konkurrenten geht und wenn die eigene Regierung einem nur Knüppel zwischen die Beine wirft.

Es gibt Grenzen für das »Fitwerden«, vor allem, wenn unlauterer Wettbewerb im Spiel ist – dann kann manchmal eine Industrie nicht mithalten und verschwindet. Im Fall der brasilianischen Textilindustrie raffte sich selbst eine Regierung Lula zu Maßnahmen auf, um den Konkurs eines ganzen Sektors zu vermeiden. Einem Vertreter der Textilindustrie – der Cia. Hering – ist ein eigenes Kapitel dieses Buches gewidmet, weil sie wegen ihrer deutschen Wurzeln für den Leser besonders interessant ist.

Bevor ich mich weiter der brasilianischen Wirtschaft widme, möchte ich Ihnen das Land Brasilien, seine Einwohner und seine Geschichte näherbringen, denn das Verständnis dafür ist eine wichtige Voraussetzung für den erfolgreichen Markteinstieg in Brasilien. Dass sich diese Vorarbeit für Sie lohnen wird, lässt ein Blick auf die Weltkarte vermuten, der zumindest die geografische Größe und Lage Brasiliens für Europäer attraktiv erscheinen lässt.

Abbildung 1: Brasilien und der Rest der Welt

Das Land ist sehr groß, liegt in südlichen sonnigen Gefilden, ist auf einer Seite vom Meer umspült, wird im Norden vom Amazonas durchflossen und von seinem Urwald bedeckt und ist von lebenslustigen und gastfreundlichen Menschen bewohnt, die nur darauf warten, dass der deutsche Tourist oder Geschäftsmann nach Brasilien kommt! Keine Angst, wir wollen auf dem Boden der Tatsachen bleiben – aber auch keine Schwarzmalerei betreiben, denn Brasilien ist ein sehens- und lebenswertes Land.

Brasilien, das Land der Träume

In diesem Kapitel erfahren Sie einiges über die Geschichte Brasiliens. Dieses Wissen ist zum einen wichtig für das Verständnis des Landes, und zum anderen können Sie in Brasilien damit Eindruck machen.

Abbildung 2: Ilha do Bréu (Insel der Dunkelheit)

Als im 16. Jahrhundert die großen europäischen Entdeckungsreisenden auf allen Weltmeeren unterwegs waren, suchten und fanden sie Kolonien für ihre fernen Landesherren. Im Jahr 1499 lief zum ersten Mal geschichtlich überliefert ein Europäer in die Amazonasmündung ein, der Spanier Vicente Yáñez Pinzón. Aber die spanische Krone hatte davon nichts, denn kurz darauf, am 2. April 1500, nahm der Portugiese Pedro Álvares Cabral Brasilien für Portugal in Besitz. Jedes Schulkind in Brasilien muss heute den dazugehörigen Vertrag zwischen Spanien und Portugal kennen, der in Tordesillas geschlossen wurde und in dem Brasilien noch als Ilha da Vera Cruz bezeichnet wurde. Erst als sich herausstellte, dass es sich nicht um eine Insel handelte, wurde der Name in Terra da Vera Cruz geändert.

Die neue Kolonie wurde vom heutigen Salvador aus verwaltet. Diese Stadt war 1549 gegründet worden und trug damals den klangvollen Namen São Salvador da Bahía de Todos os Santos. Weitere Städtegründungen folgten schnell; so wurde schon 1554 São Paulo ins Leben gerufen und 1565 Rio de Janeiro. Zuvor holten sich die damaligen portugiesischen Eroberer ab 1583 die ersten Sklaven aus Afrika. Der Grundstein zum Vielvölkerstaat Brasilien war gelegt. Erst am 13. Mai 1888 sollte die Sklaverei ihr offizielles Ende finden, weil ihre erklärte Gegnerin Kronprinzessin Isabel dazu die Abwesenheit von Dom Pedro II. nutzten konnte, der gerade in Europa weilte.

Portugiesen, Spanier und Holländer wetteifern um die Vorherrschaft

Was die Europäer damals in den Kolonien suchten, fanden sie in Brasilien zunächst nicht. Das in Südamerika vermutete El Dorado lag offensichtlich woanders. Aber wer kräftige Arme zur Verfügung hatte, konnte Zuckerrohr anbauen. Mithilfe der Sklaven konnte ein blühendes Agrobusiness ins Leben gerufen werden. Was die Bandeirantes, wie man die ersten Eroberer nannte, nicht von strapaziösen Raubzügen ins unermesslich weite Landesinnere abhielt. Dort suchten sie nach Gold und Silber und dezimierten nebenbei die eigentlichen Brasilianer, die Indios nämlich. Viele Namen erinnern heute noch an diese Epoche, so wurde zum Beispiel eine Autobahn nach dem Anführer eines Bandeiranten-fähnleins »Raposo Tavares« benannt.

Das große Potenzial Brasiliens zog neben Portugiesen und Spaniern auch die Holländer an, die zwischen 1624 und 1654 viele Raubzüge entlang der Küste unternahmen, um sich einen Einflussbereich in Brasilien zu schaffen. Ab 1630 kann man mit Fug und Recht sagen, dass sie den Nordosten Brasiliens von Recife aus kontrollierten. Davon zeugen heute noch Mischlingskinder mit dunkler Haut und blauen Augen. Aber alles hat einmal ein Ende, und in diesem Fall sorgte eine Allianz zwischen Portugiesen und Spaniern dafür, dass die Holländer 1654 Recife räumen mussten und die Portugiesen wieder Herr im Hause wurden. Einige Jahre später, nämlich 1698, wurde dann das El Dorado doch noch entdeckt: Gold in größeren Mengen, zunächst in Minas Gerais, dann in Mato Grosso und auch in Goiás.

Der daraufhin einsetzende Rush brachte nicht nur viele europäische Glücksritter nach Brasilien, sondern auch neue Sklaven aus Afrika. Die damaligen portugiesischen Generalgouverneure waren einer Ausweitung ihrer Einflusssphäre nicht abgeneigt, und so kam es zur Gründung der Colônia de Sacramento. Brasilien hatte plötzlich einen Zugang zum Rio de la Plata, dem gewaltigen Silberfluss, an dessen Mündung sich heute Montevideo und Buenos Aires schräg gegenüberliegen. Natürlich war dies den Spaniern ein Dorn im Auge. Jahrzehntelang wurde Krieg geführt, bis Portugal am 1. Oktober 1777 in Ildefonso im Tausch gegen Rio Grande de Sul auf das heutige Uruguay verzichtete.

So wie die Portugiesen Uruguay verloren, verloren die Jesuiten ihre Heimstatt in Brasilien. 1759 wurden sie, die von Anfang an bei der Eroberung Brasiliens dabei gewesen waren, endgültig vertrieben. Die Unruhen nahmen kein Ende. In Minas Gerais, wo sich die Bergbauaktivitäten Brasiliens konzentrieren, wie es schon der Name »allgemeine Minen« sagt, kam es 1789 zu Revolten gegen die Kolonialverwaltung. Diese wurde seit 1720 von einem Generalgouverneur mit dem Titel eines Vizekönigs geführt. Seine Stellung verlor an Glanz, als die portugiesische Königsfamilie vor Napoleon I. nach Brasilien flüchtete, denn damit wurde Brasilien offiziell ein Königreich, war dem Mutterland gleichgestellt und konnte natürlich nicht mehr von einem Vizekönig regiert werden. Diese Ehre übernahm stattdessen zuerst Johann oder João VI., der in Brasilien residierende rechtmäßige König Portugals, später sein Sohn Dom Pedro I.

Brasilien erklärt seine Unabhängigkeit

Da überschlugen sich die Ereignisse, denn Dom Pedro I. wollte sich nicht dem Zwang des Mutterlandes beugen und nach Portugal zurückkehren. Am 7. September 1822 erklärte er mit seinem legendären Schrei von Ipiranga die Unabhängigkeit Brasiliens von Portugal. Das schätzten die Brasilianer so sehr, dass sie diesen Tag zu ihrem Nationalfeiertag machten. Am 12. Oktober 1822 wurde Dom Pedro I. zum Kaiser Brasiliens proklamiert, und am 1. Dezember fand in Rio de Janeiro seine feierliche Krönung statt. Aber es war ihm nicht beschieden, seine Tage in Brasilien als Kaiser zu beschließen. Als sein Vater starb, trat er zwar am 10. März 1826 als Pedro IV. dessen Erbe in Portugal an, musste aber schon am 5. Mai abdanken. Am 7. April 1831 verzichtete er auch auf die Kaiserwürde Brasiliens. Diese ging auf seinen Sohn Dom Pedro II. über, der am 23. Oktober 1840 volljährig wurde und damit auch die Regierungsgeschäfte übernahm. Aber auch ihm war das Glück nicht hold: Am 15. November 1889 wurde in Brasilien die Republik ausgerufen, und der Kaiser ging mit seiner Familie ins Exil.

Brasilien erhielt mit Manuel Deodora da Fonseca seinen ersten Präsidenten und 1891 eine föderative Verfassung, die den damaligen 20 Bundesstaaten eine hohe Autonomie sicherte. Der erste, am 24. November 1891 verfassungsmäßig gewählte Präsident war Floriano Peixoto. Zur Thronbesteigung Dom Pedros II. wurde Brasiliens Nationalhymne erstmals öffentlich gespielt. Sie besingt das Vaterland mit den Worten »von Natur aus ein Gigant«, was die Landkarte bestätigt. Die Stadtverwaltung von São Paulo macht es allen Schülern, Lehrern und Mitarbeitern der öffentlichen Schulen zur Pflicht, wenigstens einmal in der Woche die brasilianische Flagge zu hissen und die Nationalhymne zu singen.

Der Weg zur Industrienation

Zuerst wieder ein kleiner historischer Exkurs mit Eckdaten zu Brasiliens neuerer Geschichte, die wir willkürlich mit dem Ersten Weltkrieg beginnen, in dem Brasilien gegen Deutschland kämpfte. Ende 1930 wurde Getúlio Vargas Präsident, nach dem später die renommierteste Wirtschaftshochschule Brasiliens benannt wurde. Er schaffte es, 1937 den Kongress aufzulösen und alle politischen

Parteien zu verbieten. Um Unruhen bei der Einführung des sogenannten Neuen Staates zu begegnen, verbot er auch gleich jegliche Streikbewegungen. Im Verein mit größeren Vollmachten für sich selbst und mit der Autonomiereduzierung der brasilianischen Bundesstaaten konnte er damit diktatorisch regieren. Dies war die Stunde der Stadtbevölkerung und der breiten Massen, die als Industriearbeiter bis dato relativ wenig Rechte hatten. Die Großgrundbesitzer dagegen verloren ihren Einfluss. Getúlio Vargas gründete unter anderem die nach dem Umsatz größte brasilianische Firma *Petrobrás*, die heute erst teilweise privatisiert wurde und weltweit für ihre Expertise in der Tiefseeexploration von Erdöl und -gas bekannt ist. Er schuf auch die Companhia Siderúrgica Nacional CSN. Dieses Stahlwerk ist heute komplett in Privatbesitz und macht seitdem Gewinne.

Im Zweiten Weltkrieg erklärte Brasilien 1942 Deutschland und seinen Verbündeten den Krieg, trat aber erst 1944 mit der Entsendung von 25.000 Soldaten nach Italien wirklich in die Kriegshandlungen ein. Traurig für die in Brasilien lebenden Deutschen und Deutschstämmigen war, dass sie automatisch unter Verdacht standen und ihre Muttersprache nicht mehr benutzen durften. Zum Ende des Krieges hin stand der Bevölkerung nicht mehr der Sinn nach diktatorischen Vollmachten. Der Präsident wurde schon im letzten Kriegsjahr zum Rücktritt gedrängt, schaffte aber 1951 ein Comeback. Seine Präsidentschaft endete 1954 mit seinem Selbstmord. Sechs Jahre später verlor Rio de Janeiro den Hauptstadtstatus.

Der nachfolgende Präsident Juscelino Kubitschek wollte seine Landsleute dazu bringen, das weite Land auch in seinem Inneren zu besiedeln, und schuf auf dem Reißbrett eine neue, vom kommunistischen Architekten Niemeyer geprägte Hauptstadt, weit entfernt vom dicht besiedelten Küstenstreifen. Diese neue Hauptstadt, Brasília, ist ein architektonisches Schaustück, von vielen ob seiner gewagten Gebäude und des geplanten Grundrisses bewundert, aber von wenigen als Heimstatt geliebt und zudem mit einem sehr trockenen Klima gestraft, welches die Bewohner zwingt, praktisch mit der Wasserflasche in der Hand zu leben. Der nächste Präsident Jânio Quadros, der 1961 sein Amt antrat, versuchte, seine Vorstellung eines modernen Staates gegen den Widerstand kapitalstarker Gruppen durchzudrücken. Sein Symbol war der Besen, der ihm aber nur zu einer kurzen Amtszeit von einigen Monaten verhalf. Also musste noch im selben Jahr ein neuer Präsident die Geschicke Brasiliens in die Hand nehmen, João Goulart, der jedoch aus dem Misserfolg seines Vorgängers nichts gelernt hatte und ihn in puncto Reformen noch zu übertrumpfen suchte. Er meinte, mit der Unterstützung von links, vor allem auch der Gewerkschaften, gegen Korruption und Misswirtschaft vorgehen zu können, rechnete aber nicht mit der massiven Ablehnung durch das Militär, welches ihn 1964 in einem Putsch durch den Chef des Generalstabs Castelo Branco ersetzte. Das war der Beginn einer Militärdiktatur, die bis 1985 dauern sollte.

In diesem Jahr wählten die Brasilianer zum Nachfolger von General João Batista Figueiredo, der einmal sinngemäß sagte, seine Pferde würden besser riechen als das einfache Volk, den allseits beliebten Zivilisten Tancredo Neves zu ihrem ersten frei bestimmten Präsidenten. Doch er trat sein Amt nicht an, weil er vorher an einer mysteriösen Krankheit starb, wobei heute noch Stimmen laut werden, die nicht an diese Version, sondern an eine Verschwörung glauben. Präsident wurde dann der eigentlich als Vizepräsident vorgesehene José Sarney, dem es gelang, seine ursprünglich vierjährige Amtszeit um ein Jahr zu verlängern.

Die vorangegangene Militärdiktatur, zum Ende hin auch unter dem deutschstämmigen Präsidenten General Geisel, übte einerseits echten Terror aus, stärkte aber gleichzeitig massiv die Industrialisierung des Landes, unter anderem durch die Schaffung einer Erdöl- und einer Flugzeugindustrie, den Ausbau der Automobilindustrie und den Bau des damals größten Wasserkraftwerkes der Welt in Itaipú, welches 1984 ans Netz ging, sowie des Atomkraftwerkes in Angra dos Reis. Auch das Programm zum Bau eines Atomunterseebootes und einer Atombombe wurde damals ins Leben gerufen. Der spätere Präsident Collor stellte das Atomwaffenprogramm offiziell ein. Nur das U-Boot-Programm wird bis heute weiter vorangetrieben, aber ein schwimmendes und tauchendes U-Boot mit Nuklearantrieb ist noch in weiter Ferne – man spricht jetzt vom Jahr 2020. Das alles war leider nur möglich unter Inanspruchnahme massiver Kredite, die den Brasilianern vor allem von US-amerikanischen Banken praktisch aufgedrängt wurden. Dass die Brasilianer im Grunde friedfertig sind und ihnen nichts am Besitz der Atombombe oder auch eines Atomunterseebootes liegt, zeigt die Tatsache, dass der Militärdiktatur 1964 bis 1985 offiziell weniger als 300 Menschen zum Opfer fielen, während es in Chile 1973 bis 1990 ungefähr 3000 Opfer waren und in Argentinien von 1976 bis 1983 sogar über 20.000 Menschen ermordet wurden.

Heute ist José Sarney nach einer Amtszeit als Präsident des Senates einer der »Unsterblichen«, also illustres Mitglied der brasilianischen Literaturakademie und außerdem Senator der Republik. Weitere Höhepunkte der jüngeren Geschichte Brasiliens sind die Einführung einer neuen Verfassung am 5. Oktober 1988, die Gründung des Mercosur oder, wie die Brasilianer sagen, des Mercosul (Mercado Comum do Sul, Gemeinsamer Markt Süd- und Mittelamerikas) und die Abdankung von Präsident Collor, gegen den ein Amtsenthebungsverfahren wegen Korruption lief. Der ersten Regierung Lula, die sich schwereren Vorwürfen ausgesetzt sah, blieb ein solches traumatisches Verfahren erspart. Aber auch wenn den Präsidenten wohl sein Charisma und seine Popularität davor bewahrten, wurden etliche Mitglieder und Mitarbeiter seiner Regierung angeklagt.

Der Gemeinsame Markt Mercosul mit seinen Gründungsmitgliedern Argentinien, Brasilien, Paraguay und Uruguay gewann später noch Chile, Bolivien und Peru als assoziierte Mitglieder hinzu und jüngst sogar Venezuela, welches durchaus nicht zum Süden Südamerikas gerechnet werden kann. Allerdings sieht es zurzeit wegen der Diktatorallüren des venezolanischen Präsidenten Hugo Chávez so aus, als würde der endgültige Beitritt seines Landes zunächst nicht vollzogen. Chile hat einen ganz eigenen Grund, kein Vollmitglied zu werden, denn eine Harmonisierung der Zölle würde für dieses Land einen Rückschritt bedeuten:

Nirgendwo in Lateinamerika ist der Außenhandel so unkompliziert und kostengünstig wie dort.

Aber zurück zum Anfang vom Ende der Militärdiktatur, die durch die massive Staatsverschuldung für ihre pharaonischen Projekte die hohe Inflation dieser Jahre verursacht hatte. Diese Inflation in den Griff zu bekommen war schier unmöglich und gelang zunächst keinem der zivilen Präsidenten, obwohl sie ein Inflationsbekämpfungsprogramm nach dem anderen mit Preiskontrolle und Indexierung ins Leben riefen. Insbesondere Letztere perpetuierte die Inflation sogar, anstatt sie zu beseitigen. Die damit einhergehenden Wirtschaftskrisen machten die Armen immer ärmer, während die Reichen und die weniger Reichen per Tagesgeldanlage ihren Wohlstand nicht nur retteten, sondern auch vermehrten.

Nach dem ruhmlosen Abgang Collor de Mellos wurde sein Vizepräsident Itamar Franco zum Nachfolger erklärt. Trotzdem sollte man Collor nicht die Meriten für die Öffnung des Landes vorenthalten – bis zu seinem Amtsantritt war der Autoimport verboten, und das Informatikgesetz reservierte den Digitaltechnikmarkt für die Brasilianer. Erst seinem Wirtschaftsminister, dem Universitätsprofessor Fernando Henrique Cardoso, der am 1. Januar 1995 das Amt des Staatspräsidenten übernahm, gelang es, die Inflation, die unter Sarney über 80 Prozent im Monat erreicht hatte, wirkungsvoll und nachhaltig zu bekämpfen.

Dem kultivierten und sprachenkundigen Soziologen folgte 2003 der Gewerkschaftsführer und Gründer der Arbeiterpartei Luiz Inácio Lula da Silva als Staatspräsident. Er hatte vorher mehrmals erfolglos versucht, als Kandidat Collor de Mello und Fernando Henrique Cardoso an den Urnen zu besiegen. Trotz schwerwiegender Korruptionsskandale und Herumlavierens ohne ein erkennbares Regierungsprogramm setzte sich der Populist Lula zum Schluss seiner ersten Amtszeit sehr deutlich gegen seine Wahlkampfgegner durch und wurde am 29. Oktober 2006 wiedergewählt. Das hatte er zwei Tatsachen zu verdanken: zum einen der Fortführung des erfolgreichen Wirtschaftsprogrammes seines Vorgängers und zum anderen der Aufnahme von über 24 Prozent der brasilianischen Bevölkerung in ein Sozialhilfeprogramm. Ungefähr die Hälfte der Unterstützungsempfänger, die ohne dieses Programm fast des Hungers sterben müssten, leben im Nordosten des Landes, wo Lula seine größte Wählerschaft hat.

Die Industrialisierung Brasiliens hat hier im Norden noch nicht stattgefunden, sie war im vergangenen Jahrhundert auf die Achse Rio–São Paulo fixiert und schließt heute Belo Horizonte ein. Damit wurde aus der Achse ein Dreieck, wobei im Süden Porto Alegre und Curitiba nicht vergessen werden dürfen. Erst in jüngster Zeit wird auch Salvador stärker industrialisiert: Nach der Schaffung des bedeutenden Petrochemiepools von Camaçarí mit über 50 Firmen ging jetzt auch Ford nach Bahia und mit dem Autohersteller etliche Zulieferanten, darunter die deutsche Continental. An der Industrialisierung hat Deutschland einen bedeutsamen Anteil. Vor allem nach dem Zweiten Weltkrieg, von 1955 bis 1976, wurden von deutschen Unternehmen ungefähr 12 Milliarden Mark investiert. Der Mercedes-Stern, das VW-Emblem, Aspirin, Stihl-Sägen oder Siemens-Telefone sind aus dem brasilianischen Alltag nicht mehr wegzudenken. Ein Brasilianer fing beinahe einen Streit mit mir an, als ich ihm sagte, dass VW ein deutsches Unternehmen sei – er war fest davon überzeugt, es sei ein brasilianisches.

Das ewige Land der Zukunft

In diesem Kapitel lernen Sie die einzelnen Regionen Brasiliens kennen – und werden feststellen, dass es »viele Brasiliens« gibt. Brasilien hat zahlreiche Facetten, die es mit sich bringen, dass das Land ganz unterschiedlich beurteilt wird, je nach Blickwinkel des Betrachters. Die Touristen sind überwiegend sehr zufrieden und würden wiederkommen. Charles de Gaulle soll gesagt haben, das Land sei nicht ernst zu nehmen. Damit scheinen manche Brasilianer einverstanden zu sein und glauben auswandern zu müssen, um Erfolg zu haben. Die Mehrheit findet trotzdem ihr bescheidenes Glück in Brasilien und würde nie woanders leben wollen. Und manche ziehen sogar in Brasilien einen Hauptgewinn, wie die in diesem Buch beschriebenen Beispiele von Sílvio Santos, Conexel, WEG, Hering und Grupo Brasil zeigen. Eine Minderheit allerdings nutzt für ihren Erfolg geschickt die alten Oligarchiestrukturen Brasiliens, die noch aus der Kolonialzeit stammen und der wir einen Großteil der leider immer noch häufigen Korruption verdanken.

Ein Kontinent für sich

Fangen wir mit der schieren Größe des Landes an und betrachten wir die Karte von Südamerika.

Fast die Hälfte der Landfläche wird von Brasilien eingenommen, welches mit 8,5 Millionen Quadratkilometern das fünftgrößte Land der Welt ist, von seiner ungefähr 7.500 Kilometer langen Küstenlinie ganz zu schweigen. Dieses riesige Gebiet wird in fünf Georäume unterteilt, die wir weiter unten detailliert betrachten werden. Selbst die sind noch so gewaltig, dass zu ihrer Verwaltung 26 Bundesstaaten geschaffen wurden. Brasilien grenzt an Uruguay, Argentinien, Paraguay, Bolivien, Peru, Kolumbien, Venezuela, Guyana, Surinam und Französisch-Guyana; nur mit Chile und

Abbildung 3: Südamerika

Ecuador gibt es keine direkte Berührung. Der größte Teil des Grenzlandes ist schwer zugänglich und von Urwald bewachsen. Dies wurde schon einmal von einer Studentengruppe als sehr nachteilig empfunden, die von Brasilien aus mit einem gemieteten Bus zu einem sozialistisch beeinflussten Weltkongress nach Caracas fahren wollte und anstelle der veranschlagten zwei dann vier Wochen für die Fahrt benötigte, weil ihre Landkarte die zu bewältigenden Schwierigkeiten offensichtlich nicht deutlich genug gezeigt hatte. Aber wenigstens kam die Gruppe rechtzeitig zur Schlussveranstaltung und durfte dann mit Unterstützung der brasilianischen Luftwaffe den Heimweg antreten – mit dem Bus wollte keiner mehr zurückfahren.

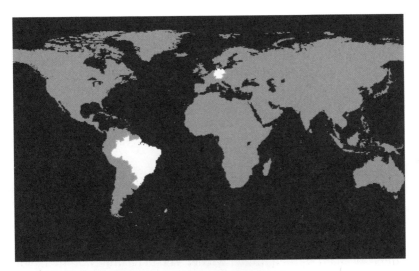

Abbildung 4: Größenvergleich Brasilien – Deutschland

Die Karten Deutschlands und Brasiliens muten nebeneinandergelegt wie David und Goliath an, wobei wir aus der Geschichte dieser beiden Kontrahenten wissen, dass Größe nicht alles ist. Ein Vergleich der Wirtschaftskraft Brasiliens und Deutschlands unterstreicht dies. So betrug 2006 das Bruttoinlandsprodukt Brasiliens 750 Milliarden Euro, während das Deutschlands 2,303 Billionen Euro erreichte. Aber während Deutschlands Unternehmer Wachstumschancen fast nur noch im Ausland finden, ist dies in Brasilien anders. Das ewige »Land der Zukunft« kann sich endlich in der Gegenwart dem Binnenmarkt und seiner Entwicklung widmen. Und das mit Erfolg, denn die Kaufkraft der Brasilianer wächst real seit Jahren.

Werfen wir noch mal einen Blick auf die Landkarte. Brasilien verfügt über eine Küste, die das Land in Verbindung mit den tropischen Temperaturen zu einem Touristenparadies machen kann. Außerdem könnte das überforderte Straßennetz durch die Schifffahrt entlastet werden, denn die Bevölkerung ballt sich in Küstennähe, wird aber zu einem großen Teil über die Straße versorgt. Das Eisenbahnwesen nimmt erst jetzt durch die vor einigen Jahren erfolgte Privatisierung einen Aufschwung, und das

Potenzial der Küstenschifffahrt kann noch nicht ausgeschöpft werden, weil es an funktionierenden Häfen mangelt. Das merkt man vor allem zur Erntezeit, wenn man in die kilometerlange Lkw-Schlange vor einem Seehafen gerät, die auf Abfertigung ihrer Ladung wartet. Trotzdem hat es Brasilien nach offiziellen Statistiken geschafft, weltgrößter Sojabohnenanbauer zu werden, auch wenn ein erheblicher Prozentsatz der Ernte jedes Jahr durch die schlechten logistischen Gegebenheiten für Transport und Lagerung verloren geht.

Brasilien ist eine Bundesrepublik, die von Brasília aus regiert wird. Das Zweikammernparlament besteht aus dem Senat mit 81 Senatoren, drei für jeden der 26 Bundesstaaten und den Bundesdistrikt, und der Abgeordnetenkammer mit 513 Abgeordneten. Das ist offensichtlich nicht genug, um den Ämterhunger der Politiker zu stillen, deshalb werden immer wieder Versuche unternommen, vor allem nördliche Bundesstaaten zu teilen, bis dato allerdings erfolglos.

Der Norden – Heimat des Amazonas

Der Norden umfasst die sieben Bundesstaaten Acre, Amapá, Amazonas, Pará, Rondônia, Roraima und Tocantins. Wer von Venezuela kommend auf dem nicht sehr komfortablen Landweg nach Boa Vista in Roraima reist, lernt das »richtige« Brasilien kennen, nicht das industrialisierte Brasilien São Paulos oder das touristisch geprägte Rio de Janeiros. Hier oben im Norden, wo die auch in Deutschland beliebten Paranüsse herkommen und wo nur knapp 400.000 Menschen leben, kann man sich Wörter wie Ingaricó, Macuxi, Patamona, Taurepangue, Uaimiriatroari, Uapixana, Uaiuai, Uanomâmi und Iekuana auf der Zunge zergehen lassen. Sie bezeichnen die verschiedenen Indiovölker, die der Ausrottung durch die Kolonisatoren entgangen sind, aber trotz 27 geschützter Reservate weiterhin gegen das Vordringen des weißen Mannes kämpfen müssen. Dieser hat nämlich das lukrative Agrobusiness für sich entdeckt und braucht Platz für seine Reisfelder. Und den findet er zum Leidwesen der von der Regierung offensichtlich genau gezählten 30.715 Indios ausgerechnet im 1,747 Millionen Hektar großen Reservat Raposa Serra do Sol. Der Bundesstaat Roraima produziert jährlich 160.000 Tonnen Reis, die zum Teil auf 100.000 Hektar Reservatfläche angebaut werden, aber eben nicht von den Indios. Dieser Streit beschäftigt sogar schon die UNO, deren Kommission zur Bekämpfung des Rassismus die Indios in ihrem Kampf um die widerrechtlich besetzten Ländereien unterstützt.

Um was für Größenordnungen es hier geht, die einem deutschen Bauern Grund zu (Alb-)Träumen geben können, zeigt die Fläche der beiden Fazendas, die vom größten Reisanbauer des Bundesstaates, Paulo César Quartiero, innerhalb des Reservates Raposa Serra do Sol ohne Eigentumstitel bewirtschaftet werden: 9.200 Hektar! Auf 4.000 Hektar baut er Reis an, der Rest wird mit Sojabohnen bepflanzt, dazu züchtet er noch Rinder. Wenn seine Aktivität kritisiert wird, kontert er mit dem Argument, dass die insgesamt 16.000 Hektar Reisanbaufläche im Reservat 10 Prozent des Bruttoinlandsproduktes des Bundesstaates bedeuten. Ohne seinen Reis hätten Großstädte wie Manaus und Santarém keine Bezugsquelle für dieses Grundnahrungsmittel, welches dem Brasilianer so lieb und teuer ist wie dem Deutschen die Kartoffel. Er wirft gerade deutschen Nichtregierungsorganisationen vor, eine Zone zwischen Venezuela und Brasilien schaffen zu wollen, die dem Einfluss der brasilianischen Regierung weitgehend entzogen werden solle. Damit spielt er auf dem Klavier der brasilianischen Nationalisten, die immer wieder die Bedrohung der brasilianischen Souveränität durch eine Internationalisierung des Amazonasgebietes an die Wand malen. Sollten die Weißen sich tatsächlich aus den Reservaten zurückziehen müssen, hätten sie höchstens Anspruch auf eine Entschädigung für die getätigten Investitionen, denn das Land selbst gehört ihnen ja nicht.

In Rondônia finden wir einen Fluss, der kurioserweise den Namen eines US-amerikanischen Präsidenten trägt, eines berühmten sogar: Theodore Roosevelt. Der leckte seine Wunden in Brasilien, als es ihm 1913 nicht gelang, ein drittes Mal als Präsident gewählt zu werden. Dem Hochwildjäger, der dieser »Sportart« schon in Afrika nachgegangen war, erschien der wilde und unerforschte Norden Brasiliens das geeignete Terrain, um seinen Kummer zu vergessen. Er suchte sich die gefährlichste Expedition aus, die möglich war, eine Reise entlang eines Flusses, der nicht von ungefähr Fluss des Zweifels – Rio da Dúvida – hieß, entdeckt vom berühmten brasilianischen Forschungsreisenden Marschall Cândido Rondon, nach dem Rondônia benannt wurde. Roosevelt begann seine Reise am 18. Oktober 1913. Sie führte ihn von den USA über Salvador und Rio nach São Paulo, dann verließ er Brasilien und besuchte Uruguay, Argentinien, Chile und Paraguay, um wieder nach Brasilien zurückzukehren. Am 12. Dezember 1913 wartete dann morgens der noch nicht zum Marschall beförderte Oberst Cândido Rondon auf den Expräsidenten am Zusammenfluss von Paraguai und Apa, dem Ausgangspunkt des lang erwarteten Amazonasabenteuers. Dieses Abenteuer brachte die beiden schnell an den Fluss des Zweifels, den sein brasilianischer Entdecker aus Zeitmangel noch nicht erforscht hatte – daher der Name. Später verlor er ihn, um seit der denkwürdigen Befahrung durch Roosevelt den Namen des ehemaligen US-Präsidenten zu tragen.

Heute im Zeitalter der Langstreckenhubschrauber und GPS-Geräte kann man sich kaum mehr ausmalen, wie beschwerlich eine solche Reise vor knapp 100 Jahren gewesen sein muss. Alles Expeditionsgut musste von Ochsen und Maultieren befördert werden, denen das Klima überhaupt nicht zuträglich war, dazu kamen die Unbillen der einsetzenden Regenzeit, verlorene Kanus, Verletzungen, Insektenplagen, Schlangen und andere giftige Tiere bis hin zu Roosevelts Malariaerkrankung. Er hatte es damals nur seinem Sohn Kermit zu verdanken, dass er nicht seinem eigenen Wunsche entsprechend zurückgelassen wurde, um den übrigen Expeditionsteilnehmern das Überleben zu ermöglichen.

Heute landen einige Hundert Kilometer nördlich vom Schauplatz dieses Abenteuers, das Roosevelt beinahe das Leben kostete, große Passagierflugzeuge in Manaus, um Touristen aus aller Herren Länder ein ähnliches Abenteuer zu ermöglichen, aber mit einem anderen Gefährdungsgrad. Mit bequemen, gut gekühlten

Bussen werden sie in ihre Hotels gebracht (darunter das berühmte Hotel Tropical etwas außerhalb der Stadt mit einer Dependance mitten im Amazonasfluss), um von dort aus ihre Exkursionen zu machen. Natürlich immer gut behütet von erfahrenen und mehrsprachigen Begleitern, mit Booten oder Jeeps transportiert, mit kalten Getränken versorgt. Nach einem Tag voller Erlebnisse können sich die Möchtegernabenteurer dann bei einem Drink an der Hotelbar über das Wunder der sich über Kilometer nicht vermischenden Wasser des schwarzen Rio Negro und des lehmfarbenen Rio Solimões unterhalten, die ab dem Zusammenfluss Amazonas heißen. Weitere Gesprächsthemen sind bestimmt die Kaimane und Piranhas, die man gesehen hat, vielleicht auch Affen, Faultiere, mit Glück eine Anakonda und mit sehr viel Glück einen Jaguar. Die berühmte Victoria Regia hat man in der Regel sogar angefasst und Andenken von echten Indios gekauft. Wenigstens fallen diese Reisenden bei den Brasilianern nicht so unangenehm auf wie der Priester Zahm, ein Begleiter Roosevelts, der es fertigbrachte, sich von den Indios tragen zu lassen.

Der Nordosten – das Armenhaus Brasiliens

42,5 Millionen Brasilianer, ungefähr 22 Prozent der Bevölkerung von 190 Millionen, werden nach einer Verlautbarung des Sozialentwicklungsministeriums vom 21. August 2007 als arm eingestuft. 45,8 Millionen Brasilianer sind Sozialhilfeempfänger, das heißt, 24,1 Prozent der Bevölkerung werden durch ein Bolsa-Família genanntes Programm finanziell unterstützt. Für etliche ist dieses Programm die einzige Einkommensquelle. 16 Prozent der Familienvorstände, die von diesem Programm profitieren, sind komplette und 40 Prozent sind funktionelle Analphabeten. Obwohl 69,2 Prozent der Empfänger in Städten wohnen, haben zwei Drittel keinen Zugang zu Basisdienstleistungen des Staates wie Abwasserbehandlung. Wenn man jetzt noch bedenkt, dass nur derjenige berechtigt ist, die Hilfe des Programms zu erhalten, der eine Familie mit einem Pro-Kopf-Einkommen von weniger als 120 Real (also ungefähr 45 Euro) ernährt, kann man sich vorstellen, wie arm viele Brasilianer sind. Die Hilfe, die ihnen zuteil wird, beträgt zwischen 18 und 112 Real, im Mittel sind es 72 Real. Der Mindestlohn wurde Ende Februar auf 145 Real (ca. 163 Euro) festgelegt. Und da glauben viele Menschen in Deutschland, nur *sie* hätten Sorgen und Grund zum Klagen! Es gibt bei politischen Beobachtern in Brasilien keinen Zweifel, dass diese Situation beziehungsweise das Bolsa-Família-Programm einer der Hauptgründe für die Wiederwahl Lulas zum Staatspräsidenten war, denn ein großer Teil der Nutznießer lebt im Nordosten Brasiliens, wo Lulas Stammwähler zu Hause sind, also in Alagoas, Bahia, Ceará, Maranhão, Paraíba, Pernambuco, Piauí, Rio Grande do Norte und Sergipe.

In der überregionalen Tageszeitung *Estado de São Paulo* vom 28.1.2007 findet man den Artikel »Ein ewiger Wiederanfang« von Professor Gaudêncio Torquato, in dem es heißt:

> *»... zwischenzeitlich überdecken die Wunden die soziale Matratze, auf deren Auffüllung Lula besteht, um gute Wählerstimmen zu garantieren. Wer zum Beispiel durch das Landesinnere im Nordosten reist, erschreckt über die Vermehrung des* vale-bucho *(meine freie Übersetzung: Bauchgutschein), volkstümlicher Name für das Mutterschaftsgeld, ca. 1.450 R$, während vier Monaten an die Mütter gezahlt. Diese Wohltat, verglichen mit dem Tageslohn eines landwirtschaftlichen Arbeiters (10 R$), reizt zur Schwangerschaft. Familien mit fünf Kindern sind an der Tagesordnung. Ein Verbrechen: Die künftige Nachkommenschaft wird, sogar als* commodity, *für den Erwerb materieller Güter benutzt. Genau das, künftige Babys werden als Garantie für Kredite benutzt ...«*

In Brasilien lohnt es sich durchaus, seine Arbeit aufzugeben. Um diese Verhältnisse ganz deutlich zu machen, möchte ich ein Beispiel beschreiben, welches mir von einem Brasilianer, Diplomat und Unternehmer, zugesandt wurde:

Der Hausmeister eines Wohnhochhauses in Natal (Rio Grande do Norte) hat um seine Entlassung gebeten. Nicht außergewöhnlich in einem Land, in dem ein fristgerecht entlassener Arbeitnehmer seinen *fundo de garantia,* eine Absicherung für die Arbeitslosigkeit, ausbezahlt bekommt. Wobei der »reiche« Arbeitgeber wegen der vermeintlichen Ungerechtigkeit, die Entlassung ausgesprochen zu haben, 40 Prozent Strafe auf diese Summe zahlen muss und weitere 10 Prozent, weil die Regierung das Entlassen an sich noch schwieriger beziehungsweise teurer machen will.

Aber dieser einmalige Geldsegen war nicht der Grund, um Entlassung nachzusuchen. Wohlgemerkt: Kündigen wollte der Hausmeister nicht, denn dann bekäme er seinen *fundo de garantia* nicht. Dieser beträgt 8 Prozent der monatlichen Bezüge, die jeden Monat vom Arbeitgeber auf ein Sperrkonto des Arbeitnehmers eingezahlt werden.

Der Hauptbeweggrund war die schlichte Tatsache, dass er lieber dem Steuerzahler auf der Tasche liegen wollte, als zu arbeiten. Hier seine Monatsrechnung:

- für drei Kinder Schulgeld = 627 Real
- Bürgerkarte *(cartão cidadão)* = 350 Real
- Gasgutschein = 70 Real
- Transportgutschein (in seinem Fall geschätzte vier Fahrten täglich) 8 Real/Tag x 20 Tage = 160 Real
- Essensgutschein 3,50 Real/Tag x 30 Tage x 5 Personen (er, seine Frau und drei Kinder) = 525 Real

In der Summe erhält er also jeden Monat eine Unterstützung von 1.630 Real (Ende 2007 zirka 627 Euro), ohne zu arbeiten. Heute verdient dieser Mann 830 Real, was seinen Arbeitgeber ungefähr das Doppelte kostet. Künftig gehört er – der Hausmeister, nicht der Arbeitgeber – zu den Ausbeutern, und der Steuerzahler bleibt auf der Strecke. Übrigens sind Löhne und Gehälter (da gibt es keinen Unterschied in Brasilien, hier sind alle *trabalhadores,* also Arbeiter) bis zu 1257,12 Real pro Monat von der Einkommensteuer befreit.

Aber zurück zu den Schönheiten der Region. Der Küstenstreifen des Nordostens ist für Touristen wie für Einwohner gleichermaßen anziehend. Herrliche Strände, Dünenlandschaften, einsame Buchten und kleine Inseln in kristallklarem warmem Wasser lassen die Landschaft paradiesisch erscheinen. Das ändert sich, wenn man etwa 60 Kilometer ins Landesinnere vorrückt, wo der Boden plötzlich steinig und die Vegetation spärlich wird – wir sind auf einem Hochplateau namens Agreste. Westlich davon breitet sich die Halbwüste Sertão immer mehr aus. Eine der wenigen Pflanzen, die hier überleben, ist die Caatinga. Das Leben in dieser Gegend ist schwierig, und Wasser muss oft mühselig über lange Strecken herangeschafft werden, weil die Brunnen ausgetrocknet sind.

Der Mittelwesten – Landwirtschaft und Sitz der Bundesregierung

Der Bundesdistrikt beherbergt die Hauptstadt Brasília der Föderativen Republik Brasilien und liegt in Goias, einem weiten Land, welches von Viehzucht und Ackerbau geprägt ist. Im waldreichen Bundesstaat Mato Grosso liegt die Wasserscheide des Amazonas einerseits und des Beckens der Flüsse Paraná und Paraguay andererseits. Die südliche Fortsetzung heißt sinnigerweise Mato Grosso do Sul. Hier befindet sich das größte Sumpfgebiet der Erde mit einer einzigartigen Fauna und Flora. Hunderttausende von Jacarés (eine Krokodilart) leben hier, riesige Fische und die kleinen, aber bissigen Piranhas. Selbst Brüllaffen, Jaguare, Tukane oder Pfefferfresser, Araras (die in Deutschland Aras genannt werden) und Anakondas, die in Brasilien Sucurí heißen, sind nicht außergewöhnlich. Hier scheint es dem Reisenden, dass die Zeit stehengeblieben ist. Wer die Chance hat, von Campo Grande aus eine Reise ins Pantanal zu unternehmen, sollte es tun; es ist ein einmaliges Erlebnis. Ich empfehle eine mehrtägige Bootsfahrt bis Porto Jofre und dann eine Jeepfahrt bis Cuiabá, wo man primitive Goldbergwerke sehen kann. Es sind eigentlich nur tiefe Löcher, auf deren Grund Kinder goldhaltige Erde in Eimer füllen, die an Seilen hochgezogen werden. Das Material wird mit Lastwagen zu einem Fluss in unmittelbarer Nähe gebracht, wo unter Quecksilberzusatz das Gold ausgewaschen wird. In Cuiabá ist die Hitze oft unerträglich, fast alle Häuser haben Klimaanlagen oder wenigstens sich unaufhörlich drehende Ventilatoren. Hier befindet man sich auf dem Flächenschwerpunkt Südamerikas, wie eine in das Pflaster eingelassene Tafel verkündet. Der Bundesstaat *Mato Grosso* ist der größte Sojabohnenproduzent des Landes, gleichzeitig gibt es hier die größten Rinderherden.

Da die Bundeshauptstadt in der betrachteten Region liegt, sei ein Blick auf das Parteiensystem erlaubt: 27 Parteien sind im brasilianischen Parlament vertreten, aber ein Wechsel zwischen den Parteien ist gang und gäbe, und der Abgeordnete nimmt dabei sein Mandat mit (nach neuester Rechtsprechung allerdings nicht mehr erlaubt), daher wird es als völlig normal angesehen, dass Interessengruppen ihre Mitglieder über Parteigrenzen hinweg finden und dass so abgestimmt wird, wie es das persönliche Interesse erfordert, nicht etwa das Parteiprogramm oder gar das nationale Interesse – falls die Abgeordneten überhaupt wissen, was dies ist. Denn nach Auffassung vieler brasilianischer Kommentatoren sind die meisten Abgeordneten mit dem Verständnis der komplexen Verhältnisse ihres Vaterlandes völlig überfordert.

Es gibt im Parlament allein 14 Interessengruppen, die bei Abstimmungen jeweils mehr als 100 Stimmen auf sich vereinigen können, dabei ist klar, dass ein Abgeordneter mehreren dieser Gruppen angehören kann: Landwirte, Unternehmer, Gewerkschafter, Lehrende, Prediger und so weiter. Zusätzlich zu diesen großen Gruppierungen gibt es andere, die sich unter anderem folgende Themen auf die Fahne geschrieben haben: freie sexuelle Entfaltung, Capoeira (ein brasilianischer Kampfsport, ursprünglich von Sklaven ausgeübt, die keine Waffen tragen durften), Verteidiger der Interessen der Grenzstädte, Benutzer von Marineterritorium, Verteidiger der körperlichen Aktivität, Verteidiger des sicheren Verkehrs und so weiter, und so fort. Da kann man Lula und dem von ihm regierten Volk nur Glück wünschen! Das werden sie nötig

haben, denn heute besteht kaum ein Band zwischen den Repräsent-
ierten und den Repräsentanten. Das zeigt sich auch darin, dass im
vergangenen Jahr 77 Prozent der in Kraft getretenen Gesetze von
der Regierung und nicht vom Parlament vorgeschlagen wurden.
Der Repräsentant repräsentiert nach der Wahl erst mal sich selbst,
und diese Einstellung wird so schnell nicht schwinden.

Der Südosten – die Reichen

Espírito Santo, Minas Gerais, Rio de Janeiro, São Paulo: Das sind
die Bundesstaaten, die als Südostregion Brasiliens bezeichnet
werden. Im kleinen Espírito Santo werden so unterschiedliche
Produkte wie Stahl und Schokolade erzeugt. Im großen Minas
Gerais konzentrieren sich die Bergbauaktivitäten des Landes, wenn
man vom Eisenerzabbau in Grande Carajás absieht; außerdem
produziert Fiat hier seit 30 Jahren Personenwagen und Mercedes
seit wesentlich weniger Jahren zuerst die A-Klasse, die keiner
haben wollte, und jetzt die C-Klasse für den Export. Der Bundesstaat Rio de Janeiro, Sitz der alten Hauptstadt gleichen Namens, die
immer noch Hauptanziehungspunkt für Touristen aus aller Welt
ist, bezieht seine wirtschaftliche Bedeutung nicht nur aus der
Erdöl- und Erdgasgewinnung, sondern auch aus dem Schiffsbau
und der Stahlerzeugung. Der Bundesstaat São Paulo war und ist
trotz aller gelungenen Dezentralisierung nach wie vor die Lokomotive des Landes. Hier wird einfach alles angeboten; Industrie,
Dienstleistung und Landwirtschaft sind gleichermaßen vertreten.

Wenn man auf die Superlative übergeht, darf nicht unerwähnt
bleiben, dass in São Paulo 20 Millionen Menschen auf engstem
Raum wohnen. Aber auch Rio de Janeiro und Belo Horizonte sind
Millionenstädte, die oft einen unfertigen Eindruck vermitteln, weil
ständig an und in ihnen gebaut wird, wobei der Bauschutt
abgeschlossener Baustellen einfach liegen gelassen oder nachts
heimlich irgendwo abgeladen wird. Wer São Paulo kennt, kennt
natürlich noch lange nicht Brasilien, dazu muss man auch den
Amazonas befahren und sich die Wasserfälle von Iguaçú angese-

hen haben. Aber die Stadt São Paulo ist für die Mehrzahl der Geschäftsreisenden die erste oder sogar die einzige Station eines Brasilien-Aufenthaltes und verdient daher unsere besondere Aufmerksamkeit.

Wenn wir von São Paulo sprechen, meinen wir eigentlich immer die *área metropolitâna*, also die Stadt São Paulo und die unmittelbar angrenzenden ABCD-Städte Santo André, São Bernado do Campo, São Caitano, Diadema und dann noch Guarulhos mit dem internationalen Flughafen Cumbica. In diesem Gebiet ohne erkennbare Stadtgrenzen wohnen einige Menschen sehr gut, viele annehmbar und leider viel zu viele in Elendsunterkünften, den *favellas*, die man durch Eigentumswohnungen des sozialen Wohnungsbaus zu ersetzen versucht. Die sozialen Gegensätze sind gewaltig. Wer auf der Straße einen Lumpensammler sieht, der mühselig seinen selbst gebauten, mit Altpapier und zusammengepressten Getränkedosen beladenen Karren zieht und dabei einem importierten Toyota Hilux SUV für umgerechnet 60.000 Euro ausweicht, während ein Privathubschrauber über ihm einen Manager zur Arbeit bringt, der weiß, was ich meine. Obwohl der Gast, der in einem der vielen Luxusrestaurants der Stadt für 70 Euro oder mehr pro Person speist, während nebenan eine Hausfrau Reis und Bohnen für die ganze Familie auf den Tisch bringt, die weniger kosten als sein normaler 10-Prozent-Bedienungszuschlag, sich darüber sicher keine Gedanken macht.

Die Stadt ist nicht nur gewaltig, sondern auch chaotisch, was jeder merkt, der sich in ihr bewegen muss. Das U- und S-Bahn-Netz reicht noch nicht aus, um den Straßenverkehr merklich zu vermindern, die Omnibusse haben in vielen *avenidas* besondere Spuren, was den Raum für die Unzahl der Autos und Lastwagen begrenzt. Die Ringautobahn um São Paulo herum wird erst in einigen Jahren fertig werden, Umweltaktivisten und Privatinteressen haben den Bau immer wieder verzögert. Erst wenn dieser Ring geschlossen ist, kann mit Erleichterung gerechnet werden, denn dann wird ein Großteil der Lastwagen São Paulo vermeiden können, die heute die Stadt durchqueren, um zum Hafen von Santos zu gelangen oder Ware ins Hinterland zu bringen.

Bis dahin müssen die Einwohner São Paulos weiterhin ihr *rodizio* ertragen, das heißt, in Abhängigkeit von der Endziffer ihres Autonummernschildes darf dieses zwischen 7 und 10 Uhr morgens sowie zwischen 17 und 20 Uhr abends nicht in das innere Stadtgebiet und damit auch nicht auf die beiden *marginais*, wie die Stadtautobahn genannt wird. Ursprünglich eingeführt, um die Umwelt zu entlasten, dient die Beschränkung heute nur noch der Entlastung des Straßennetzes, nicht der Lungen. Die gemessene Verringerung der Luftverschmutzung durch diese Regelung ist vernachlässigbar klein.

São Paulo ist eine Stadt der Theater, Kinos, Restaurants und Shoppingcenters, aber vor allem eine Stadt der Arbeit – im Gegensatz zu Rio de Janeiro. Hier liegt das Hauptaugenmerk angeblich auf der Freizeit. Der Zuckerhut, die Christus-Statue auf dem Corcovado, die berühmten Strände von Cobacabana und Ipanema sind jedem Touristen bekannt. Rio de Janeiro ist aus der Luft gesehen wunderschön, am Boden kehrt man in die Realität zurück. Die Stadt ist wie São Paulo meistenteils schmutzig, voller Verkehr und leider auch unsicher. Aber das merkt der Strandbesucher nicht, es sei denn, er schluckt ungewollt etwas vom Meerwasser oder es wird ihm die Uhr abgenommen. Aber seien Sie beruhigt, dort, wo es Touristen gibt, gibt es auch Polizei. Was mir und wahrscheinlich auch jedem Brasilianer unverständlich ist: warum manche deutsche Touristen unbedingt eine polizeilose und von Drogenhändlern beherrschte *favella* besuchen oder sogar Unterkunft in ihr finden wollen. Entsprechende Angebote für in den Elendsvierteln Rios gelegene »Hotels« mit unbestritten herrlicher Sicht auf die Stadt und die Bucht von Guanabara findet man im Internet.

Im Bundesstaat Rio de Janeiro konzentrieren sich Stahlwerke und Werften sowie Unternehmen der Chemie und Petrochemie, am wichtigsten dabei wohl die Petrobrás. Im Gegensatz zum Bundesstaat São Paulo sind die Autobahnen schlecht und unsicher, aber die Strände im Umkreis von Rio de Janeiro sind unschlagbar. Die Gegend von Angra dos Reis in der Nähe der bisher einzigen beiden brasilianischen Atomkraftwerke mit angeblich 356 Inseln ist ein Wochenendparadies, in dem viele *cariocas,* die Einwohner Rios, Strandhäuser und Boote haben, die von einigen Privilegierten per Hubschrauber erreicht werden.

Da dieses Buch kein Reiseführer sein soll, will ich auf Vitória, Belo Horizonte, Ouro Preto und andere erwähnenswerte Städte nicht eingehen. Nur ein Hinweis: Zu Zeiten, als Mannesmann rein deutsch und sehr bedeutend in Minas Gerais war, wohnten viele der leitenden Angestellten auf dem sogenannten Sauerkrauthügel am Rand von Belo Horizonte.

Der Süden – die Wahlheimat vieler Deutscher

In den Bundesstaaten Paraná, Rio Grande do Sul und Santa Catarina haben sich viele deutsche Auswanderer eine neue Heimat geschaffen. Sie fanden ab 1842 in der Kaiserin Leopoldina, einer echten Habsburgerin, eine eifrige Förderin. Ihre Nachkömmlinge sprechen vielfach noch die Sprache ihrer Väter. In Paraná, in der für hiesige Verhältnisse kleinen Stadt Marechal Rondon, verstehen ungefähr drei Viertel der Bewohner Deutsch, viele sprechen es auch. In Curitiba nannte ich einem Taxifahrer mein Ziel, und er antwortete mir auf Deutsch. In Santa Catarina ist Blumenau nicht nur berühmt für sein Oktoberfest, angeblich nach dem Münchner das größte der Welt, sondern auch für die vielen Brasilianer, die die deutsche Tradition und Sprache hochhalten. Nebenan, in Pomerode, kann man gefüllte Wildente mit Rotkohl essen und dazu Bier der Marke Eisenbahn oder Opabier trinken. Links und rechts der Bundesstraße nach Blumenau allerdings wird Reis angebaut, und man sieht riesige Bananenanpflanzungen.

Hier erlebte ich auch das Verhältnis der Brasilianer zur Natur: Auf einer solchen Fahrt überquerte eine große behaarte Vogelspinne die Fahrbahn, der Wagen hinter mir hielt an, der Fahrer stieg aus, tötete die Spinne und fuhr weiter. Angeblich sollen heute noch jährlich über 20.000 Menschen in Brasilien von giftigen Schlangen, Spinnen, Taranteln und Skorpionen gebissen oder gestochen werden. Kein Wunder, dass Brasilien eines der berühmtesten

Tropeninstitute für die Herstellung von Seren gegen solche Gifte hat. In São Paulo kann man dieses *Butantan*-Institut besuchen und zusehen, wie Giftschlangen gemolken werden. Wie schnell man selbst betroffen sein kann, merkte meine Frau, die in unserem Garten in der Großstadt São Paulo mit dem Arm eine Raupe streifte. Der Arm wurde sofort gefühllos und begann zu schmerzen, erst eine Spritze im Institut brachte Besserung. Ich wollte mal eine kleine Spinne von der Toilettenspülung (!) wegwischen, und sofort schwoll mein kleiner Finger auf Daumengröße an.

Deutsche und ihre Nachkommen in Südamerika sind beileibe keine Seltenheit, es gibt schätzungsweise 3 Millionen von ihnen, alleine in Brasilien sollen es fast 2,5 Millionen sein. In den letzten Jahren hatten sie es in Südbrasilien nicht leicht, denn die Landwirtschaft, mit der in Rio Grande do Sul und Paraná ein Drittel des Bruttoinlandsproduktes erwirtschaftet wird, wurde von Krisen heimgesucht. Die Getreideerträge waren von 2002 auf 2004 von 58 auf 41 Millionen Tonnen zurückgegangen, konnten sich aber dann wieder erholen. Erst 2006 wurde der Wert erreicht, bei dem man schon 2002 angelangt war. Grund für die Krise waren Trockenheit, an Maul- und Klauenseuche erkrankte Tiere und die Angst vor der Vogelgrippe. Die Wichtigkeit der beiden Bundesstaaten Paraná und Rio Grande do Sul mag man daran ermessen, dass hier fast 45 Prozent der brasilianischen Getreideerträge erzielt werden!

Der Umgang mit Brasilianern

In diesem Kapitel beschreibe ich Ihnen den »typischen Brasilianer« und erkläre zugleich, warum es ihn eigentlich nicht geben kann. Sie erhalten Ratschläge zum Vermeiden von Fettnäpfchen im privaten und geschäftlichen Umgang und erfahren, warum Sie sich Ihre deutschen Geschäftspapiere nicht von einem Portugiesen übersetzen lassen sollten. Abschließend lernen Sie etwas über die Einstellung der Brasilianer zur Korruption.

Brasilianer sind wie Deutsche nicht über einen Kamm zu scheren. Brasilien ist so groß, dass Land und Leute unmöglich homogen sein können. Das fängt schon mit den Unterschieden zwischen Stadt und Land an. In einer Metropole wie Rio de Janeiro oder São Paulo finden wir Kosmopoliten wie in New York oder Berlin, in Taquaritinga oder Jurupema dagegen wird man als Ausländer bestaunt und, wenn man Pech hat, mit Liebfrauenmilch bewirtet, in den Augen vieler Brasilianer der beste deutsche Wein.

Brasilien ist zwar das größte katholische Land der Welt, hat aber – was die Religion angeht – immer noch tiefe Wurzel in Afrika. Das merkt man, wenn man nach Bahia kommt. Hier gibt es sogar Kurse, in denen man ein Diplom als *Umbanda*-Priester machen kann. Viele haben sich dem Spiritismus verschrieben, und dazu gehören durchaus gebildete Menschen, die tagsüber als Ingenieure, Ärzte oder Anwälte ihren Berufen nachgehen und abends ein spiritistisches Zentrum besuchen. Auch die neuen Sektenkirchen wie die Universalkirche des Reiches Gottes von »Bischof« Macedo haben einen mehr als regen Zulauf und zwingen die katholische Kirche, nach neuen Wegen zu suchen, um die Gläubigen bei der Stange zu halten. Dass dies gelingt, sieht man an manchen Autoaufklebern, die verkünden, dass der Fahrer glücklich sei, Katholik zu sein.

Die Fluggesellschaft TAM, auf deren Flugzeugen die Aufschrift *orgulho de ser brasileira* prangt (»stolz, brasilianisch zu sein«), setzt nicht auf die Religiosität, sondern auf den Nationalstolz der

Brasilianer, und der ist sehr ausgeprägt. Die Brasilianer dürfen auf ihr Land schimpfen – wir Ausländer im Normalfall nicht! Kaum ein Brasilianer würde freiwillig woanders wohnen, trotz aller ihm durchaus bewussten Unzulänglichkeiten. Und er kann ja auch stolz sein, zum Beispiel auf über 7.000 Kilometer oft traumhaft schöner Küste, auf die Wasserfälle von Iguaçú, die den Niagarafall weit in den Schatten stellen, auf die Fauna und Flora und auch auf die riesigen Felder und Viehherden, die Schönheiten von *Ipanema* nicht zu vergessen, die schon Tom Jobim besang! Dazu kommen industrielle Errungenschaften wie der Flex-Fuel-Motor, der Benzin und Alkohol in beliebigem Mischungsverhältnis verdaut, der sehr erfolgreiche Flugzeughersteller Embraer, der Bombardier den Rang abgelaufen hat, die Rekordtiefseebohrungen der Petrobrás oder auch die Millionenstädte, unter denen Rio de Janeiro als schönste der Welt angesehen wird.

Portugiesisch ist nicht Portugiesisch!

Dieses riesige Land hat das Glück, dass in ihm eine einheitliche Sprache gesprochen wird, selbst die (wenigen) Indios sprechen meist neben ihrer Stammessprache auch Portugiesisch. Aber wenn schon im kleinen Deutschland der Niederbayer Probleme hat, den Friesen zu verstehen, wenn beide ihren heimischen Dialekt sprechen, wie soll das dann in Brasilien funktionieren? Sie werden lachen, es funktioniert meist besser als in Deutschland. Zwar heißt eine Autowäscherei in São Paulo *lava rapido* und in Blumenau *lavação de carros*, aber das führt nicht zu Missverständnissen. Auch dass in Rio de Janeiro der Reis *arrois* ausgesprochen wird, obwohl die *paulistanos* korrekt *arroz* sagen, wie es der Schreibweise entspricht, geht noch an. Aber wo sind nun die Probleme? Ganz einfach: bei uns, den Ausländern, die oft in der Wortwahl, im Satzbau und der Grammatik nicht (viel) schlechter als viele Brasilianer sind, aber ihre Herkunft nicht leugnen können und die korrekte Aussprache einfach nicht hinbekommen. Und dann erleben müssen, dass sie jemanden nach dem Weg fragen und der

Angesprochene nur verständnislos den Kopf schüttelt. Dann wird die Frage vom begleitenden Brasilianer wörtlich wiederholt, und die Information sprudelt nur so. Das ist auch mir am Anfang meines Brasilien-Aufenthaltes passiert. In meinem Vorzimmer konnte ich meinen heutigen Partner in Gärtringen, Harald Sterzinger, zu meiner Sekretärin Giselia das Wort *urso* sagen hören, und sie verstand ihn nicht. Bis plötzlich der Groschen fiel und sie freudig *urrrrrrso!* rief und endlich verstanden hatte, dass er von einem Bären sprach. Vielleicht lag das Problem aber auch daran, dass es in Brasilien keine Bären gibt? Besonders anfällig für solche Verständigungsprobleme sind Brasilianer ohne Fremdsprachenkenntnisse und ohne Kontakt zu Ausländern. Häufig sind dies Hausangestellte, die dann lieber mit der brasilianischen Hausfrau als ihrem ausländischen Ehemann sprechen. Wichtig ist hier der berechtigte Zweifel des Unverstandenen. Fragen Sie nicht nur, ob Ihr Gegenüber Sie verstanden hat – testen Sie es auch! Denn niemand wird gerne zugeben, dass er nicht mitbekommen hat, was gemeint war, oder so unhöflich sein, sein fehlendes Verständnis Ihrer merkwürdigen Aussprache anzulasten.

Ein zusätzliches Problem ist, dass Portugiesisch und Brasilianisch sich unterschiedlich entwickelt haben. Das betrifft die Wörter, die Aussprache und die Grammatik und ist der Grund, warum Orthografiekorrekturprogramme zwischen portugiesischem und brasilianischem Portugiesisch unterscheiden. So kann man das im Deutschen holprig klingende Gerundium »ich bin machend« in Brasilien mit *estou fazendo* übersetzen, während es in Portugal *estou a fazer* heißen würde. In Brasilien schreibt man den Chef einer Firma *diretor* und in Portugal *director*. Nicht genug damit, heißt Eisenbahnzug in Brasilien *trem* und in Portugal *comboio*. Für Interessierte sind im Anhang weitere Beispiele für die unterschiedliche sprachliche Entwicklung Brasiliens und Portugals aufgeführt.

Zum guten Schluss können die Brasilianer noch damit auftrumpfen, dass ihre Version des Portugiesischen, die man schon fast Brasilianisch nennen könnte, angeblich 50.000 Wörter mehr aufweist als die Sprache ihrer Kolonisatoren. Diese Wörter bezeichnen vornehmlich Pflanzen und Tiere, die es in Portugal nicht gibt.

Das hat nicht unbedingt dazu geführt, dass die Brasilianer in Portugal wohlgelitten sind. So musste sich eine Brasilianerin, die bei der Niederlassung eines deutschen Elektrokonzerns in Portugal arbeitete, von hämischen Kollegen sagen lassen, sie solle doch erst mal Portugiesisch lernen. Die Dame arbeitet heute in Deutschland, wo sie nicht mehr wegen ihrer Herkunft angefeindet wird, aber in Deutschland gibt es auch ein Antidiskriminierungsgesetz und gerichtliche Verfolgung von Mobbing, also ist die Schlussfolgerung der größeren Toleranz vielleicht zu gewagt.

Ein Volk mit vielen Wurzeln

Den Brasilianer gibt es nicht mehr, denn als das Land 1500 von den Portugiesen entdeckt wurde, stießen sie auf insgesamt 4 Millionen Ureinwohner, von denen nur wenige den Kontakt mit der Zivilisation überlebten. Wer über die Anfänge der Kolonisation aus erster Hand mehr lesen möchte, dem sei *Die wahrhaftige Historie der wilden, nackten, grimmigen Menschenfresser-Leute* von Hans Staden zur Lektüre empfohlen, dem ersten Deutschen, der über Brasilien – und seine Gefangenschaft bei den Indios – ein Buch geschrieben hat, welches 1557 veröffentlicht wurde. Im 17. Jahrhundert eiferte ihm Caspar Schmalkalden mit seinem Tagebuch *Mit Kompass und Kanonen – abenteuerliche Reisen nach Brasilien und Fernost 1642–1652* nach. Es war Pech für die Portugiesen, dass sich die Indios schlecht zur Sklavenarbeit zwingen ließen; sie waren mehr als unwillig und deshalb für die neuen Herren des Landes unbrauchbar. Es war nicht nur Pech, sondern eine Tragödie für die Afrikaner, welche die Portugiesen als Ersatz für die Indios schon ab 1538 nach Brasilien verschleppten. Aber da man jetzt die Indios nicht mehr brauchte, wurden sie regelrecht ausgerottet. 1822, als der Sklavenhandel abgeschafft wurde, gab es 4 Millionen Afrikaner in Brasilien. Erst mit der endgültigen Befreiung der Sklaven 1858 war der Weg dann frei für eine große Einwanderungswelle, die bis 1914 geschätzte 200.000 Europäer nach Brasilien schwemmte. Besonders viele kamen aus Italien, um auf den Kaffeeplantagen

São Paulos zu arbeiten. Im Ersten Weltkrieg schwächte die Einwanderung stark ab, nahm danach aber bis zu den dreißiger Jahren wieder zu. Diesmal kamen vor allem Deutsche, Osteuropäer und Japaner. Nach dem Zweiten Weltkrieg wuchs die Zahl der Einwanderer kurzzeitig erneut. Heute ist Brasilien kein Einwanderungsland mehr, im Gegenteil: Wer nach Brasilien auswandern will, muss ein geregeltes Einkommen nachweisen oder einen Arbeitsvertrag in Brasilien haben, außerdem muss sein Arbeitgeber die Notwendigkeit der Einstellung nachweisen. Nur ein multinationaler ausländischer Konzern kann Geschäftsführungs- und Vorstandsposten in einer brasilianischen Niederlassung problemlos mit Nichtbrasilianern besetzen, auf den Ebenen darunter ist dies schon wesentlich schwieriger.

Brasiliens kultureller Reichtum und die große Toleranz gegenüber ethnischen Unterschieden sind eine natürliche Folge der Mischung aus Portugiesen, Italienern, Spaniern, Deutschen, Afrikanern, Japanern und auch Indios. Allein in São Paulo leben 400.000 bis 500.000 Deutsche beziehungsweise Deutschstämmige, in ganz Brasilien sind es mehrere Millionen.

Diese Volksstämme leben zwar friedlich neben- und miteinander, aber sie bewahren dabei durchaus ihre Eigenarten. Und das kann zu Problemen führen, wie der Fall Autolatina, ein vorübergehender Zusammenschluss der brasilianischen Niederlassungen von VW und Ford, gezeigt hat. Nach unserer Erfahrung lohnt es nicht, mit einem Konkurrenten zusammen nach Brasilien zu gehen. Wenn man auf dem heimischen Markt konkurriert, tut man es auch in Brasilien. Und wenn der Konkurrent aus einem dritten Land kommt, muss man in Brasilien drei Nationalcharaktere unter einen Hut bringen. Das hat bei der erwähnten Autolatina nicht geklappt, wo Brasilianer, US-Amerikaner von Ford und Deutsche von VW miteinander auskommen mussten. Ford verlor damals Marktanteile, VW und Ford guckten sich gegenseitig in die Karten, und am Ende kam es zur Scheidung. Hier hat die berühmte Toleranz der Brasilianer nicht geholfen. Und man darf nicht den Stolz der Brasilianer auf ihr eigenes Land vergessen – *love it or leave it.* So hörte ich bei VW do Brasil die abfällige Bemerkung: »Die wissen doch gar nicht, wie man Brasilien schreibt« als Erwiderung auf den Hinweis, dass eine bestimmte Entscheidung vom Mutterhaus in Wolfsburg und nicht in Brasilien gefällt wurde.

Für den, der sich auf unterhaltsame Weise ausführlicher mit Brasiliens Geschichte und der Entwicklung des Landes beschäftigen möchte, gebe ich einen weiteren Literaturhinweis: Errol Lincoln Uys' Roman *Brasil* beschreibt die Geschichte Brasiliens von 1491 bis zur Einweihung Brasílias anhand der Geschichte der beiden portugiesischen Familien Cavalcanti und da Silva. Der Leser lernt nicht nur alle geschichtlich wichtigen Personen Brasiliens kennen, sondern versteht nach der Lektüre auch, warum Brasilien ist, wie es ist – und vor allem warum die Oligarchie hier noch heute eine so große Rolle spielt.

Die Spätfolgen der Sklaverei

Ohne Frage hat die Sklaverei in Brasilien tiefe Spuren hinterlassen, die das gerne benutzte Klischee vom Land ohne Rassenschranken fraglich erscheinen lassen. Dieser Eindruck wurde im März 2007 durch eine Aussage der Afrobrasilianerin und Ministerin Matilde Ribeiro bestärkt, die der *Secretaria Especial de Política da Promoção da Igualdade Racial* (Spezialministerium für die Politik zur Förderung der Rassengleichheit) der Regierung Lula vorsteht. Sie verstieg sich nämlich zu der Aussage, dass die Reaktion eines Schwarzen (in Brasilien sagt man politisch korrekt *negro*), der nicht Seite an Seite mit Weißen leben will, eine ganz natürliche Reaktion sei, denn »wer sein ganzes Leben gezüchtigt wurde, ist nicht verpflichtet, den zu mögen, der ihn prügelte«.

Die Sklaverei wurde zwar anfänglich mit aus Afrika »importierten« Menschen praktiziert, aber heute gibt es sie immer noch in Brasilien, und zwar ohne Präferenz für eine Hautfarbe: Es reicht, arm, wehrlos und ungebildet zu sein, um ihr Opfer zu werden. Zur Bekämpfung dieser modernen Sklaverei gibt es seit 2003 beim Arbeitsministerium eine Liste von Firmen, deren heutige Arbeitsbedingungen denen der »traditionellen« Sklaverei entsprechen. In dieser Liste stehen 192 Unternehmen, von denen 51 unbeeindruckt ihre Arbeitsbedingungen bisher nicht geändert haben. Das Arbeitsministerium verkündete im Oktober 2007, dass in den vergangenen sieben Jahren 23.318 Opfer der Sklaverei befreit wurden, im Mittel 3.000 pro Jahr! Aber das ist die offizielle Zahl. Die kirchliche Organisation *Comissão Pastoral da Terra* sagt, dass jedes Jahr mindestens 25.000 Personen ausgebeutet werden. Wobei im Unterschied zur früheren Sklaverei heute niemand in Brasilien gewaltsam entführt und zum Sklaven gemacht wird. Die Methoden sind subtiler: Man gaukelt den Menschen Arbeitsverhältnisse vor, die es nicht gibt, und verhindert, dass sie den Arbeitsplatz kündigen können, indem man ihnen Schulden aufbürdet oder Transportmöglichkeit verweigert. Nur die Hälfte der 300 Anzeigen pro Jahr wird tatsächlich verfolgt. Der Rekordhalter ist der Bundesstaat Pará mit 52 angezeigten Unternehmen, gefolgt von Tocantíns mit 43, Maranhão mit 32, Goiás mit 24, Mato Grosso mit 16 und Bahia mit 5.

Die moderne Sklaverei hat ihre Besonderheiten. So wurden 2007 in der Nähe der Stadt Sebastianópolis, 1.500 Kilometer von São Paulo entfernt, 27 Landarbeiter aus Pernambuco, Maranhão und Piauí gefunden, die sich seit sechs Monaten zwei Zimmer mit Etagenbetten und ein Bad teilten. Vor der Unterkunft flossen die Abwässer aus Bad und Küche unter freiem Himmel, Schweine suhlten sich in ihnen und besuchten anschließend die Küche. Silvia Amorim schreibt, dass die Nordbrasilianer von Agenten angelockt waren worden, die ihnen Häuser, Essen und vorübergehende Beschäftigung versprochen hatten, wobei man wohlweislich verschwieg, dass vom Gehalt von 720 Real im Monat 32 Real Monatsmiete sowie die Dreitagesreise nach São Paulo abgezogen würden, die 260 Real kostete. Und die Verpflegung und natürlich auch deren Bezahlung war Sache der Arbeiter. Beschwerden haben die fristlose Entlassung zur Folge, und da die Arbeiter kein Geld besitzen, um mit dem Omnibus die Heimfahrt anzutreten, bleiben und schweigen sie.

Wer im Zuckerrohrfeld arbeitet, hat manchmal ein noch schwereres Schicksal zu erleiden. Der Regelfall ist zwölf Stunden

Arbeit und 200 Meter Arbeitsfortschritt beim Ernten des Zucker-
rohres, um 30 Real, das sind weniger als 12 Euro, am Tag zu
empfangen, und das oft ohne Sicherheitsausrüstung, bei brennen-
der Hitze, Schlangenbissgefahr und messerscharfen Blättern.
Kaum einer hält dies mehr als ein halbes Jahr aus. Manche
kommen nur auf 3 Real am Tag, weil sie die Arbeitsquote nicht
erreichen. Hier darf man den Einsatz moderner Zuckerrohrernte-
maschinen nicht mit dem Argument kritisieren, dass Arbeitsplätze
vernichtet werden – er muss im Gegenteil gefördert werden.
Außerdem hat er einen weiteren Vorteil: Das umweltschädliche
Abfackeln von Zuckerrohrfeldern, um Schlangen und giftige Insek-
ten zu vernichten und die scharfen Blätter zu entfernen, ist beim
Einsatz von Maschinen nicht mehr nötig.

Solche Verhältnisse können auf Dauer nur durch bessere
Ausbildung der gesamten Bevölkerung geändert werden, angefangen bei den Volksschulen, die Priorität genießen müssen, bis hin zu
den Hochschulen. Die staatliche Universität von São Paulo hat
einen eigenen Weg gefunden, die Benachteiligung nicht nur der
Afrobrasilianer zu mindern: Sie vergibt bei der Aufnahmeprüfung
Bonuspunkte an die Absolventen öffentlicher Oberschulen, damit
diese leichter den Zugang zu einer Universitätsausbildung finden.
Das ist sicher besser als das staatlich verordnete Quotensystem,
welches einen bestimmten Prozentsatz der Ausbildungsplätze
Afrobrasilianern vorbehält, wobei die Einstufung als Afrobrasilianer vom Aspiranten auf einen Studienplatz selbst vorgenommen
wird. Dieses System kann nur zu mehr Rassismus führen, anstatt
ihn zu bekämpfen.

Private Kontakte

Der Brasilianer kann sehr liebenswürdig sein, er kann Sie aber auch
ausrauben oder Ihnen auf eine Beschwerde antworten, dass es
Ihnen freistehe, in Ihr Heimatland zurückzukehren. Lassen Sie
sich also nicht durch die Höflichkeit täuschen – die ist angeboren,
bedeutet aber noch lange nicht, dass man Ihnen alles durchgehen

lässt oder nicht auf seinen Vorteil aus ist. In aller Regel ist der Brasilianer sehr höflich, vor allem Ausländern gegenüber, und überaus gastfreundlich. Sie werden schnell auf Feste eingeladen oder mitgenommen, obwohl Sie nicht eingeladen sind. Das spielt hier, wenn es um ein *churrasco* geht, sowieso keine Rolle; Fleisch zum Grillen ist immer im Überfluss vorhanden. Selbst beim normalen Mittagessen werden immer mehr Steaks zubereitet, als es die Zahl der erwarteten Gäste erfordern würde – es könnte ja noch jemand kommen. Und wir erleben immer wieder, wenn wir zum Abendessen einladen, dass die sorgfältig geplante Tischordnung durcheinandergerät, weil ein Gast ohne Rückfrage einen Freund oder ein Kind mitbringt. Aber hier sind die Brasilianer flexibel, es findet sich immer ein *jeitinho*, also ein Weg, das Unmögliche möglich zu machen. Sie können bei Einladungen alles erwarten, nur keine Pünktlichkeit. Es gibt jedes Mal Gäste, die eine Hausfrau zur Verzweiflung bringen, weil sie erst eintreffen, wenn eigentlich alle schon beim Nachtisch sein sollten.

Eine unserer Freundinnen, die immer wesentlich zu spät zu Einladungen erschien und ohne Führerschein fuhr, weil sie keinen hatte, kam einmal ganz gegen ihre Gewohnheit pünktlich und sogar mit Polizeieskorte bei uns an. Sie war nämlich von der Polizei angehalten worden, weil sie zu schnell gefahren war. Dem Polizisten sagte sie, ihr Mann, der Senator, erwarte sie dringend bei einem Abendessen. Dies unterstrich sie mit einem Hinweis auf das Nummernschild ihres Autos, welches in Brasília zugelassen war und zufälligerweise die Nummer 0001 neben der Buchstabenkombination DF hatte, leicht mit *distrito federal* zu verwechseln. Es fehlte nur das Emblem des Senats, aber das fiel dem Polizisten nicht auf. Und schon wurde sie sicher und schnell zu uns geleitet. Nebenbei bemerkt: Sie hatte gar keinen Mann, aber sie kannte die Psyche der Beamten, obwohl sie nicht aus Köpenick, sondern waschechte *paulista* war.

Die Kleiderordnung wird in Brasilien genauso zwanglos behandelt wie die Zeit. Auch abends ist sportliche Kleidung die Regel, und selbst in sehr guten Restaurants tragen die wenigsten Herren eine Krawatte. Nur im Ca' d'Oro, einem berühmten Hotel in der

Rua Augusta in São Paulo, sah ich 1978, als ich hier ankam, ein Schild an der Bar, welches Krawatten- und Jackettzwang verkündete. Dem unkorrekt gekleideten Gast wurden aber solche Utensilien zur Verfügung gestellt.

Ich hatte schon darauf hingewiesen, dass vielleicht nicht *der*, aber viele Brasilianer auf ihren Vorteil aus seien. Das kann jeder bestätigen, der hier Hilfe beim Kauf eines Hauses oder dergleichen sucht. Immer kommt sofort die Frage, wie hoch denn die Provision sei – nicht vom Makler, was verständlich wäre, sondern vom Privatmann, den man vielleicht nur nach dem Eigentümer seines Nachbargrundstückes gefragt hat.

Das Anderssein zeigt sich auch bei Todesfällen. Zunächst mutet es Europäer fremd an, wenn ein Verstorbener dem Gesetz folgend hier innerhalb von 24 Stunden bestattet wird – aber Brasilien ist ein tropisches Land mit entsprechenden Temperaturen. Noch fremder wirkt es manchmal, wenn der Tote aufgebahrt und der offene Sarg bis zur Beerdigung von den Trauernden, die die Totenwache halten, umringt wird. Dabei ist es höchst selten, dass Trauerkleidung angelegt wird, Jeans und T-Shirts sind genauso üblich wie Anzüge ohne Krawatte. Und so geht man auch zur Beerdigung, die häufig mit Applaus für den Toten beendet wird. Feuerbestattungen sind selten, in São Paulo gibt es nur ein einziges Krematorium in Stadtteil Villa Alpina. Eine Kondolenzkarte zu verschicken ist schwer, denn schwarz umrandete Blankokarten mit entsprechendem Umschlag gibt es nicht. Wer so etwas partout haben will, muss sich mit einem weißen Briefumschlag zufriedengeben und sich eventuell eine passende Briefkarte zuschneiden lassen, selbst in der 20-Millionen-Stadt São Paulo.

Der Brasilianer investiert lieber in die Lebenden, und das besonders gerne bei Hochzeiten. Selbst Brauteltern, die es sich nicht leisten können, laden oft bis zu 100 und mehr Gäste ein und stürzen sich unter Umständen in Schulden, um der Verwandtschaft und den Freunden zu zeigen, was man sich leisten kann (und nicht etwa, wie froh man ist, die Tochter unter der Haube zu wissen).

Wenn man Fremde kennenlernt, wird man häufig kurz darauf eingeladen, doch mal vorbeizuschauen, wenn man in der Nähe sei. Tun Sie es nicht, solche Einladungen sind fast nie ernst gemeint. Ernsthafte Einladungen werden immer mit Tag und Uhrzeit verbunden. Aber wie herzlich Brasilianer sind, merkt man an der folgenden Begebenheit. Mein Freund und heutiger Partner unseres süddeutschen Büros Harald Sterzinger besuchte mich 1980 in Brasilien. Am Wochenende machten wir Ausflüge, um das Land zu entdecken. Einer davon führte uns nach Tietê, einer Stadt am gleichnamigen Fluss, der auch São Paulo durchfließt. Beim Herumwandern vor der Stadt entdeckten wir uns unbekannte Bäume, nach deren Namen wir fragen wollten. In der Nähe sahen wir eine junge Frau mit zwei kleinen Kindern, die gerade auf einem *sítio* im Freien das Mittagessen zubereitete. Unsere Frage nach den Bäumen resultierte nicht nur in der Erkenntnis, dass wir Lavendelbäume vor uns hatten, sondern hatte auch zur Folge, dass wir zum Mittagessen eingeladen wurden und anschließend mit dem Mann der gastfreundlichen jungen Mutter und ihrem Vater hoch zu Ross das Impfen ihrer Kühe beobachteten, die unserem Blick vorher durch einen Hügel entzogen waren. Es handelte es sich aber keineswegs um Bauern, sondern um ein Lehrerehepaar, welches darauf bestand, dass wir auch ihr Haus in der Stadt kennenlernten, und uns fast zwang, am folgenden Wochenende mit einem weiteren jungen Deutschen, der ebenfalls sein Praktikum in meiner Firma machte, bei ihnen zu übernachten und eine selbst zubereitete *feijoada* zu verspeisen. 27 Jahre später bekam ich von den bereits pensionierten Lehrern aus Tietê eine E-Mail, man habe mich im Internet gesucht, leider könnte man den deutschen Text nicht lesen, ich möge doch bitte bestätigen, dass ich derjenige welcher sei. Eine Woche später konnten wir ein Wiedersehen feiern, an dem auch meine Frau teilnahm, sehr zur Erleichterung des Ehepaares, denn sie ist Brasilianerin, und wir konnten uns auf Portugiesisch unterhalten.

Ähnliches passierte uns in Marechal Rondôn, einer Stadt in Paraná in der Nähe des berühmten Stauwerkes Foz de Igauçu, welchem der Titel als weltgrößtes Wasserkraftwerk jüngst vom chinesischen Dreischluchtenkraftwerk abgenommen wurde. Der Bürgermeister hatte mich eingeladen, auf einem internationalen Mercosul-Seminar über die Europäische Gemeinschaft zu sprechen, und da meine Frau kurz darauf Geburtstag hatte, nahm ich sie mit, um diesen Tag mit ihr im Hotel Tropical an den Iguaçu-Wasserfällen zu feiern. Auch hier war die Erleichterung groß, vor allem bei den Frauen der Mitglieder der Stadtregierung, als man feststellte, dass wir beide Portugiesisch sprachen. Als ich jedoch am nächsten Tag eine Dreiviertelstunde lang im örtlichen Radio interviewt wurde, bat mich mein Gesprächspartner nach einer Viertelstunde, auf Deutsch zu antworten. Auf meine erstaunte Reaktion hin wurde mir gesagt, dass in der 60.000 Einwohner zählenden Stadt mehr als die Hälfte der Bürger Deutsch verstünden. Das war kurz nach der Wiedervereinigung, und das Hauptthema war die Verständigung der Deutschen aus Ost und West.

Wie unsensibel Brasilianer sein können, bekamen wir dann am Geburtstag meiner Frau zu spüren, als wir im erwähnten Fünf-Sterne-Hotel zu Mittag essen wollten. Außer einem weiteren Gast war nur ein Musikant im Speiseraum, der derart laut spielte, dass man sein eigenes Wort nicht verstehen konnte. Meine höfliche Erkundigung beim Ober, ob es nicht auch etwas leiser ginge, wurde mit einem klaren Nein beantwortet, was zur Folge hatte, dass wir das Restaurant verließen, um im Garten zu essen.

Auch daran muss man sich in Brasilien gewöhnen: Es geht laut zu, auf Festen, auf der Straße, auf Konzerten – für mich viel zu laut. Schon Wilhelm Busch sagte: »Musik wird störend oft empfunden, zumal sie mit Geräusch verbunden.« Diese Meinung teilt die Mehrzahl der Brasilianer sicher nicht. Bei Karnevalsveranstaltungen verursachen die *trios elétricos*, wie die mit riesigen Lautsprechern ausgerüsteten Lastwagen genannt werden, denen Tausende von Menschen wie zur Zeit der mittelalterlichen Tanzwut hinterherlaufen, einen ohrenbetäubenden Lärm. Selbst kleine Kinder beginnen, wenn sie Sambamusik hören, sich im Rhythmus dazu zu bewegen, sogar meine in Deutschland aufwachsenden Enkel.

In Taxis muss ich regelmäßig darum bitten, dass das Radio leiser oder ganz ausgestellt wird und dass die Klimaanlage nur dann benutzt wird, wenn die Umgebungstemperatur dies erfordert. Aber zum Trost kann ich sagen, dass die Taxifahrer dies auch ohne Unmutskundgebung machen. Noch ein Rat zum Thema Taxi: Schlagen Sie die Tür nicht laut und heftig zu, unsere Taxifahrer sind in diesem Punkt sehr empfindlich. Manche wollen die Tür selbst schließen, um dieses Schlagen zu vermeiden. Und kritisieren Sie nicht die Fahrweise. Ein Bekannter von mir wurde mit seiner Frau in Rio aus dem Taxi gewiesen, weil es dem Fahrer zu viel wurde, ständig zum Langsamfahren aufgefordert zu werden. Ich fragte mal einen Taxifahrer in Südbrasilien, der mich barfuß durch bergiges Gelände zu einer anderen Stadt fuhr und den Boden seines Fahrzeuges vorne mit zerknüllten Zeitungen ausgelegt hatte, ob er nicht lieber das Abblendlicht anstele des Standlichtes benutzen sollte, vor allem, weil er in Linkskurven immer auf der Gegenfahrbahn blieb. Die ruhige Antwort war, dass er so die Lichter der entgegenkommenden Autos besser sehen könne.

Geschäftliche Kontakte

Fangen wir mit einer ganz einfachen Sache an. Das Telefon läutet, Sie heben ab und melden sich mit Ihrem Namen. Als Antwort begehrt der Anrufer, oft ohne Gruß und auf jeden Fall ohne seinen Namen zu nennen, mit einer bestimmten Person zu sprechen, oder Sie werden gefragt: »Wer spricht?« Wenn man den Anrufer durchaus höflich darauf aufmerksam macht, dass man sich mit seinem Namen gemeldet hat, wird vielfach erschreckt eingehängt.

Oder Sie rufen an, werden mit einem freundlichen Hallo begrüßt, sagen Ihren Namen, begrüßen den Gesprächspartner höflich und bitten, die von Ihnen gewünschte Person sprechen zu dürfen. Worauf mit tödlicher Sicherheit die Frage kommt: »Wer möchte mit Herrn X oder Frau Y sprechen?« Seien Sie nicht beleidigt, weisen Sie die Person am anderen Ende der Leitung nicht darauf hin, dass Sie Ihren Namen vor einigen Sekunden deutlich ausgesprochen haben. Entweder ist Ihr Gesprächspartner darauf gedrillt, die Frage nach dem Namen zu stellen, weil sich in Brasilien kaum jemand am Telefon mit dem Namen meldet, oder Ihr fremdländisch klingender Name hat die Person am anderen Ende der Leitung einfach überfordert. Seien Sie auch nicht überrascht, wenn eine Telefonistin Sie mit *você*, also in der dritten Person Singular anspricht. Sie will damit nicht den Alten Fritz nachmachen, der ja seine preußischen Untertanen mit »Hat Er schon ...?« ansprach, sondern das ist eben Brauch. Das »Du« beziehungsweise *tu* wird nur in Südbrasilien benutzt. Wenn Sie mit *você* angesprochen werden, liegt das vielleicht an Ihrer sympathischen jugendlichen Stimme.

Telefonistinnen sind überhaupt sehr wichtig, denn sie bilden entweder wie Chefsekretärinnen eine Barriere oder öffnen eine Firma für den Anrufer. Ich hatte eine Frage bei der Niederlassung einer großen deutschen Firma in Sorocaba zu klären, aber mein Kontakt hatte die Firma schon vor mehr als einem Jahr verlassen. Also fragte ich die Telefonistin, ob sie mir helfen könne, ich hätte in Hannover auf der Messe ein Produkt der Gruppe gesehen und bräuchte eine Auskunft dazu. Ob ich vielleicht mit dem Entwicklungsleiter sprechen könne, den ich aber leider nicht kenne. Sie sagte mir sofort den Namen und versuchte durchzustellen, aber der Herr war nicht in seinem Büro. Ich wurde, wobei sicher mein deutscher Akzent hilfreich war, sofort gefragt, wer mir vielleicht sonst helfen könne. Also bat ich, mit dem Nachfolger meines Kontaktes, der Einkaufsleiter gewesen war, verbunden zu werden. Der war auch nicht da, aber wenigstens konnte ich meine Frage einem Mitarbeiter stellen. In den folgenden Tagen rief ich mehrmals an, weil der von mir gewünschte Gesprächspartner zunächst nie anwesend war, und wurde schon nach meinem Gruß mit einem fröhlichen »*Bom dia, Sr. Naumann*« begrüßt und gefragt, wie es mir gehe und ob das Wetter in São Paulo auch so heiß sei. Und ich fragte natürlich auch, wie es der Dame gehe. Mit dem Hut in der Hand kommt man durch das ganze Land, das gilt ganz besonders in Brasilien.

Das unselige Informatikgesetz verbot ausländischen Firmen, sich mit Digitaltechnik zu befassen, und zwang Multis, ihre diesbezüglichen Aktivitäten über Firmen abzuwickeln, die laut registriertem Gesellschaftsvertrag brasilianisches Eigentum waren. Bei der ersten Informatikmesse in São Paulo nach seiner Entschärfung, auf der moderne Computer und Software gezeigt wurden, die vorher nicht importiert werden durften – denn die brasilianische Regierung glaubte irrigerweise, auf diese Weise eine Lizenzierung an einheimische Unternehmen erzwingen zu können –, war der Andrang entsprechend groß. Als ich ankam, hatte sich schon eine riesige Schlange am Eingang gebildet, an deren Spitze ich das laute Schimpfen eines deutschen Bekannten hörte, der den Wächter am Eingang mit Hinweis auf seine Funktion als Firmenchef dazu bringen wollte, ihn durchzulassen, ohne sich vorher anstellen zu müssen. Was dieser natürlich mit dem höflichen Hinweis auf die vielen Wartenden nicht tat. Auch Brasilianer treten manchmal mit den Worten »Wissen Sie überhaupt, mit wem Sie sprechen?« auf, aber sie sind eben Brasilianer und keine Ausländer. Ich trat hinzu und fragte nach dem Grund der einseitig hitzigen Auseinandersetzung, die aber dadurch schnell beendet war, dass mein Bekannter unter lauten Missfallenskundgebungen das Weite suchte. Ich sagte dem Wächter, der Herr hätte sicher heute schon Ärger gehabt und es bestimmt nicht persönlich gemeint. Worauf er zunächst erwiderte, dass er ihn doch wirklich nicht ohne Proteste aus der Schlange der Wartenden hätte vorlassen können. Dann fragte er mich, ob ich auch zur Messe wolle, und nachdem ich das bejaht hatte, öffnete er die Tür für mich, und ich war drinnen – zwar ohne Messeausweis, aber auch ohne Wartezeit.

Normalerweise werden Sie einen Geschäftspartner, den Sie eben erst kennengelernt haben, mit »Sie« ansprechen, das heißt im Portugiesischen mit *Senhor*, abgekürzt *Sr.* Wenn Sie Ihren Geschäftspartner fragen wollen, wie es ihm geht, hört sich das dann so an: »*Como vai (o Senhor)?*«, also: »Wie geht's dem Herrn?« Und wenn man sich näherkommt und anfängt, sich zu duzen, was in Brasilien schnell geht, vor allem wenn man auf derselben sozialen Stufe steht und in etwa gleichaltrig ist, fragt man: »*Como vai (você)?*«, also: »Wie geht's (ihm)?« Es gibt aber noch eine Zwischenstufe. Die benutzt der Brasilianer, wenn er vertraute Nähe im Einklang mit Respekt vor der Person des anderen zeigen will, zum

Beispiel, wenn dieser älter und/oder höherrangig ist. Dann redet er den anderen nämlich mit dem Nachnamen an, was in Deutschland sicher als unhöflich empfunden würde, denn es bleibt bei der bloßen Namensnennung, ohne Herr oder *Senhor* davorzusetzen. Aber es kann auch sein, dass Ihr Gesprächspartner einfach nicht mitbekommen hat, welcher Namensteil Vor- und welcher Nachname ist.

Seien Sie nicht beleidigt, wenn der Brasilianer ihren Namen beharrlich falsch ausspricht, und vor allem: Verbessern Sie ihn nicht. Damit würden Sie ihn bloßstellen, und außerdem verbessert er Sie auch nicht, wenn Sie seinen Namen nicht korrekt aussprechen. So wird aus meinem Nachnamen Naumann häufig Nusman, Nalman oder Norman und aus dem Vornamen Karlheinz einfach Karl oder brasilianisiert Carlos. Ich habe mich daran gewöhnt. Zur Not verbessert meine Frau Leute, die meinen Namen beharrlich nicht lernen wollen. Als Brasilianerin darf sie das. Die brasilianischen Namen sind auch nicht immer einfach für uns; so heißt ein Geschäftspartner vielleicht Drasíbulo Azevedo de Albuquerque und wohnt in Pindamonganhaba. Es gibt aber auch Vornamen wie Wagner oder Mozart, das versöhnt uns wieder mit den Zungenbrechern.

Und damit sind wir bei einem anderen Thema, der Kritik. Halten Sie sich zurück – Kritik ist unhöflich, äußerst unhöflich sogar. Wenn sie von einem Ausländer geübt wird, eigentlich sogar unmöglich. Das merken selbst deutsche Ehemänner, wenn sie in das Horn der auf Brasilien schimpfenden brasilianischen Ehefrau stoßen, die dann plötzlich ihr Heimatland mit Klauen und Zähnen verteidigt und den Ehemann darauf hinweist, dass sein Heimatland auch nicht perfekt sei. Wenn das im Privatleben schon so ausgeprägt ist, dann gilt die Zurückhaltungspflicht für Ausländer, was Kritik am Land und seinen Einwohnern angeht, im Geschäftsleben erst recht. Wenn also ein Brasilianer fast schon als Nestbeschmutzer auftritt, bestärken Sie ihn bloß nicht, sondern wiegeln Sie ab, so schlimm sei es doch gar nicht, andere Länder hätten auch ihre Probleme und so weiter.

Geduld ist eine Tugend, die in Lateinamerika sehr geschätzt wird. Übersetzt bedeutet dies: Fallen Sie nicht mit der Tür ins Haus. Eckhard Kupfer, ein guter Bekannter von mir, heute Geschäftsführer des Hans-Staden-Institutes in São Paulo, zog vorübergehend nach Florida um und sollte dort die Niederlassung eines Transportunternehmens aufbauen. Wie er es in Brasilien als Leiter eines Speditionsunternehmens gewohnt war, wollte er seine Kunden besuchen, um sich vorzustellen und eine Beziehung aufzubauen. Das Problem war, dass diese dazu keine Zeit hatten oder glaubten, keine Zeit zu haben, und er oft gefragt wurde, ob ein Telefonat nicht ausreichend wäre. Mit dieser nordamerikanischen oder auch nordeuropäischen direkten und sehr sachlichen Einstellung würde man in Brasilien nicht weit kommen.

Hier sind persönliche Beziehungen gefragt, und die werden mit Smalltalk und beim Mittag- oder Abendessen aufgebaut und gepflegt. Erst wenn die persönliche Beziehung geschaffen wurde, redet man übers Geschäft – hat es aber noch lange nicht abgeschlossen. Denn häufig spricht man mit den falschen Leuten, und den wahren Entscheider hat man noch gar nicht kennengelernt. Dieser Beziehungsaufbau dauert lange. Geschäfte werden nicht bei der ersten Begegnung abgeschlossen, was meine deutschen Kunden häufig sehr frustriert zurückreisen lässt. Deshalb ist es wichtig, in Brasilien einen Vertreter zu haben, womit ich nicht unbedingt einen Handelsvertreter meine, der die Beziehung pflegt, wenn man selbst schon längst wieder in Deutschland ist. Ein Geschäft, das wir Ende 2007 für die deutsche AMS abschließen konnten, hatte vier Jahre harter Kontaktarbeit erfordert, war aber dann vom Auftragsvolumen her sehr befriedigend, abgesehen davon, dass internationale Konkurrenten aus dem Feld geschlagen werden konnten.

Marion Keup und ihre brasilianische Partnerin Danuzza Mendonça, die sich in Deutschland auf interkulturelle Kompetenz spezialisiert haben und Deutsche vor ihrem ersten Kontakt mit Brasilianern trainieren, meinen zur verbalen Kommunikation:

»Hier wird ein ganz wichtiger Kulturstandard berührt: Kommunikation im deutschen Kulturkreis ist explizit und sachori-

entiert. *Deutsche sagen also meist klipp und klar, was sie denken und wollen – oder eben nicht wollen (Neinsagen ist O.K.!); man kann ihre Aussagen ruhig wörtlich nehmen. Sachorientierung heißt, die Sache oder die zu erledigende Aufgabe hat Vorrang vor persönlichen Belangen. Ganz im Gegensatz dazu steht Kommunikation im brasilianischen Kulturkreis: hier wird eher implizit und beziehungsorientiert kommuniziert. Was gesagt wird, ist oft interpretationsbedürftig, nicht unbedingt wörtlich zu verstehen, und man sollte zwischen den Zeilen lesen können. Brasilianern kommt es vor allem auf die Wahrung einer guten zwischenmenschlichen Atmosphäre an. Deshalb vermeidet man meist direkte Auseinandersetzungen. Brasilianer fühlen sich manchmal durch die sehr direkte deutsche Art persönlich angegriffen. Die Deutschen verstehen das überhaupt nicht und halten die Brasilianer für überempfindlich. Die Zahlen gescheiterter Geschäftsbeziehungen aufgrund mangelnder interkultureller Sensibilität sprechen Bände. Oft werden Mitarbeiter völlig unvorbereitet (oder nur mit Crash-Sprachkurs und Reiseführer versehen) ins Ausland geschickt, erleben dort einen Kulturschock, sind langen Geschäftsverhandlungen mit Brasilianern, die zum Beispiel dem Smalltalk mehr Zeit einräumen als Deutsche, nicht gewachsen und nicht vorsichtig genug mit expliziter Kritik und brüsker Ablehnung von Vorschlägen.«*

Als generelle Empfehlung raten sie:

»Informieren Sie sich unbedingt über Kulturunterschiede – vor allem, wenn Sie für längere Zeit ins Ausland gehen oder oft mit ausländischen Mitmenschen zu tun haben. Seien Sie allerdings auf der Hut vor Stereotypen. Alles, was Sie über typisch deutsches oder typisch brasilianisches Verhalten gehört und gelesen haben, sollten Sie relativieren: Die Wahrscheinlichkeit, genau das vorzufinden, ist zwar groß, aber immer sollten auch individuelles Verhalten und die spezifische Situation mit berücksichtigt werden.«

Dazu gehört schon die Begrüßung und dann auch die Verabschiedung. Bei Brasilianern sind die körperliche Nähe, das Schulterklopfen oder die Umarmung viel schneller üblich als bei Deutschen. Wenn man sich also beim ersten Treffen zur Begrüßung förmlich die Hand gegeben hat, berührt man bei der Verabschiedung – wenn man sich nähergekommen ist – neben dem Handschlag auch gleichzeitig freundschaftlich die Schulter des Gesprächspartners. Bei Frauen, die immer nur mit dem Vornamen und dem Zusatz *Dona* angesprochen werden, sollte man allerdings zurückhaltender sein. Hier reicht der Handschlag, aber sobald man vertraut miteinander umgeht, wird er oft durch einen gehauchten Wangenkuss ersetzt.

Im Geschäftsleben wie bei privaten Kontakten ist deutsche (in Brasilien sagt man eher: britische) Pünktlichkeit nicht immer selbstverständlich. Gerade in São Paulo wird Pünktlichkeit erwartet, aber eine Verspätung wegen der unvorhersehbaren Verkehrsverhältnisse einkalkuliert. Ich bin immer gut damit gefahren, vom Auto aus anzurufen und auf eine absehbare Verspätung hinzuweisen, auch wenn es sich nur um eine Viertelstunde handelt. Sie nützen damit Ihrem Ruf, pünktlich und zuverlässig zu sein, wie man es hier eben von einem Deutschen erwartet. Denken Sie daran, dass auch der Brasilianer Feierabend machen oder ins Wochenende fahren will, legen Sie Ihre Besprechungen nach Möglichkeit nicht auf den späten Nachmittag, vor allem nicht an einem Freitag. Und berücksichtigen Sie die Brücken- oder Fenstertage: Wenn der Donnerstag ein Feiertag ist, will niemand Sie am Freitag empfangen. Es gibt aber Ausnahmen, wie mein Kunde Thorsten Münker von Leonhard Breitenbach erfuhr. Eine Besprechung außerhalb São Paulos wurde kurz vor Beginn abgesagt, aber nachdem der gewünschte Gesprächspartner sein Problem gelöst hatte, rief er uns an und empfing uns doch noch – um 18 Uhr. Er ließ kein Zeichen von Ungeduld durchscheinen, als wir bei ihm auftauchten und fast bis 20 Uhr blieben. Seine Sekretärin hatte das Haus schon lange verlassen, als wir endlich gingen.

Die Kleiderordnung ist einfach: In São Paulo ist der dunkle Anzug die Norm, auch wenn es heiß ist. Wobei der Firmeneigentümer, den man besucht, durchaus Jeans und ein kariertes Hemd tragen kann. Die bei Deutschen so beliebten kurzärmeligen weißen Hemden sind hier übrigens weitgehend unbekannt. Und im Landesinneren können Sie getrost den Anzug im Hotel lassen, auch die Krawatte – was vielen Deutschen schwerfällt, auch denen, die schon lange hier wohnen. Ich wurde einmal als Beiratsmitglied der Deutsch-Brasilianischen Auslandshandelskammer zu einem *churrasco* auf dem Betriebsgelände der Mercedes-Benz do Brasil eingeladen, weil ein deutscher Hoher Kommissar der Europäischen Union zu Gast war. Als ich an dem fraglichen Sonntag (!) ohne Sakko auf der *chácarra* von Mercedes bei fast 40 Grad im Schatten (den man vergeblich suchte) eintraf, war ich zunächst der Einzige, der keinen dunklen Anzug mit Schlips trug. Zum Schluss waren wir drei Deutsche ohne diese »Uniform«, nur der Gast fehlte. Als er endlich mit einstündiger Verspätung eintraf, stieg meine gute Laune noch um einiges, denn auch er hatte sein Sakko weggelassen und trug ein kurzärmeliges Hemd.

Zur Höflichkeit hatte ich ja schon einiges gesagt. Wer unhöflich und unbeherrscht ist, hat die erste und meist alle anderen Runden verloren. Was nicht heißen soll, dass Brasilianer nicht auch mal auf den Tisch schlagen, allerdings wird der brasilianische Chef das vielleicht bei seinen Mitarbeitern, nicht aber bei ausländischen Besuchern tun. Es kann allerdings vorkommen, dass Sie bei einem Geschäftspartner ankommen und dieser nicht da ist, weil ihn eine wichtige Angelegenheit fernhält und es einfach vergessen wurde, Sie zu benachrichtigen. Es kann natürlich auch sein, dass man Ihrem Besuch nicht die Bedeutung zugemessen hatte, die Sie ihm selbst gegeben haben. Wer jetzt beleidigt ist und laut wird, kann seinen nächsten Besuch vergessen, vor allem, wenn er als Verkäufer gekommen ist. Es ist immer ratsam, seinen Besuch einen Tag vorher telefonisch zu bestätigen, um solche Schwierigkeiten zu vermeiden.

In seltenen Fällen werden Sie nicht vom gewünschten Gesprächspartner empfangen. Bleiben Sie geduldig, er wird auf jeden Fall später wissen, was Sie mit seinem Assistenten oder Stellvertreter besprochen haben. Und wenn er sich für Ihr Anliegen interessiert, kommt es mit Sicherheit zu einem zweiten Gespräch mit ihm selbst. Der Kontakt zum Präsidenten einer Firma ist viel einfacher als in Deutschland. Ich betreute einen deutschen Doktoranden, der über Entsandte bei deutschen Multis im Ausland schrieb. Er wurde in Brasilien durch meine Vermittlung ohne Probleme vom damaligen Siemenschef Hermann Wever empfangen, nicht aber in Deutschland vom Abteilungsleiter für Mitarbeiterbetreuung im Ausland. Ähnlich erging es ihm bei Volkswagen, Mercedes und der deutschen Großchemie. Das leidlich bekannte Rollenverhalten ...

Brasilianer sind bei geschäftlichen Besprechungen Meister darin, keiner Tagesordnung zu folgen. Seien Sie geduldig und richten Sie sich darauf ein, dass längst behandelte und abgeschlossene Punkte wieder aufgenommen werden. Nachverhandlungen machen den Abschluss von Verträgen zäh und langwierig, selbst unterschriftsreif verhandelte Verträge sind keine Garantie für einen Abschluss. Das musste ein deutscher Firmeninhaber erfahren, der mit seinem ausgewählten Händler bereits zwei Messen beschickt und selbst besucht hatte, um dem Geschäftspartner die Möglichkeit zu geben, die Akzeptanz der Produkte zu prüfen. Nachdem er in etlichen Punkten immer wieder nachgegeben hatte, wurde zum Schluss noch ein Zugeständnis beim Zahlungsziel und bei der Garantie verlangt, das er nur nach Zustimmung seines Beirates geben wollte. Der trat aber erst in zwei Monaten wieder zusammen. Als er nach dieser Frist das Jawort geben wollte, hatte die Braut einen anderen Partner gefunden und wollte nicht mehr. Solches Herumlavieren ist bei Brasilianern durchaus Verhandlungstaktik: »Er will ja was von uns, mal sehen, ob wir ihn weich kochen können!« Dazu kommt, dass ein Ja für den Brasilianer meist ein Vielleicht und nicht selten ein Nein ist. Die Kunst besteht eben darin, wie erwähnt, zwischen den Zeilen zu lesen. Der Brasilianer ist meist zu höflich, um klar zu sagen, dass er nicht interessiert ist.

Ein Beispiel für die Unverbindlichkeit von Kontakten, aus denen der Europäer Interesse ableitet: Ein Kunde, der in Brasilien Schweißtrafos mit oxidierten Alubändern anstelle der üblichen Kupferdrahtwicklung verkaufen wollte, gab mir einmal drei Visi-

tenkarten, die er auf einer Messe in Deutschland von brasilianischen Besuchern empfangen hatte, mit der Bitte, die Interessenten
zu kontaktieren. Der erste kam aus einer Haushaltsleiternfabrik,
die mit Schweißtrafos nichts im Sinn hatte, der zweite arbeitete
nicht mehr in der Firma, die gleichfalls nichts mit diesem Produkt
zu tun hatte. Aber der dritte war Eigentümer und Präsident einer
Firma, die mit solchen Trafos handelte, allerdings der herkömmli-
chen Bauart und zum Teil in Brasilien hergestellt, zum Teil aus
seinem Heimatland Italien importiert. Und er sagte fast vorwurfs-
voll: »Was soll ich denn damit? Sehen Sie mal, wie viele Schweiß-
trafotypen ich im Programm habe!«

Noch ein Wort zu Visitenkarten: Wenn Sie Ihre überreicht
haben, wird Ihr Gesprächspartner vielleicht eine Ecke einknicken
und sie dann sorgfältig wegpacken. Fragen Sie mich nicht, warum.
Ich habe schon mehrfach gefragt und nie eine befriedigende
Antwort erhalten. Ein ähnliches Geheimnis umwittert den über-
langen Nagel des kleines Fingers, den sich manche einfachen
Brasilianer wachsen lassen. Auch hier konnte mir niemand den
Grund dafür erklären. Vielleicht will der Träger zeigen, dass er
nicht körperlich beziehungsweise manuell arbeiten muss, aber das
ist nur eine Vermutung von mir.

Also, was müssen Sie mitbringen für erfolgreiche Geschäfts-
kontakte? Geduld, Zähigkeit, Ausdauer, Verständnis für die andere
Kultur, Flexibilität oder *jogo de cintura* und vor allem Realitätssinn.
Der muss Ihnen auch sagen, wann es genug ist. Wenn Sie
zweifelsfrei erkennen, dass man nicht zueinanderkommt, brechen
Sie die Verhandlungen ab, aber höflich. Was nicht sein kann, soll
man nicht erzwingen. Ihren Realitätssinn sollten Sie auch bemü-
hen, wenn Sie von brasilianischen Behörden erwarten, dass sie so
arbeiten, wie Sie es in Deutschland gewohnt sind (oder gern
hätten). Vergessen Sie die heimischen Verhältnisse. Hier zwingt
niemand – schon gar nicht ein Ausländer – einen Beamten, das zu
tun, was er nicht will. Sie können ihn höchstens »überreden«,
wenn Sie verstehen, was das bedeuten soll. Aber auch nicht immer!

Dass manche Deutschen in Brasilien trotz dieser Ratschläge
den »Herr-im-Haus«-Standpunkt einnehmen, ist bedauerlich und

kontraproduktiv. Ich hatte einmal einen wirklich unangenehmen Kunden, der seine medizintechnischen Produkte in Brasilien über eine eigene Niederlassung vertreiben wollte. Sowohl die Produkte als auch die Betriebsstätte, selbst wenn dort nicht produziert, sondern nur Importware gelagert wird, müssen von der zuständigen Behörde Anvisa des Gesundheitsministeriums zugelassen werden. Er stellte seine Produkte auf der Medizintechnikmesse Hospitalar aus und verlangte allen Ernstes von mir, dass ich den Zulassungsbeamten morgens vor seinem Gang zur Messe in die Betriebsräume der neuen Firma bestellte, damit die Zulassung endlich über die Bühne ginge. Wäre ich diesem Ansinnen gefolgt, hätte die Firma wohl heute noch keine Zulassung. Der Gipfel der Uneinsichtigkeit war, dass der deutsche Firmenchef sich bei der AHK in São Paulo über meine mangelnde Kooperation beschwerte.

Korruption

Was denken die Brasilianer über die Korruption, deren Aufdeckung gegen Ende der ersten Amtszeit des Präsidenten fast die Regierung Lula gestürzt hätte? Und ist die Korruption wirklich so weit verbreitet, wie man in den hiesigen Zeitungen lesen kann?

Wenden wir uns zunächst der zweiten Frage zu. Die weit verbreitete Korruption ist ein Grund dafür, dass heute das organisierte Verbrechen, vor allem der Rauschgifthandel, in Brasilien Fuß fassen konnte. Immer wieder werden große Drogenbosse in Brasilien festgenommen und auch verurteilt, führen aber ihre Geschäfte mühelos aus der Hochsicherheitsgefängniszelle weiter. Das ist möglich durch eine korrupte Polizei und durch eine manchmal käufliche Justiz, die vereinzelt selbst Richter zu Handlangern des Drogenhandels macht. Die Leichtigkeit, mit der bisher in Brasilien in großem Umfang Geld gewaschen werden konnte, trug ein Übriges dazu bei. Zwar hatte die populär »Schecksteuer« genannte Abgabe auf Kontenbewegungen dem Finanzamt die Kontrolle durch den automatischen Vergleich von Geldabfluss und erklärtem Einkommen erleichtert, aber diese Steuer lief Ende 2007 aus.

Drogenhändler legen ihre illegalen Einkünfte allerdings ohnehin nicht dem Finanzamt gegenüber offen, sondern kaufen mit Bargeld unter anderem Firmen und landwirtschaftliche Anwesen auf und versteuern dann die regulären Einkünfte aus ihren plötzlich legalen Geschäften. Und wie der Skandal um die von der Regierung Lula mit staatlichen Geldern gekauften Abgeordnetenstimmen zeigt, sind auch hohe Politiker in aktive und passive Korruption verstrickt. Der einzige Lichtblick ist die Tatsache, dass solche Fälle in der Presse, die leider nur von einem kleinen Teil der Brasilianer gelesen wird, angeprangert und seit neuestem auch gerichtlich verfolgt werden, wie die Anklageerhebung gegen 40 Beschuldigte im Korruptionsfall der Regierung Lula Ende 2007 zeigte.

Was denken nun die Brasilianer über die Korruption? Dazu machte der Soziologe Alberto Carlos Almeida 2007 eine interessante Aussage, die auf seiner empirischen Forschungsarbeit beruht. Danach haben 17 Prozent der Brasilianer nichts dagegen einzuwenden, dass ein gewählter Politiker sein Amt zur seiner persönlichen Bereicherung benutzt und die *res publica* wie sein Eigentum behandelt. Eine Auswertung der angegebenen Meinung in Abhängigkeit von der Ausbildung lässt das Bild noch viel düsterer aussehen. So werden aus durchschnittlich 17 Prozent auf einmal 40, wenn man nur die des Lesens und Schreibens Unkundigen herauspickt. Je besser die Ausbildung ist, desto weniger sind die Befragten mit der Bereicherung korrupter Politiker einverstanden. Aus der Gruppe, die bis zur vierten Serie (Volksschule) die Schule besucht hat, haben nur noch 31 Prozent Verständnis; bei denen, die es bis zur achten Serie (Mittelschule) schafften, sind es 17 Prozent; bei denen, die ihre Oberschulausbildung mit der elften Klasse abschlossen, 5 Prozent und bei denen, die eine Universitätsausbildung (nicht immer mit der einer deutschen Universität vergleichbar) absolvierten, gerade mal 3 Prozent.

Handelt es sich nur um eine Gefälligkeit, wenn ein Angestellter des öffentlichen Dienstes beziehungsweise ein Beamter für seine Hilfe, einen Regierungsauftrag zu ergattern, ein Geschenk der bevorzugten Firma erhält? So sehen es im Mittel 30 Prozent der befragten Brasilianer, aber wenn man die Differenzierung des ersten Beispieles auch hier anwendet, findet man heraus, dass 57 Prozent der Analphabeten keine Bestechung darin sehen, wenn die Hilfe zur Erlangung eines Staatsauftrages mit einem Geschenk belohnt wird. Bei den Volksschülern sind es dann 41 Prozent, bei den Mittelschülern 34 Prozent, bei den Oberschülern 22 und bei den Universitäts- und Hochschulabsolventen nur noch 5 Prozent.

Almeida weitete seine Fragestellung auch auf andere Gebiete aus, so fragte er nach der Einstellung zur Zensur und ob man für oder gegen Homosexualität bei Männern sei. Dass die Polizei aus Gefangenen Geständnisse herausprügelt, findet eine Zustimmung, die an die Zeiten der Diktatur erinnert, aber vielleicht auch zeigt, wie überdrüssig der normale Bürger der Kriminalität geworden ist. Und zum Schluss stellte der Soziologie die für Deutsche eher kuriose Frage, ob Hausangestellte, denen die Benutzung des »herrschaftlichen« Aufzuges erlaubt werde, künftig trotzdem weiterhin den »Dienstbotenaufzug« benutzen sollten. Nach Meinung Almeidas lassen sich aus seiner Umfrage unter anderem vier Schlussfolgerungen ziehen:

- Je stärker die Mittelklasse ausgeprägt ist, desto unüberwindlicher wird die Korruptionsbarriere.
- Das sogenannte *jeitinho* (wie man Unmögliches möglich macht, siehe auch Anhang) ist der Warteraum der Korruption.
- Demokratie ist nur möglich mit vermehrter Schulbildung.
- Es ist nicht so, dass die Wähler die Korruptionsanklagen vergessen, wenn sie zur nächsten Wahl gehen – sie sind ihnen einfach nicht wichtig.

Zur Übersicht die Ergebnisse der Umfrage zusammengefasst in Tabellenform.

	Analpha-beten	Volks-schule	Mittel-schule	Ober-schule	Hoch-schule	Mittelwert
Wer ein Wahlamt einnimmt, sollte (!) es zur persönlichen Bereicherung nutzen	40	31	17	5	3	17
Beamte dürfen Geschenke als Dank für die Hilfe zur Erlangung von Staatsaufträgen annehmen	57	41	34	22	5	30
Wer die Regierung kritisiert, sollte der Zensur unterworfen werden	46	31	19	9	7	20
Homosexualität (unter Männern) ist zu verdammen	97	94	92	86	75	89
Die Polizei darf Geständnisse durch Prügel erzwingen	51	44	41	31	14	36
Auch wenn Hausangestellte den normalen Fahrstuhl benutzen dürfen, sollten sie weiterhin mit dem Dienstbotenaufzug fahren	76	67	62	50	28	56

Tabelle 1: Anzahl Befragte in Prozent, die mit Ja antworteten, nach Schulabschluss

Die einzige Schlussfolgerung, die ein verantwortungsbewusster Politiker aus dieser Umfrage ziehen kann, ist die, dass der Staat alles tun sollte, um die mittlere Schulausbildung zu fördern und den Analphabetismus auszurotten. Nach einer Meldung des Schweizer Wirtschaftsinstitutes verzichtet Brasilien aufgrund der ungebrochenen Korruption jährlich auf 1,5 Milliarden Dollar, die sonst sein Bruttoinlandsprodukt weiter vergrößern würden. Hier ist wirklich ein noch unbestelltes Feld für das brasilianische Parlament und die Regierung. Und vielleicht gelingt durch eine bessere Schulbildung auch, die Kriminalität einzudämmen. Dazu ein bestürzender Vergleich, der kein gutes Licht auf unsere Polizeikräfte wirft. 2007 tötete die Polizei im Bundesstaat Rio de Janeiro 1.300 Personen, im Bundesstaat São Paulo 500. In den USA waren es ungefähr 200. Zwar muss darauf hingewiesen werden, dass in Brasilien wesentlich mehr Polizisten in Ausübung ihres Dienstes sterben als in den USA. Aber das kann keine Entschuldigung dafür sein, dass die toten Verbrecher in Brasilien oft Folterspuren aufweisen oder regelrecht exekutiert wurden.

Ausländische Firmen in Brasilien

Hier erfahren Sie, welche herausragende Stellung deutsche Firmen in Brasilien einnahmen und noch einnehmen, aber auch, dass wir nicht ohne Konkurrenz sind, wenn es darum geht, als Ausländer in Brasilien zu investieren und zu agieren.

Die brasilianische Zentralbank verfolgt regelmäßig die Investitionen ausländischer Unternehmer in Brasilien; die letzten drei Erhebungen bei brasilianischen Unternehmen mit ausländischer Beteiligung dazu wurden für die Jahre 1995, 2000 und 2005 gemacht. Ein Vergleich der Ergebnisse, die die brasilianische Zentralbank im Internet veröffentlich hat, ist hochinteressant:

Eingezahltes Kapital von nicht in Brasilien ansässigen Ausländern in 1.000 US$					
Region	1995		2000		2005
Norden	840.714	2,0 %	1.571.463	1,5 %	
Nordosten	1.618.480	3,9 %	3.187.045	3,1 %	
Mittelwesten	217.951	0,5 %	1.303.687	1,3 %	
Südosten	36.682.852	88,0 %	89.321.612	86,7 %	
Süden	2.283.847	5,5 %	7.528.555	7,3 %	
Ausland	51.780	0,1 %	102.148	0,1 %	
Summe	41.695.624	100,0 %	103.014.509	100,0 %	

Tabelle 2: Investitionen ausländischer Unternehmer in Brasilien nach Region

Die Zahlen für 2005 lagen bei Drucklegung noch nicht vor, können aber unter *www.bcb.gov.br/?CENSO2005* abgerufen werden. Da die

Konsistenzprüfung erst am 29. Februar 2008 abgeschlossen werden soll und anschließend sicher Korrekturen vorgenommen werden müssen, sind die Zahlen für 2005 wahrscheinlich erst in der zweiten Hälfte 2008 verfügbar.

Besonders auffällig ist in der obigen Tabelle die Konzentration auf den Südosten, dessen Kern der Bundesstaat São Paulo ist, die Lokomotive der brasilianischen Volkswirtschaft. Beachtlich ist auch der starke Zuwachs von Mitteln, die in Brasilien von Ausländern in Unternehmen investiert wurden. Die Zentralbank ordnet diese Mittel auch den verschiedenen volkswirtschaftlichen Sektoren zu:

Eingezahltes Kapital von nicht in Brasilien ansässigen Ausländern in 1.000 US$					
Wirt-schafts-sektor	1995		2000		2005
Landwirt-schaft, Vieh-zucht und Bergbau	924.989	2,2 %	2.401.079	2,3 %	
Industrie	27.907.093	66,9 %	34.725.619	33,7 %	
Dienstleis-tungen	12.863.541	30,9 %	65.887.811	64,0 %	
Summe	41.695.624	100,0 %	103.014.509	100,0 %	

Tabelle 3: Investitionen ausländischer Unternehmer nach Sektor

Hier ein vielleicht unerwartetes Ergebnis: Nicht die Industrie ist heute das bevorzugte Tätigkeitsgebiet ausländischer Investoren, sondern der Dienstleistungssektor. Das deckt sich mit der Aufteilung des Bruttoinlandsproduktes 2006 von rund 1 Billion Dollar nach Herkunft, nämlich 64 Prozent Dienstleistung, 30 Prozent Industrie und 6 Prozent Landwirtschaft.

Was uns hier aber noch mehr interessiert, ist das Herkunftsland des Kapitals, und jetzt lohnt es sich, zu sehen, wann Deutschland den Anschluss verloren hat:

Integriertes Kapital von nicht in Brasilien ansässigen Ausländern in 1.000 US$					
Herkunftsland	1995		2000		2005
USA	10.852.183	26,0 %	24.500.107	23,8 %	
Spanien	251.010	0,6 %	12.253.090	11,9 %	
Niederlande	1.545.798	3,7 %	11.055.332	10,7 %	
Frankreich	2.031.459	4,9 %	6.930.850	6,7 %	
Caymaninseln	891.678	2,1 %	6.224.806	6,0 %	
Deutschland	5.828.042	14,0 %	5.110.235	5,0 %	
Portugal	106.610	0,3 %	4.512.102	4,4 %	
sonstige Länder	20.188.843	48,4 %	32.427.987	31,5 %	
Summe	41.695.624	100,0 %	103.014.509	100,0 %	

Tabelle 4: Investitionen ausländischer Unternehmer nach Herkunft

Wie man sieht, hat Deutschland von 1995 bis 2000 seinen zweiten Platz hinter den USA verloren und rutschte auf die sechste Position ab – hinter Länder, die wirtschaftlich zum Teil deutlich schwächer sind. Zum Trost kann man sich vor Augen führen, dass uns die lang erhoffte und von vielen nicht mehr erwartete Wiedervereinigung nicht nur viel Kraft und Geld gekostet hat, sondern notgedrungen auch die Aufmerksamkeit der deutschen Unternehmer nach innen und auf das vor der Haustür liegende und plötzlich zugängliche Osteuropa gelenkt hatte – berechtigterweise, wie ich hinzufügen möchte. Spanien ist stark, weil seine Unternehmer wenige, aber große Investitionen getätigt haben. Beispiele sind die Bank Santander, die Hotelgruppe Meliá, die Telefongesellschaft Telefónica und die Gruppe OHL, die viele Autobahnen Brasiliens verwaltet.

Die Zeitschrift *Exame* informierte in ihrer Übersicht vom August 2007 über die 500 größten und besten Unternehmen Brasiliens, dass 2006 die ausländischen Firmen in dieser Gruppe für fast die Hälfte des Umsatzes verantwortlich waren. Aber es gibt große Unterschiede im Umsatzwachstum gegenüber 2005, wenn man die 500 Firmen nach Nationalitäten unterteilt:

Herkunft der Firma	Umsatzwachstum 2006 gegenüber 2005 in %
Japan	15,3
Großbritannien	12,2
Portugal	6,6
Brasilien	5,2
USA	4,9
Italien	4,3
Deutschland	1,9
Spanien	1,1
Niederlande	- 0,5
Frankreich	- 1,5
Schweden	- 11,0
Schweiz	- 12,0

Tabelle 5: Umsatzwachstum von Firmen in Brasilien

Was *Exame* nicht gemacht hat, ist die Analyse, warum das Wachstum so unterschiedlich ausgefallen ist, das heißt, es fehlt eine Auswertung nach Land und Branche. Der Brasilien-Interessierte sollte deshalb unbedingt prüfen lassen, ob seine Branche Wachstumschancen hat, bevor er investiert.

Auf jeden Fall ist es schade, dass Deutschland nur einen Mittelplatz einnimmt. Dabei haben die zehn umsatzgrößten deutschen Firmen in Brasilien klangvolle Namen: Volkswagen, DaimlerChrysler beziehungsweise jetzt wieder Mercedes-Benz, Bosch, BASF, Siemens, MWM (heute US-Gruppe Navistar), Aliança Navegação e Logística (Hamburg Süd), Mahle, Bayer und TKMCL (ThyssenKrupp). Aber auch andere Mütter haben schöne Töchter, die sich Honda, Toyota, Souza Cruz, Bandeirante, UOL, GM, Ford, Esso, Fiat, TIM und Pirelli nennen, um nur einige der nichtdeutschen ausländischen Firmen unter den 500 Größten aufzuführen.

Die Präsenz der Deutschen

Die ersten deutschen Firmen, die nach Brasilien gingen, waren heutige Konzerne wie Siemens und Bayer. Während des Zweiten Weltkriegs liefen viele dieser Firmen Gefahr, beschlagnahmt zu werden, was in einigen Fällen erfolgreich durch treuhändische Übertragung an Brasilianer verhindert werden konnte. Besonders verdient gemacht hat sich der vor einigen Jahren verstorbene Fernando Lee, der dafür mit der Ehrenpräsidentschaft der Deutschen Auslandshandelskammer in São Paulo ausgezeichnet wurde. In den Nachkriegsjahren kamen vermehrt deutsche Maschinenbauer und Automobilzulieferanten nach Brasilien und blieben bevorzugt in der Region von São Paulo. Ihre Investitionen spiegeln sich in dieser Aufstellung der brasilianischen Zentralbank, welche die Verhältnisse vom 30. Juni 1995 wiedergibt:

Deutsche Investitionen und Reinvestitionen		
Sektoren und Branchen	Mio. US$	%
Automobilbau	2.405,1	22,5
Maschinenbau	1.463,4	13,7

Chemie	1.064,2	10,0
Pharmazie	1.009,0	9,4
Kfz-Teile	977,1	9,1
Eisen und Stahl	875,1	8,2
Elektrotechnik, Elektronik, Telekommunikation	796,3	7,5
Lebensmittelverarbeitung	268,9	2,5
Bergbau	232,3	2,2
Industrie	**9.091,4**	**85,1**
Landwirtschaft und Viehzucht	26,3	0,2
Agrarbereich	**26,3**	**0,2**
sonstige Dienstleistungen	909,8	8,5
Banken	289,2	2,7
Handelshäuser	269,8	2,5
öffentliche Versorgung und Transportdienstleistungen	19,3	0,2
Dienstleistungen	**1.488,1**	**13,9**
Sonstiges	**72,6**	**0,7**
Summe	**10.678,4**	**100,0**

Tabelle 6: Deutsche Investitionen in Brasilien nach Sektor

Symptomatisch ist hier, dass vor allem die deutsche Großindustrie nach Brasilien ging, weniger die Dienstleister. Konzerne, die in São Paulo oder im Umfeld der Stadt ihren Firmensitz haben, sind zum Beispiel BASF, Bayer, Bosch, Siemens, Voith, Volkswagen und, wenn man nicht im Lande produzierende Firmen mit einbezieht, auch BMW. Mannesmann hatte in Guarulhos in der Nähe des internationalen Flughafens von São Paulo ein Werk für geschweißte Rohre, welches an die Grupo Brasil verkauft wurde. Darüber können Sie im Kapitel »Grupo Brasil – aus dem Nichts geschaffen« mehr lesen. Mannesmann war auch in Minas Gerais in Betim mit einem Werk für nahtlose Rohre als Konzern vertreten. Ich habe die Firma dort Anfang der neunziger Jahre oft besucht, um bei Kostensenkungsprogrammen zu helfen. Heute firmiert sie unter Vallourec-Mannesmann und hat den Status einer deutschen Investition verloren.

Ähnlich ging es der früher zu ThyssenKrupp Stahl AG gehörenden Ferteco Mineração S.A., die im April 2001 von Cia. Vale do Rio Doce für 566 Millionen Dollar gekauft wurde. Vale do Rio Doce, der weltgrößte Eisenerzabbauer, war vor allem an der Aufbereitung von Reicherzen und angereicherten Itabiriten sowie deren Veredelung zu stückigem Hochofenerz, Sintererz und Pellets interessiert. Ferteco verfügte dazu über hochmoderne Anlagen. ThyssenKrupp ist neben Mannesmann ein weiteres Beispiel für den Rückzug eines deutschen Traditionsunternehmens aus Brasilien, schwenkte aber um und wird ab 2008 in einem neuen Stahlwerk im Bundesstaat Rio de Janeiro ausschließlich für den Export produzieren. Und sorgt dabei gleich für Investitionen seiner Zulieferanten, denn man will ein straffes Local-Content-Programm durchziehen und hat deshalb Firmen wie Weerulin und GSB Group nach Brasilien geholt, die hier in den Bundesstaaten São Paulo und Rio de Janeiro Feuerfestmaterialien produzieren.

In Rio Grande do Sul hat sich vor vielen Jahren der Sägenhersteller Stihl niedergelassen, dessen damaliger Geschäftsführer und Präsident der AHK Porto Alegre Bals mir voller Stolz erzählte, wie er gegen die Überzeugung des Mutterhauses Lean Management einführte. Der Erfolg war so überwältigend, dass Mitarbeiter aus Deutschland nach Brasilien kamen, um das Modell kennenzulernen und auf die deutschen Werke zu übertragen. Bals war es vor allem gelungen, die brasilianischen Mitarbeiter aller Ebenen in das neue Führungskonzept zu integrieren. Bei einem gemeinsamen Rundgang durch die Fabrik fiel mir eine Montagelinie auf, die offensichtlich Probleme hatte. Auf meine Frage an eine der Mitarbeiterinnen der Linie erklärte mir diese genau, welche Komponenten fehlen würden, wer der säumige Lieferant sei und bis wann man mit Nachschub rechne. Diesen Kenntnisstand und dieses Interesse hatte ich wirklich nicht erwartet.

Neue Firmen kommen, wenn sie nicht von ihren Konzernkunden im Zuge einer Follow-Source-Politik gerufen werden, heute oft über Delegationsreisen nach Brasilien, aber auch über den Firmenpool Brasilien/Mercosur der IHK Essen, der 2008 elf Jahre alt wird und schon mehr als 100 Mitglieder hatte. Dass heute mehr von spanischen, niederländischen und französischen Firmen in Brasilien investiert wird als von deutschen, liegt natürlich auch daran, dass diese Länder einen gewaltigen Nachholbedarf haben. Es gibt immerhin schon über 1.200 deutsche Firmen in Brasilien. Spektakuläre Neuauftritte sind deshalb kaum möglich, denn praktisch alle deutschen Konzerne sind bereits vertreten. Aber es gibt durchaus überragende Investitionen wie die Volkswagen-Audi-Fabrik vor den Toren Curitibas in Paraná oder das Reifenwerk von Continental in Bahia, welches für die dortige Ford-Fabrik arbeitet. Spektakulär ist auch das Mercedes-Werk in Juiz de Fora in Minas Gerais, ein Beispiel deutscher Ingenieurskunst, was die Technologie angeht. Und ein Negativbeispiel deutscher Managementfähigkeiten, was den Erfolg der dort ursprünglich montierten Fahrzeuge betrifft. Für mich und viele andere ist es immer wieder erstaunlich, wie sorgfältig auf der einen Seite von Konzernen Details der Produktion und des Vertriebs geplant und wie falsch auf der anderen Seite die Akzeptanz der Produkte und ihrer Preise eingeschätzt werden. Eine mögliche Ursache ist die Dominanz deutscher Mitarbeiter bei diesen Entscheidungen, die zwar oft schon lange in Brasilien wohnen, aber nicht mit dem Alltagsleben und den Alltagssorgen der Brasilianer vertraut sind, die ihre Produkte kaufen sollen, weil sie sich auf einem ganz anderen Einkommens- und Versorgungsniveau befinden.

Manche deutschen Firmen waren erfolglos, weil die Umstände in Brasilien es nicht anders erlaubten. So musste Reifenhäuser das Feld räumen, weil die italienische Konkurrenz aus der europäischen Währungsschlange ausscherte und mit Exporten nach Brasilien billiger als Reifenhäuser mit im Lande hergestellten Maschinen sein konnte. In den neunziger Jahren waren in Brasilien produzierte deutsche Werkzeugmaschinen so teuer, dass Mercedes-Benz do Brasil mit mir ein Projekt diskutierte, Werkzeugmaschinen im eigenen Hause herzustellen. Damals zog sich auch der Scharnierhersteller Edscha aus Brasilien zurück, der Drehautomatenhersteller Pittler wurde in Brasilien vom Tiefbohrspezialisten Nagel übernommen, Traubomatic wechselte im Zuge eines Management-Buyout den Eigentümer und den Namen, ebenso die Firma Pebra, die VW do Brasil mit PU-Stoßfängern versorgte. Allerdings lag im Fall von Pebra, Pittler und Traubomatic die Ursache für den Eigentümerwechsel beim Mutterhaus in Deutschland und nicht in Brasilien.

Andere Firmen hatten mehr Glück und wurden in Brasilien zum Branchenführer, wie die deutsche Firma Mauser, größter Hersteller von Kunststoff- und Metallverpackungen Brasiliens, die im Mai 2007 schon 60 Millionen Real investiert hat, 50 Millionen davon für die Fertigstellung einer neuen Fabrik im Industriepark von Bayer in Belford Roxo in der Nähe Rio de Janeiros, die 300 neue Arbeitsplätze schafft.

Andere Nationalitäten drängen nach vorne

Seit der Industrialisierung Brasiliens sind die USA der wichtigste Handelspartner Brasiliens und auch der größte Investor, obwohl Brasilien auf diese Sonderstellung der USA durchaus nicht immer Rücksicht genommen hat, wie die Geschichte zeigt. So hat das Kaiserreich Brasilien Mitte des 19. Jahrhunderts dreimal die Beziehungen zu den USA unterbrochen, und in jüngerer Zeit stimmte das Militärregime zwischen 1964 und 1985 185-mal mit der damaligen UdSSR in der UNO gegen die Interessen der USA. Der Aufstieg von Hugo Chávez in Venezuela, Evo Morales in Bolivien, Rafael Correa in Ecuador und natürlich auch von Lula in Brasilien zeigt nicht nur einen klaren Linksrutsch, sondern auch einen Verlust des Einflusses der USA in ganz Südamerika, der seine historischen Wurzeln auch im Versuch der USA hat, Allianzen mit den früheren Militärregierungen dieser Region einzugehen. Und noch einmal zurück zur Epoche des brasilianischen Kaiserreiches: Damals reagierten auch die USA mit einer klaren Haltung gegen Brasilien, zum Beispiel 1827 während des Krieges gegen Argentinien, 1865 im Krieg gegen Paraguay und zwischen 1849 und 1854, als die USA Anstalten machten, Amazonien zu besetzen um ihre afroamerikanischen Einwohner dorthin zu verfrachten, und dazu den Amazonas als Transportweg benutzen wollten. Heute noch herrscht in Brasilien unterschwellig die Befürchtung, dass fremde Mächte Amazonien aus Brasilien herauslösen und diesen Landesteil internationalisieren wollen.

Der Einfluss der USA auf Brasilien war während der Militärherrschaft so groß, dass der damalige Präsident Geisel das Nuklearabkommen mit Deutschland auf Druck der USA dahinsiechen ließ und zunächst nur Angra I in Betrieb ging. Den USA schmeckte es nämlich durchaus nicht, dass Brasilien einen eigenen Weg zur Nutzung der Atomenergie gehen wollte und dazu Atomkraftwerke in Deutschland kaufte. Selbst ein Militärabkommen der Brasilianer mit den USA sorgte nur dafür, dass die Waffenindustrie Brasiliens nach anfänglichen Erfolgen aufgeben musste. Ein Beweis dafür ist die Schließung der Engesa, die Panzer an Saudi-Arabien liefern wollte; ein Geschäft, das dann von den USA gemacht wurde.

Heute sind die USA unangefochten immer noch der größte Investor, früher lange Jahre von Deutschland mit zirka der Hälfte der Direktinvestitionen auf Platz zwei gefolgt. Das hat sich mit der Privatisierung vieler brasilianischer Staatsunternehmen unter Präsident Cardoso grundlegend geändert, weil Deutschland zwar mit ungefähr 1.200 Unternehmen in Brasilien eine äußerst starke Position einnahm, diese aber, gemessen an der Investitionssumme, durch die Nichtbeteiligung an der Privatisierung verlor. Verständlich, wenn man sich vor Augen hält, dass zum Zeitpunkt der Privatisierung sich auch der Osten Europas öffnete und die Wiedervereinigung Deutschlands andere Prioritäten für deutsche Investoren setzte.

Ein wichtiges Beispiel für das Engagement ausländischer Firmen in Brasilien ist der Zucker- und Alkoholsektor, in dem wir den französischen Händler Louis Dreyfus ebenso finden wie den größten französischen Zuckerkonzern Tereos, die US-Gruppe Cargill, die Kuok aus Singapur, die Adeco Agro des Amerikaners ungarischer Abstammung George Soros, den Zuckerhändler Sucden aus London und die US-Firma Clean Energy. Der größte europäische Zuckerkonzern Südzucker hat spät den Weg nach Brasilien gefunden und versucht erst jetzt über seine Tochter Hosa-Hottlet South America Einfluss zu nehmen. Die ausländischen Beteiligungen im Zuckersektor sind mittlerweile so groß geworden, dass sie bereits 29 Millionen Tonnen der Zuckerrohrernte verarbeiten, das sind immerhin schon 7 Prozent einer durchschnittlichen Ernte. Daraus gewinnen diese Unternehmen schon über 1 Milliarde Liter Bioethanol jährlich.

Ausländische Unternehmen kaufen sich im Zuge der kontinuierlichen Zinssenkung und des fallenden Länderrisikos sowie der kontrollierten Inflation nicht nur im Zuckersektor ein. So übernahm die indische Mittal den brasilianischen Stahlerzeuger Arcelor, die irische Experian kaufte die brasilianische Serasa, die sich als bedeutendste lokale Kreditauskunftsfirma einen Namen gemacht hat, und – endlich ein deutsches Unternehmen – auch die Deutsche Bank gehört in diese Aufzählung, weil sie sich an der Unibanco Participações Societárias beteiligte. Mittal kündigte Ende November 2007 eine Investition von 5 Milliarden Dollar für die nächsten fünf Jahre an, um die Produktionskapazität der brasilianischen Werke zu erhöhen.

Eine Sonderstellung nehmen spanische Unternehmen ein, die sehr aggressiv und erfolgreich einen Spitzenplatz in Brasilien anstreben. Und wenn ThyssenKrupp 2007 kein neues Stahlwerk im Bundesstaat Rio de Janeiro gebaut hätte, wäre der deutsche Anteil noch weiter zurückgefallen, denn spanische Unternehmen haben in den letzten zehn Jahren in Brasilien 33 Milliarden Dollar investiert. OHL und Acciona ersteigerten am 9. Oktober 2007 die Konzession von sechs Bundesstraßen mit insgesamt 2.278 Kilometern Länge, angeboten waren sieben mit 2.600 Kilometern. OHL hatte bereits vorher die Konzession für vier Bundesstraßen und ist damit nach der Straßenlänge mit insgesamt 3.225 Kilometern

Marktführer. Santander hatte 2000 die Landesbank von São Paulo, Banespa, gekauft. Am 10. Oktober 2007 kam über ein Konsortium noch die ABN Amro dazu, damit ist Santander nach Banco do Brasil und Bradesco jetzt die drittgrößte Bank in Brasilien. Im Dezember 2006 kauften Abengoa und Isolux vier von sechs angebotenen Hochspannungsleitungen. Schon 1998 hatte die Telefónica die Telesp gekauft, die heute bei den stationären Telefonen mit 12,2 Millionen Apparaten den zweiten Rang in Brasilien einnimmt. Bei den Mobiltelefonen ist die Firma Teilhaberin des größten brasilianischen Anbieters Vivo. Es sei noch angemerkt, dass Telefónica ein Staatsunternehmen ist, hier hat also im Rahmen der Privatisierung ein Staatsunternehmen ein Staatsunternehmen gekauft – ob das im Sinne des Erfinders war, muss wohl bezweifelt werden. Aber solange die Telesp wie ein Privatunternehmen geführt wird, kann es den Kunden egal sein. Und dass hier die Zukunft liegt, zeigt die Tatsache, dass die 190 Millionen Brasilianer bereits 140 Millionen Mobilfunktelefone besitzen.

Der Zugang zum Markt

In diesem Kapitel lernen Sie die brasilianische Volkswirtschaft und ihre Sektoren ausführlich kennen und erfahren, wie man sich systematisch Informationen über und Eingang in diesen Markt verschafft.

Um den Marktzugang zu behandeln, müssen wir uns zunächst den Markt selbst ansehen. Dazu werde ich etwas später alle wichtigen Sektoren der brasilianischen Volkswirtschaft kurz beschreiben. Zuvor aber eine Bemerkung zu einer Schwäche vieler im Markt agierender brasilianischer Firmen, die von ausländischen Firmen genutzt werden kann. Brasilianische Firmen wie die in ihrer Produktivität vorbildliche Sadia seien hier ausgenommen, ich komme darauf zurück. Aber das Beispiel Sadias kann leider (vom Standpunkt der Brasilianer aus gesehen) nicht allgemein auf Brasilien übertragen werden. Die ILO (International Labour Organization) publizierte nämlich im September 2007 eine neue Produktivitätsstatistik, die für Brasilien nicht gerade schmeichelhaft ausgefallen ist, vor allem auch unter dem Gesichtspunkt eines sehr starken Real. Danach hat die Produktivität von 1980 auf 2005 um 3,4 Prozent im Dienstleistungsbereich abgenommen, in der Industrie betrug der Rückgang 0,9 Prozent, im Transportwesen 1,0 Prozent und nur in der Landwirtschaft nahm die Produktivität um 3,6 Prozent zu, siehe dazu später Sadia.

Kein Wunder, dass die ILO glaubt, dass die rotchinesischen Arbeiter zum Ende dieses Jahrzehnts die Kollegen aus Brasilien überholt haben werden. Von 1996 bis 2005 stieg die Wertschöpfung in China von 6.300 auf 12.500 Dollar pro Kopf und Jahr, während die brasilianische 2005 zwar noch einen Vorsprung hatte, aber mit einem absoluten Wert von 14.700 Dollar betrug die Differenz nur 2.200 Dollar pro Kopf und Jahr. Was mehr als besorgniserregend ist und woran unter anderem fehlende Modernisierungsinvestitionen aufgrund der hohen Zinsen schuld sind, ist der Rückgang der Produktivität in der brasilianischen Industrie:

von 7.100 Dollar auf 5.600 Dollar pro Kopf und Jahr zwischen 1980 und 2005. Geradezu katastrophal ist der Rückgang im Einzelhandel während der Periode von 1980 bis 2004, nämlich von 3.900 Dollar pro Kopf und Jahr auf 1.700 Dollar. Viele schimpfen auf die US-Amerikaner, aber der Brasilianer produziert im Vergleich zu seinem US-Kollegen nur 5 Prozent von dessen Wertschöpfung!

Viele schimpfen auch auf den brasilianischen Präsidenten Lula, aber bei aller berechtigten Kritik an seiner Amtsführung darf man nicht übersehen, dass es Brasiliens Wirtschaft so gut geht wie schon lange nicht mehr, und gerade die arme Bevölkerung profitiert davon durch realen Kaufkraftgewinn. Bei einer Umfrage von Serasa nach der Wiederwahl Lulas unter 1.032 brasilianischen Firmen zeigte sich eine große Bereitschaft, 2007 unter der Regierung des alten neuen Präsidenten zu investieren. 63 Prozent wollten mehr als 2006 investieren, 32 Prozent Investitionen in gleicher Höhe vornehmen und nur 5 Prozent sprachen von einer Reduzierung. Lula hat durch seine pragmatische und durchaus konservative Behandlung von Wirtschaftsfragen den Wirtschaftsführern die Angst vor seiner Art des Sozialismus genommen. Viele brasilianische Firmen planen Investitionen im Nordosten und im Norden Brasiliens. So will die Bierbrauergruppe Schincariol aus Itú für 145 Millionen Real eine Brauerei im Bundesstaat Ceará bauen und kündigte sogar 1 Milliarde Real Investitionen für 2008 an. Votorantim Metais wird 2007 zwei Projekte (eine Eisen-Nickel-Fabrik in Goiás und einen koksbeheizten Kessel für die eigene Energieversorgung) für 738 Millionen Real realisieren und in den nächsten drei Jahren insgesamt 1,7 Milliarden Real investieren. Suzano Petroquímica wird mit 200 Millionen Real die Produktionskapazität für Polypropylen um 44 Prozent erhöhen.

Deutsche Unternehmen wollen 2008 in der Größenordnung von 7,5 Milliarden Dollar investieren und an den Privatisierungen in den Bereichen Infrastruktur und Energieversorgung teilhaben. Deutsche Waren werden in Brasilien mit den Attributen gut und teuer versehen, gefragt sind unter anderem Kraftfahrzeugkomponenten, Laborausrüstung, medizintechnische Geräte, Holzbearbeitungsmaschinen, Textilmaschinen, Druckmaschinen, Werkzeugmaschinen und bei Konsumgütern Seifen und Parfüms der oberen Preisklasse. Laut der Aufstellung »FT Global 500« der *Financial Times* mit Stichtag 31. März 2006 sind unter den 500 weltgrößten Unternehmen, gemessen am Aktienkapital, 2006 auch elf lateinamerikanische Firmen vertreten:

Rang	Firma	Land	Marktwert Mio US$	Sektor
48	Petrobrás	Brasilien	91.217	Öl- und Gasprodukte
117	Vale do Rio Doce	Brasilien	54.395	Bergbau
155	America Movil	Mexiko	43.070	Telekommunikation
205	Bradesco	Brasilien	33.294	Bank
222	Banco Itau	Brasilien	31.032	Bank
266	Ambev	Brasilien	26.459	Getränke
294	Cemex	Mexiko	24.432	Bau & Materialien
321	Wal-Mart de México	Mexiko	22.763	Einzelhandel
360	Tenaris	Argentinien	20.881	Metallurgie
362	Banco do Brasil	Brasilien	20.727	Bank
377	Amtel	Mexiko	20.170	Telekommunikation

Tabelle 7: Die größten lateinamerikanischen Unternehmen

Vorübergehend hatte Petrobrás allerdings die Spitzenposition an Vale do Rio Doce verloren, die sich jetzt nur noch Vale nennt. Aber die Entwicklung am Aktienmarkt und die neuen Erdöl- und Erdgasfunde der Petrobrás haben die Position der Firma wieder gestärkt.

Von den 25 größten lateinamerikanischen Firmen mit offenem Kapital sind Ende 2007 immerhin 13 brasilianisch. Das ist die neueste Liste mit Angabe des Firmenwertes in Milliarden US-Dollar:

- 243 Petrobrás (Brasilien)
- 155 Vale (Brasilien)
- 105 America Móvil (Mexiko)
- 62 Bradesco (Brasilien)
- 60 Itaú (Brasilien)
- 44 Ambev (Brasilien)
- 42 Banco do Brasil (Brasilien)
- 36 Telmex (Mexiko)
- 29 Wal-Mart de Mexico (Mexiko)
- 27 Itaúsa (Brasilien)
- 26 Tenari SA (Argentinien)
- 23 Copec (Chile)
- 23 CSN (Brasilien)
- 21 Cemex SA (Mexiko)
- 18 Gerdau (Brasilien)
- 18 Unibanco (Brasilien)
- 18 Santander (Brasilien)
- 17 YPF (Argentinien)
- 17 GMexico (Mexiko)
- 16 Carso Global Teleco (Mexiko)
- 16 GModelo (Mexiko)
- 15 Eloetrobrás (Brasilien)
- 14 Televisa (Mexiko)
- 14 Bovespa Holding (Brasilien)
- 13 Fomento Econ. (Mexiko)

Kleine und mittlere Unternehmen haben hier natürlich keine Chancen, selbst als Global Player aufzutreten, aber als Zulieferanten haben sie große Möglichkeiten. Die Großen, die ihre Zielkunden sein sollten, sind in Brasilien wirklich groß. Die Zahl der Umsatzmilliardäre wuchs von 94 in 1997 auf 160 in 2006. Das ist wenig im Vergleich zu den 3.000 Umsatzmilliardären der USA, aber mehr als die 135 Mexikos und die nur 30 Argentiniens.

Die 500 größten Unternehmen Brasiliens setzten 2006 zusammen 694 Milliarden Dollar um, machten 43 Milliarden Dollar Gewinn, hatten in ihren Bilanzen Aktiva von 681 Milliarden Dollar verzeichnet, exportierten Waren im Wert von 77 Milliarden Dollar, zahlten 102 Milliarden Dollar Steuern und über 34 Milliarden Dollar an ihre 1,95 Millionen Mitarbeiter. Wenn man alleine den Umsatz betrachtet, sieht man das beneidenswerte Wachstum Brasiliens, welches vom deutschen Mittelstand nicht immer als Chance wahrgenommen wird, weil die Zahlen entweder unbekannt sind oder man an ihnen nur partizipieren kann, wenn man den Gedanken an einen Export zugunsten einer Fertigung im Lande aufgibt. Denn 1997 betrug der Umsatz der 500 größten Unternehmen Brasiliens nur 475 Milliarden Dollar und wuchs seitdem mit einer Ausnahme in 2003 stetig, insgesamt in diesem Zeitraum um 46 Prozent! Und seit 2003 konnten diese Unternehmen in der Summe auch eine permanente Gewinnsteigerung verzeichnen, von 33,5 Milliarden Dollar in 2003 auf 43,3 Milliarden Dollar in 2006, über 29 Prozent! Der Anteil ausländischer Firmen am Umsatz der betrachteten Gruppe der Top 500 stieg ebenfalls: Betrug er 1997 noch 36,5 Prozent, lag dieser Wert 2006 schon bei 41,9 Prozent. Der Wert für brasilianische Privatunternehmen ging von 39,2 auf 36,7 Prozent und der brasilianischer Staatsunternehmen – ja, es gibt sie noch! – von 24,3 auf 21,4 Prozent zurück. Was man neidlos zugeben muss, ist die unumstößliche Tatsache, dass die in Lateinamerika viel geschmähten USA in einer ganz anderen Liga spielen. So machten zwar 2006 die 500 größten Unternehmen Brasiliens 694 Milliarden Dollar Umsatz, die der USA aber 9,9 Billionen. Beim Gewinn sieht es ähnlich aus: 43 Milliarden gegenüber 785 Milliarden Dollar. Der Umsatzspitzenreiter der Liste, in die jedes Unternehmen gerne hineinrutschen möchte, ist in den USA Wal-Mart mit 351 Milliarden Dollar Umsatz und in Brasilien Petrobrás mit 78. Das immer noch glänzende Schlusslicht ist auf der US-Liste Sungard mit 4,32 Milliarden Dollar Umsatz, in Brasilien ist es Valtra mit nur 288 Millionen.

Wie man sich einen Überblick verschafft

Brasiliens Pendant zum Bundesamt für Statistik, das IBGE (Instituto Brasileiro de Geografia e Estatística), stellt leider in der Regel nur veraltete Informationen für Investitionsentscheidungen zur Verfügung, und die Verbände hüten ihre aktuellen Daten über Mitglieder und Märkte meist eifersüchtig. Denn die Verbandsmitglieder sind oft nicht an ausländischen Investoren interessiert, weil diese als unliebsame Wettbewerber angesehen werden, es sei denn, sie wollen das Unternehmen eines Verbandsmitgliedes kaufen. Trotzdem sind Verbände eine wichtige Auskunftsquelle, denn sie verkaufen häufig Jahrbücher mit wichtigen Marktinformationen und den Adressen ihrer Mitglieder. Einen guten Überblick verschafft man sich durch die Lektüre von Fachzeitschriften, zu denen ich auch Kennziffernzeitschriften zähle, die leider meist nur auf Portugiesisch veröffentlicht werden. Die Zeitschrift *Nei* gibt es aber auch auf Spanisch. Wer Zeit und die erforderlichen Sprachkenntnisse hat, kann sich hier einen sehr guten Überblick über Produkte, ihre Hersteller und ihre Vertreiber verschaffen, oft sogar per Internet, in dem sich die meisten brasilianischen Unternehmen, auch kleine, heute ausführlich darstellen. Die bereits in einem früheren Kapitel erwähnte Serasa gibt darüber hinaus noch (leider kostenpflichtige) Kredit- und manchmal auch Bilanzdaten hiesiger Unternehmen preis. Wer besonders an einem bestimmten Unternehmen interessiert ist, kann sich auch eine Kopie des Gesellschaftsvertrages bei der *junta comercial* (Handelsregister) beschaffen.

Importdaten sind meistens sehr allgemein, und nur wenn das Produkt eine eigene Zolltarifnummer hat, weiß man, wie viele davon Brasilien importiert hat, zu welchem Wert und mit welchem Gewicht. Denn offizielle Importstatistiken sind immer auf eine Zolltarifnummer bezogen und sagen neben den genannten Daten nichts aus. Dennoch gelingt es gut vernetzten Spezialisten, Details wie Exporteur und Importeur zu erfahren, doch das kostet Geld und ist ungesetzlich.

Eine hervorragende Möglichkeit, den Markt kennenzulernen, ist die Beteiligung an einer Messe. Selbst wenn man die Ausgaben für eine Beteiligung als Aussteller scheut, bringt ein Rundgang über eine Messe schon wertvolle Erkenntnisse. Wer ausstellen will, steht manchmal vor Problemen. So kam eine Firma zu mir, die medizintechnische Geräte auf der Hospitalar in São Paulo, unserem Gegenstück zur Medica in Düsseldorf, ausstellen wollte, aber keine Anvisa-Zulassung hatte. Anvisa bedeutet *Agência Nacional de Vigilância Sanitária,* und ohne die Zulassung dieser Aufsichtsbehörde darf kein Medikament und kein medizintechnisches Gerät in Brasilien verkauft werden, weder ein Mittel gegen Sodbrennen noch ein einfaches Stethoskop. Ausgenommen sind nur Geräte, die nicht in Berührung mit dem Patienten kommen, wie Röntgenbildbetrachter. Die Firma blieb der Messe fern. Allerdings hätte sie die Möglichkeit gehabt, von der Messegesellschaft einen temporären Import der Exponate durchführen zu lassen, dann hätte sie auch ohne Anvisa-Genehmigung ausstellen können. Der Pferdefuß bei diesem Weg wäre gewesen, dass man die Ware wieder nach Deutschland hätte zurückschicken müssen, ein Verkauf in Brasilien war ausgeschlossen. Nicht zulassungspflichtige Exponate kann man auf diesem Wege zollfrei einführen, werden sie allerdings auf der Messe verkauft, müssen Zoll und Steuern wie bei einem normalen Import nachentrichtet werden.

Auch Delegations- oder Unternehmerreisen, oft verbunden mit organisierten Treffs mit an neuen Geschäftspartnern interessierten brasilianischen Unternehmern, den sogenannten *rodadas de negócios,* können nicht nur wichtige Einblicke verschaffen, sondern auch zu direkten Geschäften führen. Das ist aber eher selten, denn die Zeit zum Kennenlernen ist für intensive Kontakte zu kurz. Solche Reisen werden von deutschen Handels- und Handwerkskammern, Landeswirtschaftsministerien und Verbänden angeboten.

Eine sehr gute Informationsquelle sind die Schriften der Bundesagentur für Außenwirtschaft, die einen eigenen Korrespondenten in Brasilien unterhält. Alexander Hirschle, der dieses Amt zurzeit innehat und bestens recherchierte Berichte schreibt, verlässt leider 2008 Brasilien, um künftig von Bagdad aus über den Irak zu schreiben. Diese Berichte werden auch von der AHK São Paulo regelmäßig in einem Wochenbericht veröffentlicht, der im Internet downloadbar ist.

Nicht zuletzt soll auf den Firmenpool Brasilien/Mercosur der IHK Essen hingewiesen werden, der für seine Mitglieder Kontakte knüpft und Marktuntersuchungen vornimmt. Eine weitere Institution, die sich Lateinamerika auf die Fahne geheftet hat, ist die IHK Pfalz, die jährlich ein sehr gut besuchtes ganztägiges Brasilien-Seminar veranstaltet.

Markteintrittsmöglichkeiten – die Qual der Wahl

Neben dem bequemen indirekten Export gibt es den mühseligen direkten Export in seinen Varianten Exportkooperation, Verkauf an ausländischen Fabrik- oder Endkunden, Verkauf an Groß- oder Einzelhändler, Verkauf an Tradings/Importeure mit oder ohne Einschaltung von Handelsvertretern oder Reisenden, Vertrieb über ausländische Lizenznehmer, Vertrieb über ausländisches Gemeinschaftsunternehmen (Joint Venture) und die Gründung einer eigenen Auslandsvertriebsgesellschaft. Folgende Vor- und Nachteile sind zu beachten:

	Indirekter Export	Direkter Export
Vorteile	Sie verkaufen an eine Inlandsfirma, der Aufwand und auch das Risiko sind klein.	Sie kennen den Kunden und bauen eine direkte Beziehung zu ihm auf, ein eventueller Vertriebspartner im Ausland kann gut kontrolliert werden.
Nachteile	Sie haben keinen Kontakt zum Kunden im Ausland und keine Marktkenntnisse, im Regelfall machen Sie nur ein einmaliges Geschäft, können den Absatz im Ausland nicht beeinflussen, haben keinen Imagege-	Viele Kunden im Ausland bedeuten viel Arbeit und viele Reisen, Sie müssen Ihren Exportumsatz vorfinanzieren und tragen das Ausfallrisiko (dank Hermes nicht zur Gänze), Ihre eigene Export-

winn durch den Export und überlassen Zusatzgewinne dem Exporteur, von dem Sie oft gar nicht wissen, dass er Ihre Produkte ins Ausland schickt.	abteilung ist nicht billig und benötigt zur Unterstützung noch eine Vertriebsorganisation im Zielmarkt, Ihren Informationsbedarf decken Sie genügend, wenn Sie Zeit und Geld für die Informationsbeschaffung und -auswertung aufwenden.

Tabelle 8: Markteintrittsmöglichkeiten

Die weniger häufig auftretende Exportkooperation ist gekennzeichnet durch Kostenteilung für Marktstudien, Messebeteiligung und Werbemaßnahmen, einen gemeinsamen Handelsvertreter und Unterbringung des kompletten Produktsortiments. Sie setzt aber sich ergänzende Produkte, Verbot von Wettbewerbern in der Gruppe, ähnliche Größenverhältnisse und Marktinteressen und Koordination der Kooperationsgruppe durch einen externen Manager voraus. In meiner Praxis gab es bei zirka 100 Projekten nur einen Fall für Handwerkzeuge, und diese Gruppe besteht wegen interner Meinungsverschiedenheiten heute nicht mehr.

Export oder Produktion in Brasilien? Diese Frage stellen sich viele Exportwillige, die ein Geschäft nicht wegen fehlender Wettbewerbsfähigkeit verlieren wollen. Kodak hat diese Frage für sich entschieden und lässt die Digitalkamera Easyshare C360 in der Freihandelszone von Manaus von der Firma Jabil montieren. Sie kostet damit in Brasilien nur noch 900 und nicht mehr 1.300 Real. Außer in Brasilien lässt Kodak Digitalkameras nur noch in China bauen. Sony baut schon länger Digitalkameras in der Freihandelszone, die Firmen Elgin (Canon-Großhändler) und Flex wollen dies ebenfalls tun und haben bereits entsprechende genehmigte Projekte. 2005 wurden 2 Millionen Digitalkameras in Brasilien verkauft, doppelt so viele wie 2004. 2006 waren es schon 3 Millionen Einheiten. Das Potenzial ist groß, 2004 hatten 34 Prozent der brasilianischen Haushalte eine Analogkamera und nur 2,4 Prozent eine digitale. 2007 wird der Anteil der Digitalkameras auf 19,5

Prozent steigen, das wäre dann ein Bestand von 9,3 Millionen Digitalkameras. Plausibilitätskontrolle: $(9,3 \div 19,5) \times 100 = 47,69$ Millionen Haushalte beziehungsweise knapp vier Personen pro Haushalt, also richtig. Eine solche Plausibilitätskontrolle ist bei der Beurteilung von Zahlen aus brasilianischen Quellen, vor allem aus der Presse, wichtig, weil unter anderem häufig Millionen mit Milliarden verwechselt werden. 2005 wurden bereits mehr digitale als analoge Kameras verkauft. Während in der »ersten Welt« die Verkäufe analog/digital sich die Waage halten, machte in Brasilien die Analogtechnik 2006 immer noch 70 Prozent des Umsatzes von Kodak aus. Alle Exporteure sollten sich heute die Gedanken von Kodak zu eigen machen und ihre Situation kritisch überdenken.

Der brasilianische Maschinenbauverband *Abimaq* hat 2007 eine radikale Kursänderung beschlossen. Man ist fest entschlossen, wie man mir in einem Gespräch erklärte, die technologische Lücke gegenüber den Industriestaaten zu schließen. Anschließend können die brasilianischen Maschinenbauer vermehrt Maschinen und Anlagen außerhalb Brasiliens mit Konzentration auf Lateinamerika verkaufen, in direkter Konkurrenz auch zu deutschen Exporteuren, die diese Länder heute beliefern. Dabei will man sich vor allem auch deutscher Technik bedienen und fördert die Bildung von Joint Ventures. Auf der wichtigsten Maschinenbaumesse *Mecânica* sollen 2008 deutsche Experten Vorträge über Technologietrends im Maschinenbau halten, anschließend soll in Deutschland von der IHK Essen unter Beteiligung von Eurolatina und dem Firmenpool Brasilien/Mercosur eine Kooperationsbörse organisiert werden. Mit dem Hauptgeschäftsführer Timm der Außenhandelskammer São Paulo hat man zusätzlich bereits den Einsatz des Seniorexpertenservice vereinbart. Auch die vermehrte Inanspruchnahme von Lizenzen deutscher Maschinenbauer ist denkbar, aber Joint Ventures sind der *Abimaq* wichtiger. Wie ernst der Verband die Pläne nimmt, zeigt die Einstellung eines Technologie- und Innovationsdirektors, der sie ab 2008 vorantreiben soll. Sie kommen der Notwendigkeit mancher Exporteure entgegen, in Brasilien zu produzieren, um wettbewerbsfähig zu bleiben.

Die Sektoren der brasilianischen Wirtschaft

Bei der Beschreibung der einzelnen Sektoren lehne ich mich an die bewährte Einteilung der Wirtschaftszeitschrift *Exame* an, die dazu jährlich einen Überblick herausgibt und zugleich die Jahresabschlüsse unzähliger Großunternehmen analysiert und als Zeitreihe darstellt. Im Jahresüberblick sind dann jeweils die Daten der 500 größten und besten in Brasilien tätigen Unternehmen enthalten, eine empfehlenswerte Lektüre! Dort finden sich auch diese Daten für 2006, die bereits einen Hinweis darauf geben, wo man sich engagieren sollte:

Sektor	Umsatz-wachs-tum (%)	Eigenka-pital-rentabi-lität (%)	Umsatz-rentabi-lität (%)	Wert-schöpf-ung (US$ pro Kopf)
Großhandel	9,8	13,9	1,0	64.517
Kfz-Industrie	1,0	16,5	4,2	40.167
Kapitalgüter	5,7	14,8	5,0	56.879
Konsumgüter	3,3	9,2	2,1	43.682
Elektroelektronik	7,6	12,9	3,6	65.282
Energie	6,9	13,1	6,0	252.216
Pharma	8,5	18,9	8,4	105.352
Bauwirtschaft	16,3	6,0	4,0	36.791
Digitaltechnik	7,6	10,6	3,6	55.627
Bergbau	0,1	31,6	23,4	408.113
Papier + Zellulose	1,2	7,5	7,5	64.332
Chemie + Petrochemie	- 0,2	7,7	2,7	172.794
Dienstleistungen	12,1	14,2	6,0	42.651

Stahlerzeugung und Metall- urgie	3,3	17,1	9,9	138.204
Telekommunikation	2,2	0,8	0,7	486.836
Textil	7,4	9,3	4,2	18.848
Transportwesen	11,8	16,4	2,8	41.460
Einzelhandel	4,5	4,7	0,7	23.588

Tabelle 9: Sektordaten

Landwirtschaft und Viehzucht

Das Agrobusiness wird durch die gesetzeswidrigen und von der Regierung Lula weitgehend gebilligten Aktionen der nirgends registrierten und deshalb nicht fassbaren Landlosenorganisation MST (Movimento dos Trabalhadores Rurais Sem Terra) beeinträchtigt, aber im Vergleich zur Größe des Marktes sind dies nur Nadelstiche, wenn auch im Einzelfall Enteignungen drohen, die in jüngster Vergangenheit sogar multinationale Firmen betrafen. Wer als Ausländer in diesem Sektor tätig werden will, muss sich eine stabile Basis schaffen und vor allem auf die lokalen Gegebenheiten Rücksicht nehmen, liegen doch die land- und forstwirtschaftlichen Gebiete weitab von den »zivilisierten« Zentren wie São Paulo. Man darf also keine europäisch gefärbte Umgebung erwarten und sollte möglichst mit einheimischen Kräften arbeiten, auch auf der Führungsebene. Dass das Feld attraktiv ist, zeigte der Wechsel des Präsidenten der brasilianischen BMW-Niederlassung André Müller-Carioba ins Agrobusiness.

Brasilien ist heute Global Player auf dem ersten Platz der Oberliga bei Geflügelfleisch, Rindfleisch, Orangensaft(-konzentrat), Sojabohnen und Zucker sowie auf dem zweiten Platz bei Schweinefleisch und Tabak. Es ist eine eindeutige Tendenz weg von tropischen zu nichttropischen Erzeugnissen zu spüren mit der EU (41 Prozent der Agrarausfuhren) als wichtigstem Abnehmer, aber mit den größten Zuwächsen in China und Russland. Wichtig dabei ist für die Stabilität der Position Brasiliens, dass Subventionen die Preise nur mit einem 3-Prozent-Anteil unterstützen. Kein Vergleich also mit den Verhältnissen in den EU-Staaten. Die Aufwertung des Real beeinflusst allerdings die Wettbewerbsfähigkeit Brasiliens; ohne kräftige Preissteigerungen wäre in den letzten Jahren kein wertmäßiger Exportzuwachs mehr möglich gewesen.

In einem Land, in dem die Anbaufläche ohne Beeinträchtigung der Regenwälder problemlos verdoppelt werden könnte und das wegen des günstigen Klimas zwei oder sogar drei Ernten pro Jahr zu verzeichnen hat, haben nicht nur Landwirte gute Chancen, sondern vor allem auch Zulieferanten technisch hochwertiger Produkte für den Agrarsektor. Das fängt bei Gefriertrocknern für Kaffee, Kühlanlagen für Milch und Separatorzentrifugen für pflanzliche Öle an, setzt sich über implantierbare Chips zur Kennzeichnung von Rindern und Präzisionszylinder für das Ausquetschen von Sojabohnen fort und hört bei automatischen Erntemaschinen, die ihren Weg per GPS finden, und Bewässerungsanlagen auf.

Zum Agrobusiness muss auch die unter dem Energiesektor schon genannte Gewinnung von Biodiesel und Ethanol gezählt werden. Bereits heute ist die Hälfte der in Brasilien gebauten Autos in der Lage, entweder Benzin oder Alkohol oder eine beliebige Mischung davon als Treibstoff zu benutzen. Allein der Ethanolsektor rechnet in den nächsten sieben Jahren mit über 10 Milliarden Dollar Investitionen.

Das Jahr 2008 bietet den Firmen, die auf irgendeine Weise dem Agrobusiness verbunden sind, große Chancen in Brasilien. Denn schon 2007 Jahr hat Brasilien eine neue Rekordernte eingefahren und dafür Maschinen, Transportmittel, Lagerraum und Verarbeitungskapazität gebraucht. Dieser Trend wird sich 2008 fortsetzen. Hier die Zahlen der Getreideernte in Millionen Tonnen mit der Schätzung für 2007:

Jahr:	1998	1999	2000	2001	2002	2003	2004	2005	2006	2007
Ernte:	76,5	82,4	83,0	100,3	96,7	123,2	119,2	113,9	120,8	126,5

Abschließend sei noch darauf hingewiesen, dass in Deutschland nur noch 1,6 Prozent der erwerbstätigen Bevölkerung in der Landwirtschaft arbeiten, in Brasilien aber immer noch fast 30 Prozent. Das haben selbst die in diesem Bereich tätigen brasilianischen Großunternehmen wie zum Beispiel Sadia mit 40.000 Mitarbeitern und einem Produktivitätsgewinn von 40 Prozent in 14 Jahren noch nicht geändert. Und außerdem zeigt diese Zahl, dass den sogenannten Landlosen nicht langfristig geholfen ist, wenn man ihnen eine Parzelle übereignet und sie sich selbst überlässt. Ich schreibe »sogenannte«, weil viele der durch das Ansiedlungsprogramm der Regierung Begünstigten nie in der Landwirtschaft tätig waren und die ihnen zugeteilten Parzellen oft trotz Verbotes schnell wieder verkaufen, um sich erneut in der Reihe der Bedürftigen anzustellen. Merkwürdig ist, dass ausländische Firmen wie Nestlé, Cargill und Bunge, um nur einige zu nennen, kräftig im Agrarsektor tätig sind, deutsche Unternehmen aber durch Abwesenheit glänzen, obwohl der Sektor boomt. Dabei sollen Ausnahmen wie Fuchs Gewürze nicht unerwähnt bleiben. Diese Firma bewirtschaftet eigene Anbauflächen in Brasilien.

Bau- und Baustoffindustrie

Die Infrastruktur spielt in einem Land von der Größe Brasiliens eine überragende Rolle und wurde leider jahrzehntelang sträflich vernachlässigt. Der Ausbau und die Modernisierung des Stromnetzes gehören genauso zu diesem Bereich wie die nötige Privatisierung der Flughäfen, der Ausbau und die Instandsetzung der Fernstraßen, der See- und Flusshäfen, die Schaffung moderner Lagerkapazitäten sowie der Ausbau der Wasserwirtschaft. Deutschland hat bei der Privatisierung, die in Brasilien von 1991 bis 2004 ungefähr 116 Milliarden Dollar Erlös für die Regierung brachte, nur eine sehr untergeordnete Rolle gespielt, es reichte mit 1 Prozent nur für den 15. Platz. Deshalb wurde das Land auch vom zweiten Platz (nach den USA) der ausländischen Direktinvestoren verdrängt und musste Länder wie Spanien, Portugal und Frankreich an sich vorbeiziehen lassen. Jetzt ist praktisch die letzte

Gelegenheit, bei der Modernisierung und den Folgeinvestitionen im Infrastrukturbereich mitzumachen. Der starke Real sollte dabei helfen, ins Geschäft zu kommen.

Wenn es Petrobrás gut geht, geht es allen gut. Das kann Cristinao Kok mit Fug und Recht behaupten. Er ist der Chef des Unternehmens Engevix, das es mit einem 500-Millionen-Real-Auftrag von Petrobrás geschafft hat, von der Zeitschrift *Exame* zur besten Baufirma des Jahres 2006 gewählt zu werden. Schuld ist indirekt der bolivianische Präsident Evo Morales, der am Tag der Arbeit 2006 die Verstaatlichung der Petrobrás-Anlagen in Bolivien verkündete und damit ein Notfallprogramm auslöste, welches Brasilien weniger abhängig von der Einfuhr des bolivianischen Erdgases machen soll. Der brasilianische Verband für Infrastruktur und Grundstoffindustrie Abdib stellte fest, dass 2006 13 Prozent mehr für Infrastrukturvorhaben ausgegeben wurden als im Vorjahr, nämlich 65,7 Milliarden Real. Auf den Erdöl- und Erdgassektor entfielen alleine 45 Prozent dieser Investitionen. Der Engevix ist es nicht immer so gut gegangen. In der Krise von 1988 musste sie 1.500 Mitarbeiter entlassen, heute hat sie nur noch 850. Bis zum Management-Buy-out 1997 durch den jetzigen Firmenchef und zwei seiner früheren Kollegen hatte die Firma nur als reines Ingenieurbüro gewirkt. Der Umschwung wurde geschafft, weil man heute auch die Beschaffung der Anlagen und die Ausführung im Rahmen der Kundenprojekte übernommen hat, nicht nur die reine technische Planung.

Unter den 15 Branchenbesten befindet sich keine ausländische Firma. Interessant ist die Spannbreite der Kennzahlen, die Wertschöpfung *per capita* schwankt von 286.000 bis 1.384.000 Dollar, die Marge im Vertrieb von −5,6 bis +16,5 Prozent. Keine der Firmen ist börsengehandelt. Für deutsche Investoren in Brasilien sicher wichtig: Der ROI liegt bei den 45 betrachteten Firmen im Mittel bei 6 Prozent, bei den besten zehn jedoch zwischen 46,5 und 14,3 Prozent!

Bergbau

Eine der ältesten Industrien Brasiliens ist der Bergbau. Unternehmen wie Vale do Rio Doce, die seit Ende 2007 in ihrem Firmenemblem nur noch das Wort Vale führt und erklärtermaßen weltgrößte Firma ihres Sektors werden will, gehören heute zur Weltspitze. Vale ist am Firmenwert gemessen bereits die Nummer zwei, nur die britisch-australische BHP Billington ist Ende November 2007 mit 202 Milliarden Dollar Firmenwert gegenüber 160 Milliarden Dollar für die Vale größer. Ein Riesenerfolg für Agnelli, dem heute die einstige Staatsfirma gehört, die seit der Privatisierung nicht aufhört zu wachsen. Wer an solche Unternehmen Spitzentechnologie liefern kann, hat einen Dauerkunden mit hohem Bedarf gewonnen.

Auch die Bergwerksgruppe Anglo American sieht Brasilien als Wachstumsmarkt, denn in ein einziges Projekt wird sie 1,2 Milliarden Dollar hineinstecken. Es handelt sich um das Nickelbergwerkprojekt Barro Alto in Goiás, wo ab 2010 jährlich 36.000 Tonnen Nickeleisen gewonnen werden sollen. Anfang 2007 haben die Erschließungsarbeiten begonnen. Allerdings sieht nicht jede deutsche Firma, die bei diesem Projekt als Lieferant und Dienstleister Geld verdienen könnte, ihre Chance, denn längst nicht alle Firmen, die dafür in Frage kommen, sind in Brasilien präsent. Dabei sind solche Bergwerksprojekte immer langfristig angelegt, so wurde zum Beispiel für Barro Alto ein Nickeleisenerzvorrat von 116,2 Mio. Tonnen festgestellt. Der ist sicher nur in vielen Jahren abbaubar. Anglo American kann mit diesem neuen Bergwerk seinen Nickelförderanteil in Brasilien ab 2011 von 28 auf 35 Prozent steigern. Der Bergbau wächst übrigens fünfmal mehr als der Durchschnitt der Industrie (BIP: + 13,1 Prozent gegenüber + 2,4 Prozent in den letzten zwölf Monaten, Situation von Juni 2006), und ein Ende ist nicht abzusehen.

Der Ausbau der Bergbaumesse Expomin in Belo Horizonte während der letzten Jahre begleitet das Wachstum der Branche. Vale do Rio Doce war mit 33 Millionen Tonnen 2006 der weltgrößte Exporteur von Eisenpellets und wird dies wohl auch noch lange bleiben. Nach ihr kommt eine weitere brasilianische Firma: Samarco exportierte fast 22 Millionen Tonnen. Die Firma ist wegen der anhaltenden Nachfrage auch sicher, dass man den Umsatz von 1,2 Milliarden Dollar in 2006 auf 2 Milliarden Dollar in 2008 steigern kann. Sie wäre dann aber immer noch weit vom Branchenführer Vale entfernt, der 2006 über 9,5 Milliarden Dollar schaffte. Der ständig steigende Eisenerzpreis begünstigt diese Entwicklung.

Deutsche Exporteure sind hier als Lieferanten von Erzfördereinrichtungen ebenso gefragt wie für Verarbeitungsanlagen. Selbst Luftaufnahmen zur Beurteilung von Abbaumöglichkeiten werden von deutschen Firmen gemacht, wofür sie allerdings aus naheliegenden logistischen Gründen brasilianische Flugzeuge einsetzen. Auch die Entsorgung spielt für Bergbaugesellschaften eine große Rolle, ein Gebiet, auf dem deutsche Unternehmen vieles zu bieten haben. Selbst kleine Ingenieurbüros haben hier gute Chancen, an langfristige und lukrative Aufträge zu kommen.

Chemie und Petrochemie

Der Sektor wurde 2006 in Brasilien umsatzmäßig von Braskem mit 6,8 Milliarden Dollar angeführt, die deutsche BASF folgt mit etwas über 2 Milliarden Dollar auf dem vierten Platz. Die ehemals staatlichen Petrochemiefirmen wurden 1992 privatisiert, einige von ihnen wie die Copesul haben in der Zwischenzeit den Eigentümer mehrmals gewechselt. Diese ist der zentrale Basisstoffversorger für die weiteren Firmen des Petrochemiepools in Triunfo bei Porto Alegre, der sie unter anderem mit Ethen beliefert, aus dem Thermoplaste hergestellt werden. Einen weiteren Pool mit 55 Firmen gibt es in Camacarí in Bahia, wo ich beim Besuch einer Baustelle mit einem deutschen Lieferanten von explosionsgeschützten Verteilerkästen auf einen türkischen Baustellenleiter traf, der wie seine ebenfalls türkischen leitenden Mitarbeiter perfekt Deutsch sprach.

Henkel ist ein weiterer Name aus der Chemieindustrie, der wie Bayer und die Hoechst-Nachfolgefirmen seit vielen Jahren in Brasilien Synonym für den Erfolg deutscher Branchenfirmen ist.

Aber auch kleine Firmen wie mein Kunde Zwez haben den Schritt nach Brasilien gewagt, weil sie trotz aller Widrigkeiten, die gerade das Exportgeschäft mit sich bringt, frühzeitig die Chancen gesehen haben – die man allerdings in der Regel nur voll nutzen kann, wenn man sich zur lokalen Produktion in Brasilien entschließt. Dabei muss man wissen, dass die deutschen Chemieriesen (mit Betonung auf »Riesen«) nach wie vor in großem Umfang Rohmaterialien und Zwischenprodukte nach Brasilien schicken, weil sie im internationalen Fertigungsverbund so Kosten minimieren können. Diesen Vorteil haben kleine Unternehmen ohne internationale Produktionsstätten nicht. Große deutsche Chemiefirmen machen aufgrund dieses Fertigungsverbundes auch nach wie vor viele Indentgeschäfte.

Eine sehr positive Meldung erhielt ich am 14. Dezember 2007 kurz vor Abgabe des Buchmanuskripts. Danach hat die ehemalige Bayer-Chemiesparte, die heute unter Lanxess firmiert, die Kontrolle über den brasilianischen Synthesegummihersteller Petroflex übernommen. Dafür musste die deutsche Firma über 700 Millionen Real zahlen, kann aber im Gegenzug ihren Umsatz in Brasilien auf einen Schlag von 160 auf 500 Millionen Euro erhöhen. Petroflex produzierte 2007 in drei Werken über 400.00 Tonnen synthetischen Gummi und exportierte in 70 Länder.

Wie das Beispiel des Poolmitglieds Zwez etwas später in diesem Buch zeigen wird, können sich kleine deutsche Nischenanbieter aufgrund ihrer Spezialisierung eine verteidigungsfähige Wettbewerbsposition im Chemiebereich aufbauen. Aber auch deutsche Zulieferer aus der Verfahrenstechnik genießen einen hervorragenden Ruf in Brasilien. Spezialisten mit dem Wissensvorsprung der Industrienation Deutschland wie der vereidigte Sachverständige Dr. Kopp, der sich die Prozessoptimierung und Anlagenplanung für essbare Öle und Fette auf die Fahne geschrieben hat, haben in Brasilien ein Riesenarbeitsfeld vor sich. Das sieht man, wenn man mit dem Flugzeug über quadratkilometergroße Sojabohnenfelder oder Palmenanpflanzungen fliegt, die das Ausgangsmaterial für Margarinefabriken liefern, wie sie Dr. Kopp konzipiert.

Dienstleistungssektor

Durch Dienstleistungen wird viel mehr Bruttoinlandsprodukt erzeugt als durch Industrie oder Landwirtschaft, denn Brasilien ist beleibe keine Dienstleistungswüste. Ich meine damit nicht, dass man beim Eintreffen in einem Hotel weder sein Auto parken noch seinen Koffer schleppen muss, sondern dass zum Beispiel Kreditkarten schon seit Jahrenviel gebräuchlicher sind als in Deutschland und dass unsere Autobahnen im Bundesstaat São Paulo so gut sind, weil sie privat betrieben werden. Zum Dienstleistungssektor gehören hier vorbildliche und bestens ausgerüstete Privatkrankenhäuser ebenso wie Krankenversicherungen oder Privatuniversitäten, Wasserversorger und die noch staatliche Flughafenverwaltungsfirma. Die allerdings mehr Geld für die Ausstattung der Flughäfen als Shoppingcenter als für die Flugsicherheit ausgibt, mit den bekannten Konsequenzen.

1996 wurden für 7 Prozent der Privateinkäufe in Brasilien Kreditkarten als Zahlungsmittel benutzt, 2006 waren es 20 Prozent beziehungsweise 246 Milliarden Real. Da verwundert es nicht, dass die rentabelste Dienstleistungsfirma Redecard mit einem ROI von 87 Prozent war. Der Konkurrent Visanet kam auf 65 Prozent, immerhin noch der viertbeste Wert der 500 umsatzgrößten Firmen Brasiliens in 2006. Visanet und Redecard zusammen stehen für 80 Prozent des Marktes, aber bereits bedrängt durch die Einzelhandelsketten mit eigenen Kreditkarten. Und dies ist für die traditionellen Kreditkartenfirmen gefährlich, denn die Marktnische des Einzelhandels sind die einkommensschwachen Bevölkerungsschichten, die verstärkt Kreditkarten benutzen und deren Kaufkraft in den letzten Jahren signifikant zugenommen hat. Visa hat deshalb bereits mit Casas Bahia und Carrefour Abkommen geschlossen: Man liefert die technischen Voraussetzungen für eine direkte Kreditkartenbenutzung an der Supermarktkasse, und die Einzelhandelskette darf ihre eigene Kreditkarte mit dem Visa-Zeichen schmücken.

Unterschätzen Sie auf keinen Fall die Konkurrenz im Dienstleistungssektor. Die frühere Raab Karcher wollte in Brasilien

Wasseruhren und Stromzähler ablesen und die Rechnungen zentralisiert erstellen und verschicken. Kalter Kaffee, wurde der Firma beschieden, das machen wir schon lange. In São Paulo, wo diese herbe Beurteilung fiel, wird nämlich von Tausenden von Mitarbeitern spezialisierter Firmen monatlich der Verbrauch abgelesen, und das Datenerfassungsgerät druckt die Rechnung gleich aus, die der Ableser dann in den Briefkasten wirft. Sein Datenerfassungsgerät wird abends in einem Regionalzentrum ausgelesen und die Daten an die Zentrale weitergeleitet. Diese übernimmt die Prüfung des Geldeingangs und veranlasst eventuell nötige Mahnungen oder drastischere Maßnahmen. Also ein Verfahren, das in Deutschland nicht üblich ist und unbekannt war. Genauso wenig wusste man, dass sich L'eau Lyonnaise schon längst per Firmenkauf in Brasilien engagiert hatte. Wieder mal ein Beispiel dafür, dass es sich nicht nur lohnt, eine Durchführbarkeitsstudie machen zu lassen, sondern dass solche Aufklärungsarbeit im Vorfeld unumgänglich ist.

Deutsche Hersteller von Wasseruhren haben hier übrigens viel Geld verloren, weil sie nicht lieferfähig waren, kaufen doch die Wasserversorger Brasiliens manchmal Hunderttausende von Wasseruhren auf einmal ein.

Ein Dienstleistungssegment, das nicht aufhört zu wachsen, ist der Sicherheitsbereich. Sowohl im Bereich des Objekt- als auch des Personenschutzes einschließlich des Arbeitssicherheitsbereiches gibt es vielfältige Möglichkeiten auch für deutsche Dienstleister oder Zulieferer. So sind Sicherheitssystemintegratoren, die Fernsehüberwachung per Internet für Fabriken, Büros und Wohnhäuser anbieten, sehr gefragt.

Viel Erfolg haben auch Firmen, die fertiggestellte Gebäude vor dem Einzug säubern oder im Auftrag des Lieferanten von Supermärkten die verdorbene Ware oder solche mit überschrittenem Verfallsdatum abholen. Nestlé hat damit schon kleine Dienstleister reich gemacht.

Digitaltechnik

Unter dieser Bezeichnung werden in Brasilien Hard- und Software-hersteller ebenso zusammengefasst wie Internetprovider. Obwohl die brasilianische Regierung importierte Computer immer noch viel zu hoch besteuert – aus dem Ausland kommend, muss man noch am Flughafen den 500 Dollar übersteigenden Wert eines mitgebrachten Laptops mit 50 Prozent versteuern –, kaufen die Brasilianer immer mehr Computer. Dabei hilft ihnen die Befreiung von der PIS/Cofins-Abgabe, die immerhin 9,25 Prozent beträgt. Diese Befreiung gilt seit 2002 für Tischcomputer bis 2.500 Real und für Laptops bis 3.000 Real Kaufpreis. Dazu kam die Dollarabwertung. Beides zusammen ließ den Computerabsatz von 5,5 Millionen in 2005 auf 7 Millionen in 2006 und voraussichtlich 8,5 Millionen Einheiten in 2007 wachsen. Im »Entwicklungsland« Brasilien werden heute mehr Heimcomputer als Fernsehapparate verkauft. PCs werden von allen großen Einzelhandelsketten des Landes verkauft, und die Zahlungsbedingungen sind mit 36 Raten à 47 Real mehr als günstig, insgesamt sind dies weniger als 700 Euro. Der Anteil der Laptops, deren Preis sich in zwei Jahren praktisch halbierte, wächst stetig, und viele Computer werden bereits im Lande montiert, allerdings auch mit Komponenten des grauen Marktes.

Brasilianische Softwarefirmen sind heute mindestens genauso wichtig wie die indischen, nur den Laien weniger bekannt. Selbst die Börse in Frankfurt arbeitet mit brasilianischen Computerprogrammen.

Wer hier Spezialwissen anbietet wie die deutsche Firma Fasselt, deren von mir initiierte Tochterfirma Innotec do Brasil die Elektroplanungssoftware Comos für Großanlagen wie Raffinerien oder Stahlwerke verkauft, kann den Hauptgewinn ziehen. Innotec tat es, denn nach vierjähriger knochenharter Aufbauarbeit hatte man Petrobrás und Eletronuclear als Kunden gewonnen, die millionenschwere Aufträge platzierten. Wer sich als deutsches Ingenieurbüro eine solche fortgeschrittene Software zulegt, kann im Dienstleistungsbereich als Elektroplaner tätig werden, weil mittlere Firmen die Ausgaben für eine solche Software nicht verkraften können, aber auf ihre Vorzüge auch nicht verzichten wollen.

Einzelhandel

Der brasilianische Einzelhandel hat große Pleiten erlebt wie die von Mappin, Mesbla und Lojas Brasileiras, aber auch erfolgreiche Umstrukturierungen, die ein zum Untergang geweihtes Unternehmen an die Spitze der Branche brachte. Es geht um die Lojas Americanas, die vor der Jahrtausendwende kurz vor dem Aus standen. In den letzten fünf Jahren haben die Aktien der Firma eine Wertsteigerung von 3.700 Prozent erfahren, 2006 setzte sie 1,6 Milliarden Dollar um, was einem Wachstum gegenüber dem Vorjahr von 21 Prozent entspricht. Die Eigenkapitalrentabilität beträgt 26 Prozent und ist damit die höchste unter den zehn umsatzmäßig führenden Einzelhandelsketten. Der Umschwung kam mit dem Einsatz modernster Ladenautomatisierungstechnik, dem Übergang von einer Familienfirma auf einen zentralisiert und professionell geleiteten Konzern und mit neuen Geschäftsmodellen. Zu diesen gehört der Verkauf per Telefon, über das Fernsehen, das Internet und per Katalog. Außerdem wurden weitere Geschäfte eröffnet und ihre Internetvertriebsfirma Americana.com mit deren Rivalen Submarino zur neuen Firma B2W fusioniert. Darüber hinaus war sie offen für neue Geschäftsfelder und übernahm in Brasilien 127 Videotheken von der US-amerikanischen Blockbuster für 186 Millionen Real. Damit buhlt die 1929 gegründete Firma, die bisher vor allem Konsumenten der Klassen C und D bedient hat, um die Besserverdienenden der Klassen A und B.

Die führenden Firmen des Einzelhandelssektors sind Pão de Açúcar mit 5,7 Milliarden Dollar Umsatz in 2006, Casas Bahia mit 5,6 und Carrefour mit 5,4. Dann kommen Wal-Mart mit 3,8 Milliarden Dollar, Sonae mit 2,1 und mit Werten zwischen 1,4 und 2,0 Milliarden Ponto Frio, Lojas Americanas, Sendas, Casas Pernambucanas und Atacadão. Es gibt natürlich noch viele weitere kleinere Einzelhändler von Bedeutung, darunter die auf Werkzeuge spezialisierte Firma Ferramentas Gerais, die schon 2000, als ich sie das erste Mal in Porto Alegre besuchte, einen dreistelligen Millionenbetrag im Jahr umsetzte und einen Internetkatalog betrieb.

Selbst kleine Bäckereien haben heute anstelle der Kasse einen Computer und akzeptieren Kreditkarten oder buchen direkt vom Kundenkonto ab, auch im Landesinneren. Wer Ladenautomatisierung anbietet, kann gute Geschäfte machen. Einige Firmen experimentieren bereits mit passiven Radiochips, die es erlauben, den vollen Einkaufswagen an der Kasse vorbeizufahren und die Kaufsumme zu berechnen, ohne die Ware zu berühren. Über eine Anzeige am Einkaufswagen hat der Kunde immer den gerade aktuellen Gesamtbetrag seines Einkaufs vor Augen.

Deutsche Firmen, die sich auf die Beleuchtung von Supermärkten, insbesondere der Lebensmittelabteilungen, spezialisiert haben, finden ein praktisch unbearbeitetes Feld vor.

Elektro-/Elektroniksektor

Hier herrschen Multis wie Siemens, Nokia, Ericsson, Schneider; aber auch rein brasilianische Firmen wie Semp Toshiba haben sich ihren Platz unter den Spitzenreitern der Branche erobert. 2007 ist ein gutes Jahr für sie und für den ganzen Sektor, dessen Umsatz – diese Zeilen wurden im November 2007 geschrieben – bei 118 Milliarden Real liegen wird, was gegenüber dem Vorjahr ein Wachstum von 13 Prozent bedeutet. Allerdings ist das nur der Durchschnittswert, einige Bereiche werden mehr als 20 Prozent wachsen, nämlich Industrielle Automatisierung, Informatik, Elektroenergieübertragung und -verteilung sowie Elektroinstallationsmaterial. 2008 profitieren dann die Firmen, die für die jetzt schon im Bau befindlichen Projekte das Leitungsmaterial liefern werden. Unter diesen Glückspilzen ist die Wirex Cable, die 2006 umsatzmäßig um 57 Prozent wuchs, weil sie es rechtzeitig nach einem Eigentümerwechsel verstand, sich auf Kabel mit höherer Wertschöpfung zu spezialisieren. Noch 2002 betrug ihr Anteil solcher Spezialkabel nur 22 Prozent des Umsatzes, 2006 waren es schon 58.

Die Wertschöpfung *per capita* hat einen einsamen Spitzenreiter im Elektro-/Elektroniksektor: Ericsson Telecom mit 835.000 Dollar! Dagegen wirkt der Zweitplatzierte, Schneider Electric, mit 136.000 schwächelnd, kann aber einen ROI von 26 Prozent vorweisen. Die erwähnte Wirex schaffte allerdings 52 Prozent.

Trotz neuer Normen ist die brasilianische Elektroinstallationstechnik nicht mit der deutschen vergleichbar. Selbst wenn zum Beispiel Stecker so aussehen wie die der deutschen Konkurrenz, sind sie oft aus minderwertigem Material hergestellt. Kabelzugentlastung ist oft noch ein Fremdwort, viele Kontakte werden per Stiftschraube hergestellt und nicht durch Federkraft. Deutsche Fachfirmen haben große Möglichkeiten, zu exportieren oder im Lande zu produzieren. Manche werden im Rahmen eines Follow-Source-Programms nach Brasilien gerufen, zum Beispiel eine Firma für kleine Präzisionskabelbäume, wie sie in Kühlschränken und Waschmaschinen verwendet werden, die dem Ruf aber nicht folgte, weil sie anderweitig zu viel zu tun hatte.

Energie

Lange Zeit konzentrierten sich alle Kommentare zu diesem Sektor auf Alkohol und Biodiesel, nachdem die Aufregung über die Enteignung der Petrobrás-Anlagen in Bolivien abgeklungen war. Aber Anfang November 2007 kam ein neues Thema auf, nämlich die jetzt nicht mehr drohende, sondern schon eingetretene Energieknappheit. Petrobrás musste nämlich seine Erdgaslieferung rationieren, was zur vorübergehenden Stilllegung von Chemie- und Glasfabriken führte. Auch der Keramikbereich war betroffen, alles, um die Versorgung der Thermokraftwerke nicht zu gefährden. Der nächste Schritt nach dem Gesetz von Angebot und Nachfrage war die Ankündigung einer Preiserhöhung. Zunächst sollten die Gasverteiler 30 Prozent mehr zahlen und der kleine Verbraucher, der mit Gas kocht, 24. Petrobrás ist unangefochtener Marktführer im Energiesektor und wird in den nächsten Jahren Riesensummen in die Erschließung der Erdgasfelder vor der Hafenstadt Santos investieren, um Brasilien unabhängiger von den bolivianischen Lieferungen zu machen.

Der Alkohol- und Zuckerbereich bietet ebenfalls ausgezeichnete Geschäftsmöglichkeiten. In diesem Sektor gibt es starke Konzentrationsbemühungen; so ist Santa Elisa im März 2007 eine Partnerschaft mit der US-Trading Global Foods und dem Investmentfond Charlyle Riverstone eingegangen. Daraus ging die Cia. Nacional de Açúcar e Álcool (CNAA) hervor, die bis 2009 vier Fabriken in Goiás und Minas Gerais für 2 Milliarden Real bauen wird. Was steckt dahinter? Wenn McKinsey recht behält, ist es das Wachstum, das die Investoren anzieht. Die heutige weltweite Ethanolnachfrage von 6,5 Milliarden Litern jährlich soll nämlich 2020 bereits 200 Milliarden Liter betragen! Und von Brasilien erwartet man, dass es 80 Prozent dieser Nachfrage durch Export decken wird, das wären fast zehnmal mehr als seine heutige Produktion.

Petrobrás hat kühne, aber realisierbare Pläne – nämlich Brasilien dazu zu verhelfen, bis 2011 die USA als führende Nation im Verkauf von Biokraftstoff (Ethanol und Biodiesel) abzulösen. Dazu wurden bereits vier Schritte unternommen:

– Gründung der Nipaku, zusammen mit der staatlichen japanischen Nippon Alcohol Hanbai, die brasilianisches Ethanol in Japan und anderen asiatischen Staaten verkaufen wird;
– Entscheidung, für den Export des Alkohols eine 600 Kilometer lange Alkohol-Pipeline von Zentralbrasilien bis zum Hafen von Santos zu bauen;
– Bau dreier neuer Biodieselfabriken mit Partnern der Privatwirtschaft;
– Intensivierung der angewandten Forschung, um *mamona* und *pinhão* (Pinienkerne) ebenfalls zur Biodieselproduktion zu nutzen.

Brasilien hat alles, um Weltführer zu werden und zu bleiben: nachwachsende Rohstoffe für Biodiesel, Zuckerrohr für Ethanol, Logistik, 30 Jahre Proálcool-Programm, 300 exportierende erfahrene Ethanolproduzenten. Hier sind kleinere und mittlere Unternehmen unter anderem als Zulieferer für Dichtungen, Ventile, Pumpen, Rohrleitungen, Sensoren, Servomotoren, Filter und nahtlose

Endlosförderbänder gefragt. Auch Dienstleister wie Ingenieurbüros und Unternehmen für Luftbilder werden gebraucht.

Der Präsident des Bundesenergierates Conselho Nacional de Política Energética (CNPE) bestätigte Pläne zum Bau neuer Atomkraftwerke, die der Regierung bereits zur Beratung vorliegen. Danach soll zunächst Angra III fertiggestellt werden, und dann ist vom nächsten Jahrzehnt an bis 2030 der Bau weiterer vier bis sechs Atomkraftwerke in Zentralen ähnlich der von Angra dos Reis vorgesehen. Im Endstadium sollen 5 Prozent des brasilianischen Energiebedarfs durch Atomstrom gedeckt werden.

Die erste der beiden neuen Zentralen soll am Rio São Francisco entstehen, der zweite Standort ist noch nicht festgelegt. Angra III soll wohl auf jeden Fall als Überbleibsel des Nuklearprogrammes der siebziger Jahre gebaut werden, aber für weitere Atomkraftwerke – die wegen der Vermeidung der Verbrennung fossiler Brennstoffe sehr sinnvoll sind, wenn man keine ideologischen Scheuklappen trägt – sind wichtige Voraussetzungen zu schaffen. Neben der Gewährleistung der Betriebssicherheit und der Endlagerung des Atommülls besteht nämlich auch die Notwendigkeit, 500 Millionen Dollar in Anlagen zur Herstellung des für den Betrieb der Atommeiler nötigen Atombrennstoffes zu investieren. Heute deckt Brasilien nur 6 Prozent des Bedarfs an angereicherten Uranbrennstäben aus eigener Fertigung. Die bekannten Uranreserven Brasiliens reichen für 60 bis 80 Jahre, wenn man den Verbrauch des der Regierung vorliegenden Programms zugrunde legt.

Im Energierat, der sich aus sieben Ministern, einem Vertreter der Bundesstaaten und zweien der Öffentlichkeit zusammensetzt, gibt es nur eine Stimme gegen diese Pläne, die – natürlich – der Ministerin für Umwelt gehört. Andere Kritiker sind nach Bekanntwerden der Stromerzeugungskosten, die für Angra III jetzt mit nur noch 138 Real für die Megawattstunde angegeben werden, und angesichts der UNO-Warnungen vor einem Klimawandel verstummt.

Der Einsatz von Windenergieanlagen wird auch in Brasilien immer wichtiger. Das Potenzial der Windenergie wird auf 140 Gigawatt geschätzt:

- Eletrobras prognostizierte schon 2006 Investitionen in der Größenordnung von 5 Milliarden Real für Windkraftanlagen mit den damals bekannten und wahrscheinlichen Projekten.
- Die zur spanischen Elecnor gehörende Enerfin kündigt einen Windparkbau in Rio Grande do Sul zusammen mit Cip Brasil für 230 Millionen Dollar an, damit sollen drei Anlagen mit je 50 Megawatt installiert werden.
- Elebras und Innovent wollen ebenfalls in Rio Grande do Sul in Windkraft investieren, es geht um 70 Megawatt und 91 Millionen Dollar.
- In Rio Grande do Norte plant die Iberdrola-Tochter Enerbrasil einen Windpark für 49 Megawatt, im selben Bundesstaat soll die New Energy Options eine Anlage für 65 Megawatt bauen, beide Projekte werden über das Proinfa-Programm gefördert, welches 60 Prozent Local Content vorschreibt.

Von diesen Projekten dürften die beiden einzigen Windkraftanlagenhersteller in Brasilien, Wobben Power und GE Wind, profitieren, aber angeblich interessieren sich Vestas aus Dänemark und Gamesa und Ecotècnica aus Spanien ebenfalls für diesen Markt.

Eine große Chance für Zulieferer und Ingenieurunternehmen bieten die Erschließung der riesigen unterseeischen Erdgasfelder vor Santos und der Weitertransport in die Verbrauchszentren. Vor dem Hintergrund der Preissteigerung des bolivianischen Erdgases und der Enteignung der Petrobrás-Anlagen in Bolivien wird diese Erschließung zunehmend wichtiger. Aber auch neue Hochspannungsleitungen müssen verlegt werden. Oft kommen Komponenten dafür aus Deutschland. Pfisterer ist ein Beispiel für eine deutsche Firma, die auf diesem Gebiet schon lange in Brasilien und auch in Argentinien über eigene Niederlassungen tätig ist.

Großhandel

Wer geglaubt hat, dass die Giganten unter den Großhändlern etwa bei der Tankstellenbelieferung zu suchen sind, irrt. Der Größte der Großen war 2006 die Firma Officer, die ihre Informatikprodukte an 10.000 Wiederverkäufer ausliefert und ein Musterbeispiel für eine ABC-Analyse ist, machen doch nur 1 Prozent der belieferten Einzelhändler 20 des Umsatzes aus, der im genannten Jahr insgesamt 325 Millionen Dollar erreichte. Erst anschließend kommt mit Ipiranga Distribuidora ein Kraftstoffgroßhändler, gefolgt vom Zeitschriftenverteiler Dinap. Der Erfolg von Officer ist nicht zuletzt auf ein intensives und 4 Millionen Real teures Ausbildungsprogramm zurückzuführen, mit dem die Verkäufer der belieferten Einzelhändler geschult und an ihren Großhändler gebunden werden. Officer wurde 1985 von einem Computerverkäufer und einem Bankautomatisierungstechniker gegründet, die das Absatzpotenzial Brasiliens im Informatiksektor richtig einschätzten. Im ersten Jahr wurden 50 PCs verkauft, mit dem Fall des Informatikgesetzes 1992 brachen dann die Schleusen, und heute setzt die Firma 6.000 PCs im Monat ab. Ein eklatantes Beispiel für die Fehleinschätzung des Informatikmarktes durch die Politiker und ein Hinweis, dass sie sich aus dem Marktgeschehen heraushalten sollten. Heute übrigens gehört Officer zu 100 Prozent der Holding Ideiasnet, die sich an Technologiefirmen beteiligt.

Deutschen Firmen steht hier die Möglichkeit offen, den Großen der Branche Distributionslogistikunterstützung und Lösungen aus dem Fachgebiet der Lagerautomatisierung anzubieten, sich aber auch selbst als Großhändler zu versuchen – die zündende Idee vorausgesetzt, wie sie die Officer-Gründer hatten.

Kapitalgüterindustrie

Dieser Industriezweig ist teilweise wie der Phoenix, der aus der Asche zu neuem Leben erwacht. In den neunziger Jahren totgesagt, gehören ihm Firmen an, deren Umsatz 2006 trotz eines Umsatzrückganges von 1,7 Prozent der Branche nicht aufhört zu wachsen.

So wuchs Tracbel um 84 Prozent, Sandvik MGS um 75 Prozent und CBC um 38 Prozent, um nur einige Beispiele zu nennen. Die Eigenkapitalrentabilität kann sich ebenfalls sehen lassen, bei CBC betrug sie 2006 45 Prozent, bei Sandvik MGS 32 und bei Atlas Schindler 27. Die zu Mitsubishi Heavy Industries gehörende CBC ist besonders optimistisch, was die Zukunft dieser Branche angeht, denn bis 2010 sollen laut BNDES, der staatlichen Entwicklungsbank, 75 Milliarden Real von der Papier- und Zelluloseindustrie, der Petrochemie und den Stahlerzeugern in Kapazitätsausweitung und Modernisierung investiert werden, alles Abnehmer der Firma. Der Maschinenbauverband Abimaq unterstützt seine Mitgliedsfirmen dabei; so sollen 2008 in ganz Südamerika Abimaq-Zweigstellen errichtet werden, um Exportaufträge für die brasilianischen Maschinenbauer zu generieren. Die dazu nötige Technologie will man sich über Joint-Venture-Unternehmen unter anderem mit deutschen Maschinenbauern beschaffen. Meine Firma Eurolatina wurde gebeten, dazu Kontakte zur deutschen Industrie zu knüpfen. Erste Firmeninhaber aus Deutschland, wie Bernd Walter vom Stanz- und Biegemaschinenhersteller Bebeco, trafen sich bereits Ende 2007 mit Abimaq-Vertretern und machen schon sehenswerte Umsätze. Begleitend haben wir Kontakte zu deutschen Fachleuten wie Professor Kahlen, der an der Universität von Kapstadt lehrt, und Malte Medo von der Universität Braunschweig geknüpft, die auf der Mecânica im Mai 2008 in São Paulo Vorträge über technologische Tendenzen im Maschinenbau halten sollen.

Auch der Eurolatina-Kunde Achim Flesser ist dabei, der über eine Mitgliedschaft im Firmenpool Brasilien/Mercosur der IHK Essen mit seiner deutschen Firma Creative Precisison Engineering neue Produkte und ihre Fertigungsverfahren jetzt auch für Kunden in Brasilien entwickelt. Seine ersten Kunden hier sind übrigens Medizintechnikfirmen. Maschinen- und Anlagenbauern, Firmen aus dem Bereich des Werkzeug- und Vorrichtungsbaues sowie der Mess- und Prüftechnik bieten sich vielfältige Chancen. Gerade hoch spezialisierte Firmen, wie die Hersteller von Bilderkennungs- und -auswertungsgeräten für Montageautomaten oder Flaschenreinigungs- und -fülleinrichtungen, haben sehr gute Geschäftsmöglichkeiten. Zu dieser Gruppe gehören auch Hersteller von automatischen Fertigungssystemen oder deren Komponenten wie Zuführeinrichtungen. Es gibt nebenbei bemerkt nur fünf einigermaßen bekannte Hersteller von Vibrationswendelförderern in Brasilien, die alle nicht mehr als 20 bis 30 Mitarbeiter beschäftigen. Keine dieser Firmen beherrscht weiterführende Techniken wie die erwähnte Bildverarbeitung. Auch Hersteller von Laseranlagen, sowohl für Bearbeitungs- als auch für Mess- und Prüfzwecke, sollten ebenso wie Oberflächenbeschichter Brasilien als Markt im Auge behalten!

Kfz-Industrie

Viele Jahre wurde dieser Sektor von deutschen Unternehmen geprägt, allen voran VW und Mercedes, die die Industrialisierung des Landes vorantrieben, indem sie ihre deutschen Lieferanten veranlassten, nach Brasilien zu kommen. Damals, in den späten fünfziger Jahren, nannte man das noch nicht Follow-Source-Politik, aber der Effekt war identisch. Brasilien ist ein Land mit Höhen und Tiefen, Stückzahlschwankungen von einem Jahr zum anderen im zweistelligen Prozentbereich waren in der Vergangenheit nicht ungewöhnlich, und sich in einem solchen Umfeld zu behaupten war nicht leicht. Wie an anderer Stelle in diesem Buch erwähnt, mussten sich sogar zwei Erzrivalen wie Ford und VW in Brasilien unter dem Dach der Eurolatina vorübergehend zusammenraufen, um noch größeren Schaden abzuwenden. Aber immer war VW der unangefochtene Rekordhalter bei den Zulassungszahlen. Die Betonung liegt auf »war«, denn Fiat, zur Zeit der Drucklegung dieses Buches 32 Jahre in Brasilien, hat zumindest 2006 VW wieder den Rang abgelaufen – wie schon in den Jahren 2001, 2002, 2003 und 2005. 2004 war aber nicht VW, sondern GM der Spitzenreiter. 2006 hatte Fiat einen Marktanteil von 25,4 Prozent, gefolgt von VW und GM, die beide je 22,3 Prozent für sich verbuchen konnten. Fiat erhielt von der Wirtschaftzeitschrift *Exame* den Titel der besten Firma des Kraftfahrzeugsektors mit einem Umsatz von 7,8 Milliarden Dollar und 379 Millionen Dollar Gewinn. Umsatzmäßig sind

VW und GM noch größer, aber darauf kommt es nicht an. Denn bei der Wertschöpfung *per capita* führt Fiat den Sektor mit 143.204 Dollar an, und unter den ersten zehn Firmen erscheint lediglich auf dem letzten Platz ein weiterer Fahrzeughersteller, nämlich Agrale. Bei der Rangfolge des ROI kommt Fiat mit 33,8 Prozent auf den vierten Platz, die anderen werden von Zulieferern eingenommen.

Wenn man die Automobilhersteller und ihre Zulieferanten in einen Topf wirft, kommt man auf Zahlen, die sich sehen lassen können: 5 Prozent der nationalen Bruttoinlandsprodukts und 18 Prozent des BIP aus industrieller Tätigkeit werden in diesem Sektor erarbeitet! Mit dieser Größe und einem Produktionswachstum von 14 Prozent bildeten die Autohersteller auch 2007 das Rückgrat der brasilianischen Industrie. An diesem Wachstum konnten natürlich die Zulieferer und deren Lieferanten teilhaben. Die Arbeitnehmer der Region um São Paulo, wo sich die Kfz-Industrie konzentriert, erhielten 2007 Vergütungszuschläge, die um 2,5 Prozent über der Inflation lagen. Auch die Regierung konnte sich freuen: Das Steueraufkommen der Automobilindustrie lag 2007 bei 30 Milliarden Real, 5 Milliarden mehr als 2006. Heute gibt es in Brasilien in 27 Städten und Gemeinden in acht Bundesstaaten 46 Automobilmontagewerke. 2008 sollen diese 3,234 Millionen Fahrzeuge fabrizieren, das wären fast 9 Prozent mehr als 2007. Allein von 2003 bis 2006 nahm die Produktion um 47 Prozent zu! Von 2004 bis 2007 wurden 30.000 neue Arbeitsplätze geschaffen, in den Autowerken arbeiten damit heute 120.000 Personen. Außerdem ist die Kfz-Industrie für 1,5 Millionen indirekte Arbeitsplätze verantwortlich.

Die Automobilindustrie, die erst nach dem Zweiten Weltkrieg richtig anlief, war und ist der Stolz Brasiliens. Im Januar 2007 wurden so viele Fahrzeuge verkauft wie nie zuvor: 152.900 Einheiten. Der bisherige Rekord von Januar 1997 lag bei 134.800 Einheiten. Die Fahrzeugproduktion ist in Brasilien seit Jahren im Steigen begriffen:

2000:1,69 Millionen Fahrzeuge
2001:1,81 Millionen Fahrzeuge

2002:1,79 Millionen Fahrzeuge
2003:1,82 Millionen Fahrzeuge
2004:2,31 Millionen Fahrzeuge
2005:2,52 Millionen Fahrzeuge
2006:2,61 Millionen Fahrzeuge
2007:2,97 Millionen Fahrzeuge

Der Inlandsabsatz 2004 bis 2006 verzeichnete diese Werte:

2004:1,57 Millionen Fahrzeuge
2005:1,71 Millionen Fahrzeuge
2006:1,93 Millionen Fahrzeuge

Der Exportumsatz wuchs im letzten Jahr durch den Wertzuwachs des Real um 8,4 Prozent, der Exportabsatz ging aber um 5,8 Prozent zurück.

Für das Jahr 2007 erwartete Anfavea, der Automobilherstellerverband, die Produktion von 2,975 Millionen Einheiten, 2008 sollen es sogar 3,240 Millionen Einheiten werden. Fiat, um nur ein Beispiel aus jüngster Zeit zu nennen, hat 1.200 neue Mitarbeiter für die Schicht von 0 bis 6 Uhr eingestellt und beschäftigt damit bereits 10.200 Leute. Ford fährt in Camaçarí (Fiesta, EcoSport) und VW in São José dos Pinhais (Fox, Golf) drei Schichten. Zulieferanten wie SKF, Saint-Gobain Sekurit und auch kleinere wie Engemet passen sich diesem Rhythmus an und arbeiten ebenfalls im Drei- oder Vierschichtbetrieb. Damit ist die brasilianische Fahrzeugindustrie wieder zu der Wachstumsbranche geworden, die sie so viele Jahre war, bevor die Krisenzeit begann.

2006 verteilte sich die Kfz-Produktion so auf die Bundesstaaten: 47,4 Prozent São Paulo, 21,7 Prozent Minas Gerais, 10,2 Prozent Paraná, 9,3 Prozent Bahia, 5,6 Prozent Rio Grande do Sul, 5,0 Prozent Rio de Janeiro, 0,8 Prozent Goias.

Neuankömmlinge haben hier aber nur eine Chance, wenn sie im Zuge einer Follow-Source-Politik gerufen werden, meist von einem Tier-1-Systemlieferanten, weniger vom Automobilhersteller selbst. Denn die Großen der Branche sind eigentlich schon alle hier.

Chancen ergeben sich auch im Ersatzteilmarkt: So stand ein GM-Stanzwerk vor einiger Zeit zum Verkauf, in dem ausschließlich Ersatzteile für ausgelaufene Modelle gefertigt wurden. Allerdings hätte GM bei einem Verkauf alle Fördermittel zurückzahlen müssen, deshalb sind solche Verkäufe meist sehr schwierig. Wer innovative Produkte hat, hat allerdings auch als Neuankömmling eine Chance, zum Beispiel mit Luftverbesserern für das Wageninnere auf der Basis von freien Ionen, wie sie unser Kunde Werner Dehne herstellt. Seine Produkte findet man sogar in Wäschetrocknern und Kühlschränken, und sie werden auch gerne von Rauchern verwendet, die das traute Heim geruchsfrei halten wollen.

Konsumgüterindustrie

Brasilien ist allein von seiner Einwohnerzahl her ein interessantes Konsumentenland, und man sollte sich nicht davon täuschen lassen, dass viele Brasilianer an deutschen Maßstäben gemessen arm sind. Auch die armen Leute in Brasilien trinken Bier oder benutzen Lippenstift! Die Firma Natura, die in fünf Jahren ihren Umsatz fast verdreifachte, konnte davon profitieren. Dieser brasilianische Kosmetikhersteller war 2006 die lukrativste Firma der Branche, was sich bei einem Umsatz von fast 1,8 Milliarden Dollar und einem Gewinn von 182 Millionen Dollar sicher gelohnt hat. Ihre Pro-Kopf-Wertschöpfung kann sich mit 465.000 Dollar ebenfalls sehen lassen, verblasst aber neben den über 1,2 Millionen Dollar der Firma Arosuco. Das sind Werte, von denen der Maschinenbau träumt. Aber gerade der Kosmetikmarkt ist hart umkämpft, und Avon greift Natura an, wo es geht. Eine der Strategien, die in diesem Bereich sehr erfolgreich war, ist die ständige Produkterneuerung. Natura brachte 2005 213 und 2006 225 neue Produkte auf den Markt. Um hier immer die Nase vorn zu haben, wird 2008 in Campinas ein Technologieforschungszentrum eingeweiht, das 35 Millionen Real gekostet hat und in dem 300 Mitarbeiter neue Produkte entwickeln werden. Verkauft werden diese Produkte immer mehr auch im Ausland – und nicht nur vor der Haustür in Südamerika, sondern sogar in einem eigenen Laden in Paris. Auch das ist eine Tendenz, die deutsche Firmen nutzen können: über Partnerschaften Brasilianern im Ausland helfen, um sich selbst in Brasilien helfen zu lassen.

Aber die Konsumgüterindustrie besteht nicht nur aus Kosmetikfirmen. Zu ihr gehören in Brasilien auch Giganten wie Ambev, der 2006 fast 11 Milliarden Dollar umsetzende Bierbrauer, und Souza Cruz, die mit Zigaretten über 4 Milliarden Dollar schaffte. Bunge Alimentos war mit über 5 und Sadia mit 3,6 Milliarden Dollar dabei.

Hier ist ein weites Feld für deutsche Zulieferer, die von Filtern für die Brauereien bis hin zu Sägen für die Fleischzerteilung in Schlachthäusern eine breite Produktpalette liefern können. Interessant ist dabei, dass zum Beispiel die erwähnten Sägen nur von einer einzigen brasilianischen Firma hergestellt werden. Neben einer deutschen Firma, die exportiert, gibt es nur zwei weitere internationale Konkurrenten, die ebenfalls keine Fertigung im Lande haben. Das war jedenfalls der Stand, als der deutsche Sägenhersteller vor einigen Jahren Poolmitglied war. Für die Filter aus Drahtgewebe für die Bierbrauer gibt es ebenfalls praktisch keinen Spezialisten im Lande, zur Reparatur müssen sie per Flugzeug nach Deutschland zum Hersteller gebracht werden, weil nur dieser den speziellen Austauschprozess beherrscht.

Papier und Zellulose

Der größte Zelluloshersteller der Welt, der Eukalyptusholz als Rohstoff benutzt, ist die brasilianische Aracruz; der zweite Platz wurde von Suzano erobert, die mit der Ende 2007 erfolgten Einweihung einer neuen Zellulosefabrik in Mucuri in Bahia ihre Produktionskapazität von 700.000 auf 1,7 Millionen Tonnen im Jahr gesteigert hat. Vorher lag Suzano auf dem achten Platz der Weltrangliste. Bereits 2006 war ein glückliches Jahr für unsere Zellulose- und Papierindustrie, denn die weltweite Nachfrage an Eukalyptuszellulose nahm um 12 Prozent zu, was den Preis um knapp 10 Prozent steigen ließ. Brasilien hat einen unschlagbaren Vorteil den USA und Europa gegenüber. Ein Eukalyptusbaum kann hier nach sechs oder sieben Jahren gefällt werden, in den vergleichsweise kalten Ländern muss man bei den dort genutzten Baumarten 30 bis 40 Jahre warten. Und aus dem Eukalyptusbaumstumpf sprießt ein neuer Baum, der wiederum nach sechs bis sieben Jahren geschlagen werden kann. Und anschließend noch mal! Allerdings macht der starke Real seit 2006 den brasilianischen Exporteuren schwer zu schaffen.

Die norwegische Norske Skog, die vor kurzem 210 Millionen US-Dollar investierte, um ihre Produktionskapazität an Zeitungspapier in Brasilien zu verdoppeln, ließ sich durch den starken Real nicht abschrecken. Seit 2003 wächst nämlich der Zeitungspapierbedarf um 5 Prozent jährlich, und um diesen zu decken, verlagert die Gruppe eine stillgelegte Fabrik von Südnorwegen nach Brasilien. In solchen Fällen ist der Import gebrauchter Anlagen in Brasilien durchaus möglich. Entgegen der landläufigen Meinung ist der Import gebrauchter Produktionsmittel nämlich nicht generell verboten, man muss aber wissen, wie er korrekt vorbereitet und abgewickelt wird. Der neue Standort der Zeitungspapierfabrik wird Jaguariaíva in Paraná sein, wo man 2000 eine Fabrik von Fletcher Challenge gekauft hatte. Nach dem Ausbau wird man dort über eine Kapazität von 385.000 Tonnen im Jahr verfügen. In den ersten neun Monaten 2006 konnte die Firma in Brasilien ihren Absatz um 28 Prozent steigern. Der Weltmarktanteil der Firma beträgt 13 Prozent. In Südamerika hat man eine weitere Fabrik in Chile.

Auch hier sei das Hohelied der Spezialisierung gesungen. Firmen wie die früher schon erwähnte Innotec verkaufen Engineeringsoftware, WSI/Bartholomy vertreiben Handlinggeräte für tonnenschwere Papierrollen und projektieren komplette automatische Papierrollenlager, und Breitenbach liefert Präzisionswalzen aus Schalenhartguss, wie er in Brasilien nicht hergestellt wird.

Pharmaindustrie

Das große Problem der rein brasilianischen Pharmafirmen ist, wenn sie nicht gerade auf Generika spezialisiert sind, die teure Entwicklung neuer Produkte, die bis zur erfolgreich absolvierten klinischen Erprobung und Anvisa-Zulassung Hunderte von Millionen Dollar kosten kann. Dazu kommen die vielen Jahre, die man bis zum ersten Umsatz warten muss. Wer hier mitreden will, braucht viel Geld, deshalb versuchen solche Unternehmen eng mit den Großen der Branche zusammenzuarbeiten. Das geht hin bis zur Lohnfertigung durch Dritte, eventuell sogar durch einen Konkurrenten, wovon der Käufer natürlich nichts ahnt. Die Chance der einheimischen Pharmaindustrie, den praktisch unerschöpflichen Vorrat an natürlichen Pharmarohstoffen richtig zu nutzen – man denke nur an die Artenvielfalt von Fauna und Flora im Amazonasgebiet –, ist ohne diese internationale Zusammenarbeit klein, dazu ist der Finanzbedarf einer diesbezüglichen Forschung zu hoch. Heute sind die Pharmafabriken Brasiliens, auch die ausländischen, noch oft auf den Import von Wirkstoffen angewiesen, die dann im Lande nur noch weiterverarbeitet werden.

Typische Branchenvertreter sind Merck, Sanofi-Aventis, Astra-Zeneca, Novartis, Organon, Roche, Aché, Bristol-Myers-Squip, Mantecorp und União Farmacêutica, um die wichtigsten zu nennen. Nur zwei von diesen, Sanofi-Aventis und Novartis, überschritten 2006 knapp die 1-Milliarde-Dollar-Umsatzgrenze.

Aber auch außerhalb der etablierten Bereiche gibt es interessante und vielversprechende neue Sektoren wie zum Beispiel die Biotechnologie. Brasilianische Pharmaunternehmen sind vielfach groß und forschen mit Erfolg, sie sind aber wie gesagt nicht immer groß genug, um die Forschungsergebnisse auch in Produkte umzusetzen. Deshalb gibt es vielfältige Verzahnungen mit ihren Branchenkollegen im Ausland. Aber es existieren Nischen, in denen die Zusammenarbeit mit Universitäten und privaten Instituten es auch kleineren Unternehmen möglich macht, in diesem Sektor erfolgreich tätig zu sein. In den letzten drei Jahren hat die Zahl der Biotechnologieunternehmen in Brasilien um 25 Prozent zugenommen, was die Regierung zum Anlass nahm, ein 10-Milliarden-Real-Investitionsprogramm ins Leben zu rufen, welches diesem Sektor bis 2017 Mittel zur Verfügung stellen soll. 75 Prozent der heute in diesem Sektor tätigen Firmen sind Kleinst- oder kleine Unternehmen. Einige werden von der FAPESP-Stiftung (Fundação de Amparo à Pesquisa do Estado de São Paulo) unterstützt, weisen Wachstumsraten von 50 Prozent auf und exportieren bereits wenige Jahre nach ihrer Gründung unter anderem nach Europa. Brasiliens Biotechfirmen, die sich auf die genetische Verbesserung von Rindern spezialisiert haben, eröffneten bereits Niederlassungen in anderen lateinamerikanischen Ländern und sind heute Weltmarktführer bei der In-vitro-Embryonenproduktion.

Deutsche Biotechfirmen beobachten den brasilianischen Markt sehr aufmerksam und sind auf Tuchfühlung mit einheimischen Fachleuten. Pharmalizenzhändler aus Deutschland versuchen ihr Glück in Brasilien, haben aber bei den Großen der Branchen bisher wenig Erfolg. Ihre Zielkunden sind eher beim brasilianischen Mittelstand zu finden, der keine eigene Forschung betreibt.

Stahl und Metallurgie

Stahl, Aluminium und Kupfer, das sind die begehrten Produkte für Firmen wie Usiminas, CSN, Gerdau, Belgo Siderurgica, Cosipa, CST-Arcelor Brasil, Acesita, Vallourec-Mannesmann, Caraíba, CBA, Eluma, Themomecânica – die Liste dieser Firmen ist ebenso lang wie ihre Erfolgsgeschichte. Bei einigen kam der Erfolg erst mit der Privatisierung, bei anderen wie dem Hersteller von Elektrolytkupfer Caraíba nach mehrmaligem Wechsel des Eigentümers. Aber dann kam er richtig. 2006 setzte Caraíba 1,8 Milliarden Dollar um, 60 Prozent mehr als im Jahr zuvor. Die Firma hat eine Monopolstellung, sie ist die einzige Quelle für Elektrolytkupfer im Lande. Der Bedarf Brasiliens liegt bei 345.000 Tonnen im Jahr. 70 Prozent davon liefert Caraíba, der Rest muss importiert werden. Aber Caraíba plant bereits eine Kapazitätserhöhung auf 380.000 Tonnen; 2009 soll es so weit sein. Dabei denkt die Firma auch an ihren Export, immerhin hat der Kupferpreis in den letzten drei Jahren um 230 Prozent angezogen. Und weltweit ist noch viel Spielraum für die brasilianische Firma. Der Gesamtbedarf liegt bei jährlich 17 Millionen Tonnen, 20 Prozent deckt die chilenische Staatsfirma Codelco. Erstaunlich, dass Firmen wie die Norddeutsche Kupferaffinerie solche Betätigungsfelder noch nicht für sich besetzt haben.

In der Stahlerzeugung hat Brasilien durch die sehr erfolgreiche Privatisierung aus einem einst defizitären Bereich eine blühende Industrie gemacht, aber in den letzten Jahren waren die anderen BRIC-Länder trotzdem noch besser. CSN wollte Corus kaufen, wurde aber von Tata Steel überboten. Damit ist eine Chance vertan, Brasilien wieder »in die schwarzen Zahlen« zu bringen, denn das Wachstum der Stahlproduktion 2006 sah in den BRIC-Staaten so aus:

	Brasilien	Russland	Indien	China
Wachstum	− 2,2 Prozent	+ 7,1 Prozent	+ 7,7 Prozent	+ 18,5 Prozent
Produktion	30,9 Mio. Tonnen	70,8 Mio. Tonnen	44,0 Mio. Tonnen	418,7 Mio. Tonnen

Wegen des Produktionsrückgangs betrug die Kapazitätsauslastung der brasilianischen Stahlindustrie im betrachteten Jahr nur 84,4 Prozent. Trotzdem soll die Produktionskapazität ausgebaut werden, unter anderem durch zwei neue Stahlwerke (Ceará Steel und Companhia Siderúrgica de Atlântico). 2010 sollen dann 50,4 Millionen Tonnen Stahl jährlich hergestellt werden können. Sollte das Regierungsprogramm PAC zur Ankurbelung von Investitionen erfolgreich sein, können es auch 75 Millionen Tonnen werden.

Der Aufsichtsrat von ThyssenKrupp hat grünes Licht gegeben für eine 2,4-Milliarden-US-Dollar-Investition in ein Stahlwerk mit einer Jahreskapazität von 5 Millionen Tonnen. Der erste Spatenstich ist schon längst getan, 2009 soll die Produktion in Sepetiba unter dem Firmennamen Companhia Siderúrgica do Atlântico (CSA) aufgenommen werden. An diesem Unternehmen sind ThyssenKrupp mit 90 Prozent und der Eisenerzlieferant Companhia Vale do Rio Doce mit 10 Prozent beteiligt.

Das neue Stahlwerk von ThyssenKrupp eröffnet europäischen Zulieferern sehr gute Chancen, sich in Brasilien zu etablieren. Selbst kleine Firmen wie Humberg aus Wetter an der Ruhr, Mitglied des Firmenpools Brasilien, dem ein eigenes Kapitel gewidmet ist, machen gute Geschäfte. Die Firma exportiert Sauerstoffkernlanzen nach Brasilien, wird aber wie andere Zulieferanten der Stahlindustrie durch ihre Kunden gedrängt, im Lande zu produzieren oder über eine eigene Vertriebsfirma mit lokaler Rechnungsstellung zu verkaufen. Andere erfolgreiche ausländische Produkte sind unter anderem Brennrohrhalter und Panzerschläuche von Breda und Hochdruckarmaturen von Avit für Kaltwalzwerke, deren Erzeugnisse durch Ölflecke leiden würden.

Der Bundesstaat Rio de Janeiro entwickelt sich zu einem Stahlkocherpool, denn außer ThyssenKrupp haben auch andere Firmen Pläne. In Cosigua wird Gerdau ein bestehendes Stahlwerk erweitern und ein neues für Spezialstähle bauen. Die Siderúrgica de Barra Mansa hat ebenfalls ein Erweiterungsprojekt, und die Companhia Siderúrgica Nacional will ein neues Stahlwerk in Itaguaí errichten. Wenn alle diese Pläne realisiert werden, wird der Bundesstaat Rio der größte regionale Stahlproduzent Lateinamerikas sein.

Im Zuge der Rohstoffknappheit eröffnen sich gute Chancen für Importeure von Roheisen in Deutschland, denn einige brasilianische Großgießereien wollen ihr Ergebnis durch den Export dieser Commoditys verbessern. Und aufgrund ihrer großen Abnahmemengen sind die Preise auch international trotz des starken Real wettbewerbsfähig. Die Stahlwerke selbst haben das nicht nötig, noch werden ihnen ihre Produkte aus der Hand gerissen.

Telekommunikation

Auch dieser Sektor begann erst mit seiner Privatisierung interessant zu werden. Hatte man vorher mehr als fünf Jahre auf einen Telefonanschluss warten müssen, was viele veranlasste, sich für umgerechnet Tausende von Euro auf dem Schwarzmarkt einen zu besorgen, genügen heute einige Tage und weniger als 100 Euro. Wobei viele Brasilianer es schon vorziehen, sich nur ein Mobiltelefon zu besorgen. Diese Tendenz wird sich mit der bereits erfolgten Einführung von Mobiltelefonen verstärken, die zu Hause betrieben so viel wie ein Festanschluss kosten. Bereits heute gibt es viel mehr Mobiltelefone als Festanschlüsse. Telemar in Rio de Janeiro und

Telefônica in São Paulo setzten 2006 je fast 10 Milliarden Dollar um. Auf diesem Feld ist der Zug für uns Deutsche abgefahren. Zwar wurden Marktstudien für die Deutsche Telekom erstellt, aber das Sagen haben die Brasilianer, die Spanier, die Mexikaner, die Italiener und die Portugiesen. Leider muss festgestellt werden, dass Deutschland in diesem Schlüsselbereich den Anschluss in Brasilien verpasst hat.

Mobiltelefone sind in Brasilien kein Luxusobjekt mehr wie bei ihrer Einführung. In der Freihandelszone von Manaus und in São Paulo produzieren Nokia, Samsung, Siemens, Gradiente, Vitelcom, Evadin, Motorola, Sony Ericsson, LG, Samsung, Telemática, Kyocera und Huawel. Hier einige Zahlen:

	2003	2004	2005	2006
Produktion	29,3	42,9	64,3	66,0
abgesetzte Produktion	27,3	41,7	63,4	?
Export	11,3	8,9	32,9	32,0
Import	1,4	1,3	4,5	3,1
Absatz in Brasilien	17,4	34,1	35,0	37,0

Tabelle 10: Mobiltelefonstatistik (alle Werte in Millionen Einheiten)

Im Oktober 2007 gab es 114 Millionen registrierte Mobiltelefone in Brasilien, und mit dem Weihnachtsgeschäft sollen es 120 Millionen sein.

Für diesen Massenmarkt mit seinen großen Stückzahlen sind hoch automatisierte Fertigungseinrichtungen ebenso gefragt wie kostengünstige Komponenten. Wer hier zum Beispiel kleine Stanz- und Biegeteile hoher Präzision und aus hochwertigem Material für elektrische Steckkontakte und Miniaturschalter liefern kann, ist wegen seiner überlegenen Technologie und Qualität gegenüber den chinesischen Tiefpreisherstellern oft im Vorteil. Aber auch die deutschen Hersteller von Stanz- und Biegeautomaten haben praktisch keine Konkurrenz im Lande. Der Ersatzteilmarkt ist ebenfalls riesig, angefangen bei Ladeeinrichtungen bis hin zu Ersatzakkus. Ein absoluter Mangel herrscht an guten nachrüstbaren Freisprechanlagen für Mobiltelefone, erst ganz wenige Fahrzeughersteller bieten solches Zubehör an. Und das Autofahren mit dem Handy in der Hand wurde in Brasilien schon verboten, als es in Deutschland noch nicht geahndet wurde.

Textilindustrie

Über die Textilindustrie wird etwas später im Kapitel über die Firma Hering noch viel zu lesen sein, deshalb kann ich mich hier kurz fassen. Hering war 2006 dem Umsatz nach die achtgrößte Firma des Textilbereiches, der von São Paulo Alpargatas mit 734 Millionen Dollar angeführt wird. Es folgen Vicunha, Grendene, Santista Brasil, Guararapes, Azaléia-NE, Vulcabrás-NE, dann kommt Hering, anschließend Azaléia und Teka. Die Produkte und Marken dieser Firmen kann man auf der São Paulo Fashion Week bewundern. Schwer hat es der Bereich mit der asiatischen und dort insbesondere der chinesischen Konkurrenz, trotzdem schafft es zum Beispiel Alpargatas, seine dank sehr geschickter Marketingarbeit berühmten Havaianas in den größten Markt der Welt, die USA, zu verkaufen. Brasilien hat eben nach wie vor den Hauch von Exotik, während China immer noch für billige Massenware steht.

Aus Deutschland eingeführte Qualitätsware hat Absatzchancen, Lieferanten sollten sich aber gut überlegen, was sie verkaufen wollen. Die Konkurrenz ist groß, aber wer trotzdem vielleicht auf der Welle der Fußballweltmeisterschaft mitschwimmen will, sollte schon jetzt anfangen, die Trikots zu schneidern.

Transportsektor

In diesem Sektor sind die Luftfahrtunternehmen, die Leihwagenfirmen, die Omnibusbetreiber und Schifffahrtslinien zusammengefasst; die ebenfalls dazugehörende Eisenbahn spielt für den Passagierverkehr keine Rolle. Die Luftfahrt steckt seit 2006 in einer tiefen Krise, ausgelöst durch den Zusammenstoß einer Passagiermaschine mit einem Privatjet und der Explosion einer anderen Passagiermaschine, die in São Paulo über die Landepiste des Stadtflughafens Congonhas hinausjagte. Die eigentlichen Ursachen liegen tiefer und reichen von privater und staatlicher Misswirtschaft bis hin zu handgreiflichen Korruptionsvorwürfen gegen den staatlichen Flughafenbetreiber, der sich mehr um den Ausbau des Einkaufsbereiches der Flughäfen kümmerte als um den Komfort und die Sicherheit der Passagiere. Fluglotsen, die in Brasilien zum Militär gehören und kaum Englisch sprechen, Bummelstreiks und Verspätungen – das war in jüngster Vergangenheit die Routine auf unseren Flughäfen, und es ist kein Ende abzusehen. Selbst die VARIG, einst der Stolz der brasilianischen Luftfahrt, hat ihre führende Rolle verloren und ist heute, vom frisch gegründeten Rivalen Gol gekauft, zu einem Zwerg geworden.

Flughafen- und Hafenausrüster können hier ihre überlegene Technologie ausspielen, auch im Eisenbahnbereich genießen deutsche Firmen Weltruf, zum Beispiel bei der Signaltechnik. Im Mautbereich haben sich die Brasilianer für eine nicht ganz so technisierte Lösung entschieden, wie sie Deutschland für Lkws auf den Autobahnen hat. Hier ist auf absehbare Zeit kein Geschäft zu machen, aber bei der Verkehrsüberwachung und -steuerung sieht es gut aus für deutsche Lieferanten.

Erfolgsfaktoren richtig nutzen

Brasilien ist – siehe die Vergleichskarte mit Deutschland am Anfang des Buches – ein riesiges Land, mit 8,5 Millionen Quadratkilometern fast 24-mal größer als Deutschland mit nur 360.000 Quadratkilometern. Dass überall in Brasilien Portugiesisch gesprochen wird, heißt noch lange nicht, dass das Land homogen bezüglich seiner Einwohner, seiner Infrastruktur und seiner Entwicklung und Bedürfnisse ist. Auch die Sprache hat natürlich lokale Besonderheiten, wobei diese meines Erachtens kleiner sind als die Dialektunterschiede zwischen Hamburg und Stuttgart.

Eine der ersten Schlussfolgerungen für den Geschäftsmann muss daher die Erkenntnis sein, dass ein Vertreter für ganz Brasilien nicht reicht, so schön und billig das auch wäre. Also muss er sich zunächst mit der geografischen Verteilung seiner Kunden und Lieferanten beziehungsweise der Häfen und Flughäfen, die zum Import benutzt werden, vertraut machen, bevor er an die Gestaltung seines Vertriebs- und Distributionsnetzes geht. Dazu muss man wissen, wie die Brasilianer ihr Land aufgeteilt haben (siehe dazu auch die vorhergehende Beschreibung dieser Regionen):

Norden	Nordosten	Mittel- westen	Südosten	Süden
Acre Amapá Amazonas Pará Rondônia Roraima Tocantins	Alagoas Bahia Ceará Maranhão Paraiba Pernambuco Piauí Rio Grande do Norte Sergipe	Distrito Federal Goias Mato Grosso Mato Grosso do Sul	Espírito Santo Minas Gerais Rio de Janeiro São Paulo	Paraná Rio Grande do Sul Santa Catarina

Tabelle 11: Landesregionen

In einem so großen Land kann man natürlich sehr gut über das Internet präsent sein, was zum Beispiel Beiersdorf, der Hersteller der berühmten Nivea-Creme, in Brasilien nutzt. Brasilien wurde unter 150 Ländern ausgesucht, um einen Versuch zu starten, das Internet nicht nur für den Aufbau und die Pflege von Kundenbeziehungen zu nutzen, sondern um wirklich zu verkaufen. Immerhin setzt der Online-Einzelhandel in Brasilien bereits 4,4 Milliarden Real jährlich um und wuchs 2006 gegenüber dem Vorjahr um erstaunliche 76 Prozent. Hier ist also Wachsamkeit am Platz, um diese Tendenz nicht zu verschlafen! Allein der Sektor »Schönheit«

setzte 2006 über das Internet 308 Millionen Real um, gegenüber dem Vorjahr ein Plus von 46 Prozent. Beiersdorf hat für seinen Online-Vertrieb die Firma Submarino gewonnen, die in der Karnevalswoche 2007 mit dem Verkauf begann.

Aber zurück zur Kernfrage: Was sind denn die Erfolgsfaktoren? Wenn der Seemann sein Ziel nicht kennt, darf er sich nicht über Gegenwind beklagen, sagte schon Seneca. Und damit fängt der Misserfolg schon an, wenn nämlich Firmen halbherzig versuchen, im brasilianischen Markt tätig zu werden, ohne genau zu wissen, was sie eigentlich wollen. Zunächst müssen sich die Firmen darüber klar werden, was sie wollen, und wissen, was die Erfolgsfaktoren für ihren Markteintritt sind. Dazu hat die IHK Stuttgart zusammen mit der Steinbeis-Hochschule Berlin eine Umfrage durchgeführt, die dieses Ergebnis aus der Erfahrung von bereits im Ausland tätigen Firmen zeigte, wobei Mehrfachnennungen möglich waren:

- 71 Prozent Wahl des Partners
- 64 Prozent Produktqualität
- 52 Prozent Mitarbeiterqualifikation
- 48 Prozent Marktkenntnis
- 46 Prozent Service
- 36 Prozent Technologie(vorsprung)
- 35 Prozent Preis
- 22 Prozent Geschäftskonzept
- 20 Prozent Kundennähe
- 19 Prozent früher Markteintritt

Wer seinen Markteintritt ernst nimmt, sollte ein Projekt unter Berücksichtigung dieser Erfolgsfaktoren etappenweise abarbeiten. Eine bewährte Einteilung eines Projektes unterscheidet folgende Phasen:

- Vororientierung
- Zielsetzung
- Durchführbarkeitsprüfung

- Planung und Realisierung
- Anlauf
- Kontrolle und Korrektur
- Betrieb

Dabei sollten diese Grundprinzipien eingehalten werden:
Bei Projektbeginn müssen alle Phasen nach Inhalt, Kosten und Zeit geplant sein. Alle Phasen werden hintereinander abgearbeitet, aber sinnvolle Überlappungen sind erlaubt. Keine Phase wird ohne Ergebnisbericht über die abgeschlossene Phase und überarbeitete Planung der weiteren Phasen freigegeben und angefangen. Während der Projektdauer werden Aktivitäten, Kosten, Termine und Ergebnisse permanent kontrolliert. Dabei kommen mitlaufende Kalkulation, Pert, Gantt und andere Verfahren zur Anwendung.

Auch Lieblingsprojekte des Firmenleiters sollten von diesem Prozedere nicht ausgenommen werden! Hätte VW dies immer gemacht, gäbe es heute vielleicht keinen Phaeton und bei Daimler keinen Maybach.

Die Projektphasen haben bei diesem Vorgehen folgenden Inhalt:

Vororientierung

Wer von Brasilien wenig weiß, sollte sich vor der Definition seines Projektes einige Fragen stellen, zum Beispiel

- Werden meine Produkte in Brasilien benötigt, oder kann ich einen Bedarf schaffen?
- Werden sie akzeptiert, oder müssen sie speziellen Bedürfnissen angepasst werden?
- Sind sie im reinen Export wettbewerbsfähig, oder ist Local Content nötig?
- Wie kalkuliere ich Kosten und Preise?
- Was ist der richtige Vertriebsweg?
- Soll ich auf einer Messe ausstellen, und wenn ja, auf welcher?

- Wer sind die richtigen Geschäftspartner, und wie und wo finde ich diese?
- Was muss bei Vertragsabschlüssen beachtet werden?
- Wer sind meine Kunden und wo sitzen sie?
- Wo sollte ich tätig werden, und was sind die Standortunterschiede?
- Wer ist und was macht mein Wettbewerb?
- Besitzt er Patente, die mir gefährlich werden können?
- Sollte ich meine Marken und Erfindungen vor einem Markteintritt vorsorglich schützen?
- Wie lange brauche ich für den Geschäftsaufbau?
- Was kostet dieser, und wer macht dies für mich?
- Was sind die Erfolgsfaktoren meines Geschäftes?
- Wie bereite ich mich auf eine Brasilienreise vor?
- Lohnt sich die Teilnahme an einer Unternehmerreise/Kooperationsbörse?

Zielsetzung

Die Zielsetzung für ein Projekt ist schwieriger, als man normalerweise annimmt, denn korrekterweise muss sie mit der Projektbegründung beginnen, und die basiert auf strategischer Planung und operativen Zahlen – bei Mittelstandsunternehmen nicht immer vorhanden. Typische Zielsetzungsprozesse für einen Markteintritt mit einem Produkt legen Werte für Absatz, Umsatz, Umsatzrentabilität und Geldrückflusszeit für bestimmte Zeiträume fest und geben Grenzwerte vor, zum Beispiel für Investitionen und Fremdkapitalaufnahme oder Geldrückflusszeit. Zu einer guten Zielsetzung gehört auch eine grobe Projektbeschreibung, das heißt eine Idee, wie die Ziele erreicht werden sollen. Dabei gibt es oft nicht den Königsweg zur Zielerreichung, sondern es gilt eher: Viele Wege führen nach Rom, das heißt, es existieren Alternativen, die zumindest in dieser Phase gleichberechtigt nebeneinanderstehen. Und zur Zielsetzung gehört durchaus auch der Ausschluss bestimmter Alternativen, zum Beispiel: »Ich will kein OEM-Lieferant der Kfz-Hersteller werden, das ist mir zu kompliziert und zu aufwendig«, oder: »Auf keinen Fall will ich im Ausland produzieren!«

Oft muss ein Strategieprojekt dem Markteintrittsprojekt vorgeschaltet werden. Ein solches Vorprojekt ist unter anderem durch die Betrachtung von Produktlebensdauerkurven, die Strukturierung von Produkt-Markt-Matrizen, die Identifizierung ungedeckter Lücken und die Entwicklung von Produktportfolios zur Ableitung von Projekten und Zielen gekennzeichnet. Die Entscheidung zwischen konkurrierenden Projekten wird über nachvollziehbare Auswahlprozesse mithilfe qualitativer und quantitativer Merkmale getroffen.

Ganz wichtig ist es, wirklich an Ziele zu denken und nicht an voraussichtlich erreichbare Werte. Denn wenn man in dieser Phase bereits grob bestimmte Entwicklungen abschätzt, rechnet man oft ein Projekt schon vor seinem Start tot, weil man Verluste prognostiziert. Wer das macht, muss sich fragen lassen, ob er denn Verlust machen will, wenn er ihn schon als Ziel vorgibt!

Durchführbarkeitsprüfung

Die Durchführbarkeitsprüfung ist äußerst wichtig und mit 5.000 bis 10.000 Euro und zwei bis sechs Wochen Zeitrahmen nicht besonders aufwendig. Das bedeutet, es gibt keinen Grund, hier zu sparen und schlecht vorbereitet weiterzumachen. Denn die nächste Phase wird teuer, wenn mit ihr Investitionen verbunden sind.

Die Ziele werden jetzt einer kritischen Prüfung unterzogen. Dazu müssen Markt- und Standortstudien angefertigt, Potenzial- und Risikoanalysen gemacht, Zugangsrestriktionen und rechtliche Voraussetzungen einschließlich der Schutzrechtslage für einen Marktzugang geprüft und Absatz- und Umsatzzahlen prognostiziert werden. Weiterhin müssen Konkurrenzvergleiche gemacht und zum Beispiel Landed-Cost-Werte für importierte Produkte ermittelt werden. Zum Schluss gibt es dann eine Modellrechnung für die geplante Aktivität in Form einer projektbezogenen Gewinn- und Verlustrechnung und im Fall des Aufbaues einer eigenen Firma auch eine Planbilanz. In diese Phase gehören auch schon

Anfragen bei Lieferanten, um konkrete Werte für die Kostenplanung zu haben. Und wer sich aus erster Hand bestätigen lassen will, ob er Chancen im neuen Markt hat, der reist während der Durchführbarkeitsprüfung in das angestrebte Land, spricht mit den potenziellen Geschäftspartnern, Dienstleistungsunternehmen und Behörden, besucht auch Messen und stellt eventuell dort aus.

Zum Standort eine sehr ernst gemeinte Anmerkung: Der beste Geschäftsstandort ist nicht immer dort, wo der lokale Verantwortliche gerne wohnen möchte! Das wird von Brasilien-Enthusiasten gerne vergessen.

Planung und Realisierung

Die Planungs- und Realisierungsphase ist die teuerste, denn hier wird zum Beispiel in den Aufbau einer Vertriebsorganisation oder Fabrikationslinie oder in die Ausbildung eines Vertreters investiert. Deshalb muss der Eintritt in diese Phase besonders gut vorbereitet werden. Die Absicherung des Projekterfolgs durch überprüfte Absatz-, Umsatz- und Kostendaten ist unumgänglich. Eine besondere Rolle spielt auch das Projektcontrolling, damit zum Beispiel bei drohenden Kosten- und Terminüberschreitungen rechtzeitig gegengesteuert werden kann.

Beratungspuristen trennen diese Phase in eine Planungs- und eine anschließende Realisierungsphase. Wir als Projektmanager machen dies nicht, denn wer die Durchführbarkeitsprüfung richtig macht, der weiß anschließend, wie es weitergehen soll. Und dann gibt es bei größeren Projekten keinen Grund, Planung und Realisierung nicht zu überlappen. Denn erstens gewinnt man dann Zeit, und zweitens kann man oft ein Projekt nicht ganz durchplanen, weil es Meilensteine gibt, wo man sich für einen von mehreren Wegen entscheiden muss. Und manche Optionen ergeben sich oft erst während des Projektfortschritts, zum Beispiel die Wahl eines bestimmten Lieferanten und der Umfang der Zulieferung.

Je nach Projektart werden in dieser Phase Firmen gegründet oder übernommen, Joint-Venture- oder Vertriebsverträge abgeschlossen, Investitionsgüter beschafft, Grundstücke gekauft, Gebäude gemietet oder gebaut, Personal unter Vertrag genommen, Material eingekauft, Fertigwaren importiert, Vertriebs- und Fertigungsunterlagen übersetzt – und dies alles möglichst auf der Basis vorhandener oder wenigstens zugesicherter Aufträge.

Mittelstandsunternehmen mit knapper Personal- und Finanzdecke brauchen gerade hier einen verlässlichen Partner vor Ort. Auch die Übernahme temporärer oder permanenter Führungsverantwortung für Firmen- beziehungsweise Geschäftsaufbau und -verbesserung durch externe Partner ist möglich und bei knapper Personaldecke sinnvoll.

Anlauf

Während der Anlaufphase müssen unter anderem Produktionsanlagen eingefahren, logistische Pipelines gefüllt, Mitarbeiter und Kunden in der Praxis geschult und in- und externe Netzwerke eingefahren werden. Hierbei zeigt sich schnell, wo Geschäftsprozesse nicht sauber durchdacht wurden oder nicht korrekt durchgeführt werden. Die Anlaufphase dient vornehmlich dazu, den »Sand im Getriebe« zu eliminieren. Dazu gehören oft auch Schwierigkeiten, mit denen vielleicht zum Zeitpunkt der Projektplanung und -realisierung noch nicht zu rechnen war, zum Beispiel – in Brasilien durchaus möglich – rückwirkende Gesetzesänderungen oder fehlende Ausführungsbestimmungen und die dadurch bedingte weite Auslegungsfreiheit für Beamte und Mitarbeiter des öffentlichen Dienstes.

Kontrolle und Korrektur

Hier geht es nicht wie in der Anlaufphase um die Beseitigung von Geschäftsprozessstörungen, sondern um die Kontrolle der Erreichung der vorgegebenen Projektziele. Meist werden hier vor allem Umsatz-, Absatz-, Rentabilitätswerte, Geldrückflusszeiten, Verschuldungsgrad und Marktanteile betrachtet. Wenn diese Ziele – quantitative und qualitative – nicht erreicht wurden, müssen die Gründe dafür ermittelt und untersucht werden, was zur Korrektur getan werden kann. Die Korrekturmaßnahmen sind dabei sowohl dazu gedacht, beim betrachteten Projekt trotzdem noch die Ziele zu erreichen, als auch bei künftigen Projekten die jetzt erkannten Probleme zu vermeiden. Zur Maßnahmenplanung gehört eine Betrachtung über die Zusatzkosten und eventuell, ob man diese selbst tragen muss oder nach dem Verursacherprinzip weitergeben kann. Je besser in der Planungs- und Realisierungsphase gearbeitet wurde – man denke an die Gestaltung von Verträgen –, desto weniger Probleme hat man zu erwarten.

Betrieb

Wenn die Kontroll- und Korrekturphase erfolgreich abgeschlossen wird, ist die Betriebsphase, also der normale Geschäftsbetrieb erreicht. Nun muss die Einhaltung der Ziele der operativen Planung – meist für ein Geschäftsjahr festgelegt – permanent, in der Praxis meist monatlich, überprüft und Abweichungen analysiert und beseitigt werden. Oft resultiert aus einer solchen Betrachtung die Notwendigkeit neuer Projekte, und der geschilderte Projektablauf beginnt wieder.

Der Traum des Tellerwäschers

Tellerwäscher werden zwar der Legende nach vor allem in den USA reich, aber hier finden Sie Beispiele, die zeigen, dass man es auch in Brasilien ohne viel Startkapital zu etwas bringen kann. Zur Nachahmung empfohlen!

Die Zahl der Millionäre hat sich in Brasilien unter dem Arbeiterpräsidenten Lula da Silva stark vergrößert, doch auch früher schon hatte hier jeder die Gelegenheit, reich zu werden, Glück und Fleiß vorausgesetzt. Es gibt Beispiele von erfolgreichen Unternehmern, die die Schulbank nur wenige Jahre gedrückt haben und heute riesige Transportunternehmen mit Tausenden von Fahrzeugen oder Einzelhandelsfirmen mit einem weit verzweigten Filialnetz betreiben.

Ein in Brasilien jedem Kind bekannter Fall ist der märchenhafte Aufstieg des 1930 in Rio de Janeiro geborenen Bauchladenverkäufers Senor Abravanel, Sohn eines Griechen und dessen türkischen Frau, beide jüdischen Glaubens, die ihrem Kind einen ausgeprägten kaufmännischen Sinn vererbten. Heute gehören ihm 36 Unternehmen mit 20.000 Mitarbeitern, das bekannteste darunter ist wohl der Fernsehsender SBT, wo er trotz seines Alters immer noch unter dem Künstlernamen Silvio Santos als Moderator einer äußerst populären Unterhaltungssendung auftritt.

Seine Geschichte ist die Verwirklichung des Traums vom Tellerwäscher, der sich aus eigener Kraft zum Millionär hocharbeitet. Er war zwar meines Wissens nie Tellerwäscher, aber der Schreibwarenverkauf an der Ecke der Avenida Rio Branco/Rua do Ouvidor im Zentrum Rio de Janeiros ist durchaus eine ähnliche Basis. Der Wächter, der an dieser Ecke Dienst hatte, verschaffte ihm eine Gelegenheit, sich bei einer Radiostation auf der anderen Seite der Bucht von Guanabara in Niteroi vorzustellen, wo er auch Arbeit fand. Da seine Chefs seinen Namen zu kompliziert fanden, nannte er sich zunächst Silvio Abravanel und dann bis heute Silvio Santos.

Abends nahm er das letzte Boot, das ihn zurück nach Rio brachte, fand die Reise aber langweilig und schlug Ladenbesitzern in Rio ein Tauschgeschäft vor: Sie stifteten ein Radio für das Boot, und er gab ihnen Gelegenheit zur kostenlosen Reklame auf dem Boot. Seine Sonntage verbrachte er in der Bucht von Angra dos Reis auf der Ilha de Paquetá. Eine zweistündige Bootsfahrt brachte ihn an seinen Bestimmungsort, den er und seine Mitreisenden bei tropischen Temperaturen meist durstleidend erreichten – auf dem Boot wurde außer Wasserspendern kein Service angeboten. Das war der Anfang seiner wirklichen Verkaufskarriere. Zunächst verkaufte er Bier und Limonade, dann initiierte er Bingo-Veranstaltungen an Bord. Mit durchschlagendem Erfolg: Sein Bierabsatz war so groß, dass ihn die Brauerei, von der er die Getränke bezog, nach São Paulo zu einer Besichtigung einlud.

São Paulo ließ ihn nicht mehr los. Nach Zirkusauftritten und Rundfahrten mit Sängern kam er zum Fernsehen, zuerst zum Sender TV Paulista, der aber bald von Rede Globo, dem größten privaten Fernsehsender Brasiliens, übernommen wurde. Hier wie vorher bei TV Paulista mietete er Sendezeit für sein Programa Silvio Santos und verdiente viel Geld durch Merchandising. Als Rede Globo sich mehr Spielfilmen, Sportübertragungen und Reportagen zuwandte, passte seine Sendung nicht mehr in das Konzept des Senders, und er wechselte zum Konkurrenzsender Rede Tupí.

Im Oktober 1975 war es dann so weit: Der deutschstämmige Präsident Ernesto Geisel gewährte ihm eine Fernsehkonzession in Rio. Damit war der Weg frei für seinen späteren eigenen Sender SBT, der heute nach Rede Globo landesweit eine Spitzenstellung in Brasilien einnimmt und im Dezember 2007 der erste Sender war, der digitale Programme in Brasilien ausstrahlte. Parallel hatte Silvio Santos schon immer andere Geschäfte gemacht, wie zum Beispiel O Baú da Felicidade oder »Glückstruhe«, deren Teilnehmer regelmäßig Raten zahlen müssen, um an Auslosungen teilzunehmen. Sein letzter Coup war der Abriss und Wiederaufbau des Strandhotels Jequitimar in Guarujá im Bundesstaat São Paulo. Sogar eine Bank gehört heute zu seinem Imperium, und der ehemalige Bauchladenverkäufer kann heute stolz sagen, dass er als natürliche Person der größte Steuerzahler Brasiliens ist.

Das Erfolgsgeheimnis Silvio Santos' ist, dass er für wenig Geld viel an Leute verkauft, die es noch nicht geschafft haben, zur Mittelschicht zu zählen. Seine Popularität beruht dabei auch darauf, dass er seine Herkunft nicht verleugnet und ein Gespür für den Geschmack des kleinen Mannes hat. Wenn er sich zur Wahl stellte, könnte er wahrscheinlich auch ein hohes Amt einnehmen, manche sagen sogar: das des Staatspräsidenten.

Conexel – Verbindungen sind alles

Die Geschichte der Firma Conexel ist eng mit ihrem Gründer Ivan Ochsenhofer verknüpft. Der Chef der Firma, zum Zeitpunkt des Interviews 82 Jahre jung und jeden Tag am Arbeitsplatz anzutreffen, hat eine erstaunliche Karriere hinter sich, die vom geschickten Aufbau von Verbindungen und ihrer Nutzung geprägt ist. Nomen est omen, denn Conexel entwickelt, produziert und vertreibt Elemente der elektrischen Verbindungstechnik, von Klemmleisten bis hin zu elektronischen Interfaces. Der Junge vom Lande, der in einer deutschen Kolonie im Inneren des Bundesstaates São Paulo aufwuchs, wo seine Familie seit 1923 wohnte, wollte Werkzeugmacher werden. Er ging, wie es viele *nordestinos* noch heute machen, in die Hauptstadt des Bundesstaates São Paulo, der »Lokomotive Brasiliens«, wo er als 17-Jähriger tagsüber als Maschineneinrichter arbeitete und nachts die Berufsschule Senai besuchte, um Werkzeugmacher und Konstrukteur zu werden. In einer kleinen Elektrofirma mit eigenem Werkzeugbau bekam er seine Chance: Der Chef ließ ihn täglich – ohne dafür zu bezahlen – zwei Stunden an seinen Maschinen arbeiten. Nach einem Jahr Praktikum war es so weit, Ivan Ochsenhofer durfte sich Werkzeugmacher nennen und hatte das Glück, auch entsprechende Arbeit zu finden.

Aber manchen Leuten ist es nicht in die Wiege gelegt, in Lohn und Brot zu stehen, so auch Ochsenhofer, der nach Höherem strebte. Mit dem Mut des Mannes, der nichts zu verlieren hat, kaufte er billig gebrauchte Werkzeugmaschinen, eine Drehbank, eine Hobelmaschine und eine Fräsmaschine, die Grundausstattung einer einfachen Werkzeugmacherei. Und damit begann er, Stanz- und Spritzgusswerkzeuge zu fertigen. Bis er eines Tages so unvorsichtig war, einen Auftrag für ein Werkzeug zur Herstellung von Kastenmöbelbeschlägen zu beginnen, ohne auf die Anzahlung zu warten, die nie kam. Andere hätten vielleicht vor Gericht geklagt oder das angefangene Werkzeug verschrottet, aber für Ochsenhofer war dieser Rückschlag der Impuls, der ihn endgültig zum erfolgreichen Unternehmer machte. Er beendete das Werkzeug und fing an, mit ihm Möbelgriffe zu produzieren. Dem einen Werkzeug folgten andere, und bald bot er seinen Kunden die umfangreichste Palette an Möbelgriffen an, die es aus brasilianischer Fertigung gab. Seine Fabrik, die Ochsenhofer & Irmãos, wuchs. Auch sein Vater stieß dazu, den es zu seinen Söhnen nach São Paulo zog. Ein unternehmerischer Geist lässt sich aber nicht bremsen und will auch nicht, dass ihm jemand in seine Geschäfte hineinredet, nicht einmal Familienmitglieder. Folgerichtig überließ Ivan die Fabrik seinem Vater und seinen Brüdern und begann ein neues Geschäft.

Ochsenhofer gründete die Polymatic Eletrometalúrgica Ltda. und begann Plastikteile zu spritzen. Damals fing auch Volkswagen an, in Brasilien zu produzieren, und Ochsenhofer wurde bald einer der Lieferanten. Bei einem Besuch des Automobilsalons in Frankfurt und Paris fiel ihm das Warndreieck auf, welches in Brasilien noch unbekannt war. Wieder in der Heimat, überzeugte er die Behörden von der Notwendigkeit, es auch hier einzuführen. In wenigen Tagen wurde seine Mitführung im Auto zur Vorschrift erklärt, und Ochsenhofer machte ein gutes Geschäft. Die Firma wuchs und erregte das Interesse der deutschen Werner Messmer KG, die sich 1968 einkaufte. 1971 gab Ochsenhofer seine Anteile an der Polymatic ab und kaufte die Blindex, einen kleinen Hersteller von elektrischen Druckschaltern mit nur 15 Mitarbeitern.

Mit der Übernahme von Blindex verließ er den Kraftfahrzeugzulieferbereich und wendete sich dem Elektrosektor zu, den er bis heute nicht verlassen hat. Blindex hatte zum Zeitpunkt des Firmenkaufes große Qualitätsprobleme, die Ochsenhofer als Chance begriff. Eine Firma in Schwierigkeiten war für ihn ein geeignetes Objekt, denn sie war erschwinglich, und er wusste nicht nur, wie die anstehenden Probleme zu lösen waren, er traute sich diese Lösung auch zu. Wie immer in seinem Leben verließ er sich nicht auf andere Leute, sondern griff selbst zu. Aber da fingen die Schwierigkeiten an, denn seine Linie war die einzige in Brasilien gefertigte, und sie war so schlecht, dass die Käufer lieber teuer importierten, als bei Blindex zu kaufen. Keiner der potenziellen Kunden wollte ihn empfangen, so schlecht war der Ruf der Firma. Also griff er zu einer List und ließ sich als »Ivan von Polymatic« anmelden, wurde vorgelassen und spielte Vabanque: »Behalten Sie meine Druckschalter und probieren Sie sie aus. Wenn sie nichts taugen, schmeißen Sie sie auf den Schrott!« Dieses Angebot wurde nicht ausgeschlagen und überzeugte jeden Skeptiker, dass sich unter seiner Führung die Qualität der Druckschalter erheblich verbessert hatte und den Vergleich mit den importierten jetzt mühelos aushielt – bei besserem Preis und höherer Lieferbereitschaft und -sicherheit. Ab diesem Zeitpunkt wuchs die Firma unaufhaltsam, und Ochsenhofer entschloss sich, José Correzola jr. die Teilhaberschaft anzubieten, der heute noch sein Partner ist, jetzt aber bei der Conexel, wo er für die Finanzen verantwortlich zeichnet.

Ochsenhofer wusste aufgrund seiner Erfahrungen mit der schlechten Qualität der Blindex-Produkte, dass er auch im damaligen Entwicklungsland Brasilien nur bestehen konnte, wenn er herausragende Produkte anbot. Und die fand er auf der Hannovermesse, die er bis heute jedes Jahr besucht. Mit seinem fließenden Deutsch fand er in Hannover bei seinen Branchenkollegen nicht nur Anschluss, sondern aufgrund seines geradlinigen Wesens und seiner fachlichen Kenntnisse auch viele Freunde.

Ganz gezielt suchte er in Hannover Geschäftspartner und fand 1973 in der Firma Ritz Messwandler aus Hamburg seinen ersten Technologiegeber, der sich an der Blindex beteiligte, um Niederspannungsmesswandler herzustellen. Das folgende Wachstum war so stark, dass seine deutschen Kollegen Schwierigkeiten hatten, seinem Rhythmus zu folgen. Aus den daraus folgenden Debatten entstand die Erkenntnis, dass einer der beiden Partner den Anteil des anderen übernehmen sollte, um weitere Probleme zu vermeiden. Die Lösung kam dann von einer ganz anderen Seite, denn glücklicherweise suchte Brown Boveri, die heutige ABB, einen lokalen Partner in Brasilien, und Ochsenhofer vermittelte den Kauf der Anteile von Ritz. Er erzählt noch heute mit einem Schmunzeln, dass es ihm gelang, die Identität des Käufers bis zum Schluss zu verbergen und sich in der Blindex Brown Boveri Eletrotécnica Ltda. als Mehrheitsgesellschafter zu behaupten.

Bei seinen folgenden Besuchen in Hannover fielen ihm die Klemmen von Weidmüller auf, die er gerne in Brasilien gefertigt hätte. Doch dem Versprechen Weidmüllers, ihm Formen leihweise zu überlassen, folgten keine Taten, auch nicht, als er bei späteren Messebesuchen nachhakte. Bis er Weidmüller die Pistole auf die Brust setzte und sagte, dass er dann einfach ihre Produkte kopieren würde. Der Eigentümer Gläsel setzte sich mit ihm zusammen und ließ sich überzeugen – so sehr, dass er Ochsenhofer in Brasilien besuchte und sich dort niedergelassene deutsche Firmen anschaute. Im Anschluss schlug er Ochsenhofer eine Teilhaberschaft vor, was dieser aber ablehnte, denn bei der Blindex war er ja schon mit Brown Boveri zusammengegangen. Die Lösung war 1975 die Gründung der Conexel mit einer Beteiligung von 50 Prozent für Weidmüller und je 25 Prozent für Ochsenhofer und Correzola. Aber es zogen dunkle Wolken am Horizont auf, denn Siemens wollte zum gleichen Zeitpunkt ebenfalls Klemmen in Brasilien fertigen. Also war wieder der Unternehmungsgeist Ochsenhofers gefragt. Aufgrund seiner guten Verbindungen, seiner Glaubwürdigkeit und seiner Überzeugungskraft brachte er Siemens dazu, die Conexel als Lieferanten zu akzeptieren und auf eine eigene Produktion im Lande zu verzichten.

Für etliche Jahre trug Ochsenhofer den Hut zweier Firmen, der Blindex und der Conexel, bis eines Tages Westinghouse bei ihm anklopfte und fragte, ob er nicht seinen Anteil an der Blindex verkaufen wolle. 1989 war es so weit, und Westinghouse übernahm die Blindex, die später an Eaton verkauft wurde.

Getreu seiner Devise, immer zur Avantgarde zu gehören, verkauft Ochsenhofer, der sich seit Abgabe der Blindex exklusiv seiner Conexel widmet, heute Produkte seiner Geschäftspartner Bartec, Beckhoff, Weidmüller und Sysmik. Mit dem Kauf der Weidmüller-Anteile in 2000 durch ihn und Correzola war auch der Weg für den Export frei, den er aufgrund eines Gentlemen's Agreement mit Weidmüller vorher nicht gehen konnte. Ochsenhofer, der 2006 von der Abreme mit dem Titel »Persönlichkeit des Jahres« geehrt wurde, konzentriert sich heute erfolgreich auf die Zusammenarbeit mit Systemintegratoren, die Entwicklung eigener Produkte zur Gebäudeautomatisierung, Anwendungen in der Energietechnik sowie auf den Export, der 2007 trotz des starken Real um 15 Prozent wachsen soll. Für ihn sind zweistellige Wachstumsraten die Norm, was sicher nicht für alle brasilianischen Unternehmen gilt.

Fleiß, Ehrlichkeit und Zuverlässigkeit sind gute Grundlagen für ein Geschäft. Bei Ochsenhofer kommt noch das unbedingte Eingehen auf Kundenwünsche hinzu. Er ahnt geradezu, was seine Kunden brauchen – manchmal bevor sie es selbst wissen. Außerdem ist er ein unermüdlicher Kontaktmensch, der seit über 30 Jahren jeden Tag in Gegenwart von Geschäftsfreunden ausklingen lässt.

Hering – ein Textilimperium

Wer in Brasilien Hering sagt, meint in erster Linie T-Shirts, und trotz der beiden gekreuzten Heringe als Firmensymbol assoziiert kein Brasilianer die Marke mit Fischen, sondern mit Hemden und anderen Textilprodukten. Heute ist Hering viel mehr als ein T-Shirt-Hersteller, aber als die aus Chemnitz in Sachsen stammenden deutschen Brüder Bruno und Hermann Hering das Unternehmen 1878 in Blumenau gründeten, hatten sie sich sicher in ihren kühnsten Träumen nicht ausgemalt, wie ihre Firma sich entwickeln würde. Das Unternehmen ist eines der ältesten in Brasilien und noch immer mehrheitlich im Besitz der Gründerfamilie.

Seine Geschichte ist auch die Geschichte der Stadt Blumenau mit ihren Fachwerkhäusern, heute fast 400.000 Einwohnern und deutschen Namensschildern, die Geschichte der deutschen Einwanderung nach Brasilien. 1880, als Hermann Hering einen Rundstuhl und drei Kisten importiertes Garn von einem Franzosen kaufte, folgte er der auf das 17. Jahrhundert zurückgehenden Familientradition, die sich in der 1860 in Deutschland ins Leben gerufenen »Gebrüder Hering« manifestierte, und gründete mit seinem gerade aus Deutschland angekommenen Bruder Bruno im Zentrum von Blumenau in Santa Catarina die Trikotwaren-Fabrik Gebrüder Hering. Damals war Blumenau eine Kleinstadt mit gerade mal 14.000 Einwohnern, die alle ihre Kleidungsstücke von auswärts kommen lassen mussten, weil es keine lokalen Textilfabriken gab. Das sollte sich durch die Initiative der Herings ändern, und zwar gründlich! Schon 1883 war die Fabrik zu klein geworden, und ein Teil der Produktion zog an das Ende der Rua Bom Retiro, wo es Wasserkraft für den Antrieb der Webstühle gab. Erst 1906 wurde das Wasserrad durch eine Turbine ersetzt, die kurz darauf Hilfe durch eine Dampfmaschine erhielt. Vorher, 1893, wurde die Firma in Comercial Gebrüder Hering geändert und damit auch juristisch an die neue Größenordnung des Unternehmens angepasst. Bis dato mussten alle Garne importiert werden, was den Brüdern schon immer ein Dorn im Auge war. 1910 vollzog man den ersten Schritt zur späteren kompletten Vertikalisierung der Fabrik mit dem Kauf einer Spinnmaschine. Zu Beginn des Ersten Weltkriegs verfügte die Spinnerei schon über 2.600 Spindeln, und in der Fabrik arbeiteten zehn Wickelmaschinen, 90 Rundwebstühle und 100 Nähmaschinen. Nach dem Tod von Hermann Hering wurde die Firma 1915 erneut geändert, diesmal in Hering & Cia., gleichzeitig ging die Firmenleitung auf die zweite Generation über. Der schon damals große Energiehunger der Fabrik wurde ab 1919 vom Elektrizitätswerk in Salto, dem ersten der Region, gestillt. Zu diesem Zeitpunkt war Hering bereits die größte Strickerei Brasiliens. Zum 50-jährigen Firmenjubiläum konnten die Eigner stolz darauf sein, die größte Strickerei Lateinamerikas zu betreiben. Ende 1929 war das Unternehmen in eine Aktiengesellschaft umge-

wandelt worden, was wiederum mit einer Namensänderung verbunden war. Die dreißiger Jahre begannen für Hering mit stolzen
Produktionszahlen der 4.230 Spindeln in der Spinnerei und 360
Maschinen in der Strickerei: 280 Tonnen Garn produzierte Hering
damals schon im Jahr, und der Absatz stieg auf 76.000 Dutzend
Konfektionsartikel. Zu diesem Zeitpunkt wurde mit dem Erwerb
einer Fabrik in Indaial die Dezentralisierung der Nähereien eingeleitet.

Am Anfang gründete sich der Erfolg von Hering auf ein
Produkt – das T-Shirt – und eine komplette Vertikalisierung. Vom
Baumwollanbau bis hin zur Näherei lag alles in einer Hand. 1956,
als Umweltschutz noch nicht Mode und Klimaschutz ein unbe-
kannter Ausdruck war, erhielt Victor Hering, der technische
Direktor der Firma, den Baumorden, den er laut Verleihungsurkun-
de aufgrund seiner Tätigkeit als Forstaufseher und seiner Einstellung zur Natur verdient hatte.

Bis dahin war es Hering gelungen, sich als reine Familiengesell-
schaft mit geschlossenem Kapital weiterzuentwickeln. Die 1960
erreichte Größenordnung war aber Anlass zur Öffnung des Kapitals, ohne den Charakter eines Familienunternehmens zu verlieren.
Diese Größenordnung war auch Grund genug, über eine Erweiterung des Stammwerkes in Blumenau und über eine neue Fabrik im
Nordosten Brasiliens nachzudenken. Es blieb nicht beim Nachden-
ken: Das Stammwerk wurde wesentlich erweitert und architekto-
nisch an das Tal angepasst, in dem es liegt. Im Mai 1972 wurde die
Tecanor SA eingeweiht, 1976 folgte die Hering Noroeste in Paulista
im Bundesstaat Pernambuco. Zu ihrem 100. Geburtstag feierte die
Gruppe auch gleich die höchste bisher erreichte Produktionskapazität, immer noch mit maximaler Vertikalisierung von der Spinnerei bis hin zur Näherei.

1997 konnte man diese Produktionskapazität den Brasilianern
ganz einfach erklären – bei bis dato verkauften 5 Milliarden T-
Shirts entfielen 30 auf jeden Bürger Brasiliens. Aber obwohl die
Eigentümer hinsichtlich ihrer T-Shirts Puristen sind, fertigte Hering schon damals viel mehr als »nur« Hemden. Man hatte
zwischenzeitlich weitere Marken kreiert und die Produktpalette

ausgeweitet, zum Beispiel auf Unterwäsche, Jeanshosen und Kinderbekleidung. 1964 exportierte Hering das erste Mal, eine weitere Pioniertat, denn das war nicht nur Herings erster Export, sondern der erste Export eines brasilianischen Textilunternehmens überhaupt. Der Export ist aktuell nicht mehr aus dem Geschäftsmodell Herings wegzudenken, exportiert die Firma doch über 20 Prozent ihrer Ware in mehr als 30 Länder auf allen Kontinenten.

Heute hat Hering nach einigen Durstjahren das Steuer herumgeworfen und sich erfolgreich an die neuen Verhältnisse angepasst. Diese Durststrecke war durch die Öffnung Brasiliens für den Import und die damit hereinschwemmenden Billigstangebote aus dem Ausland mit niedriger Produktqualität ausgelöst worden. Ein weiterer Grund war der hohe Investitionsbedarf für eine Modernisierung der Produktionsanlagen zur Rationalisierung der Fertigung, wegen der hohen Kreditzinsen und überzogenen Importzölle für Maschinen kaum bezahlbar. Das Hauptaugenmerk liegt nicht mehr auf der 100-prozentig vertikalisierten Produktion, sondern auf eigenen kleinen flexiblen Produktionseinheiten und viel zugekaufter Kapazität sowie vor allem auf dem Vertrieb und der Marketingarbeit. Diese stützt sich auf den extrem hohen Bekanntheitsgrad der Marke Hering mit den beiden gekreuzten Fischen und auf ein ausgeklügeltes Franchisesystem. Hering versteht sich heute nicht mehr als Hemdenhersteller, sondern als zugegebenermaßen gigantische Modefachfirma, bekannt und beliebt bei allen Brasilianern. Die immer stärker werdenden Auslandsaktivitäten sollen dafür sorgen, dass dies auch in anderen Ländern so wird.

Ivo Hering, der Präsident der Cia. Hering, erklärt den Erfolg seines Urgroßvaters unter anderem damit, dass die Portugiesen während der Kolonisierung Brasiliens eine industrielle Revolution bewusst vermieden hätten, denn Portugal wurde von England gegen Napoleons Eroberungsgelüste beschützt, und im Gegenzug erwartete England natürlich Zurückhaltung auf einem ganz anderen Kriegsschauplatz, dem des internationalen Handels nämlich. Und so war Brasilien in Bezug auf das Wissen über moderne Produktionsmethoden vor 150 Jahren immer noch eine Wüste, in der die deutschen und italienischen Einwanderer während der

Gründerphase auf einmal Oasen schufen. Die Herings konnten anfänglich auch von den Autarkiebemühungen Brasiliens profitieren, denn jeglicher Import war lange Zeit verboten. Das führte aber in der gesamten Textilbranche zu einem riesigen Nachholbedarf an Investitionen, um die technologische Lücke gegenüber dem industrialisierten Ausland zu schließen. Ich hatte diese Bemühungen als Geschäftsführender Partner von Roland Berger Brasilien hautnah miterlebt, auch durch die Beratung der Hering-Gruppe, und besuchte Anfang der neunziger Jahre viele Textilunternehmen, die zum Teil noch mit Maschinen aus den vierziger und fünfziger Jahren arbeiteten.

Hering war damals stückzahlmäßig die drittgrößte Textilunternehmung der Welt, aber der Inflation und den Inflationsbekämpfungsplänen der brasilianischen Regierungen zunächst hilflos ausgeliefert, denn aufgrund der Firmengröße und der Vertikalisierung war eine Anpassung an die neuen Verhältnisse nicht von einem Tag zum anderen möglich. Viele Firmen mussten damals vor gut 20 Jahren aufgeben. Ivo Hering und sein Vetter Hans Prayon, ehemaliger technischer Vorstand und heute Präsident des Aufsichtsrates sowie pensionierter deutscher Honorarkonsul in Blumenau, denken ohne Wehmut an die Zeit zurück, als Hering 18.000 Mitarbeiter beschäftigte und selbst Baumwolle anbaute, denn damals wurden die Preise regierungsseitig kontrolliert, und Großkunden wie Mesbla, ein heute nicht mehr existierendes Kaufhaus, genossen 120 Tage Zahlungsziel – bei der damaligen Inflation, die einen Höchstwert von über 80 Prozent im Monat erreichte, eine Garantie für sichere Verluste. Als Konsequenz schmolz das Umlaufkapital schneller als Butter in der brasilianischen Tropensonne, Ladenketten als Großabnehmer verschwanden, und in ganz Brasilien schossen über Nacht Produktionsanballungen oder Cluster, wie man heute sagt, wie Pilze aus der Erde, gebildet von kleinen flexiblen Firmen, die zunächst mit Hering konkurrierten. Hering verkaufte daraufhin die kapitalintensiven Spinnereien, die Wirkereien und auch die Nähereien und setzte auf Fremdvergabe und Zukauf. Lediglich die Ausrüstung, eine Kernkompetenz und Qualitätsgarantie der Firma, blieb davon verschont.

Das war, wie Ivo Hering erklärt, der Scheidepunkt. Cia. Hering war kein Industrieunternehmen mehr, sondern hatte sich in ein Handelsunternehmen verwandelt. Und um nicht wieder in die Falle der Kapitalintensität zu tappen, wurde ausgiebig vom Franchisesystem Gebrauch gemacht, welches in Brasilien sehr beliebt und außerordentlich erfolgreich ist. Heute können Ivo Hering, Hans Prayon und der Generaldirektor des Unternehmens Fabio Hering, der zur »industriellen« Zeit für das Marketing der Gruppe zuständig war, auf ruhiges Fahrwasser blicken, dafür sorgen 200 Geschäfte in Brasilien, davon 150 mit dem Namen Hering, und etliche Geschäfte in Nachbarländern wie zum Beispiel Uruguay. Cia. Hering lebt von der starken Position seiner Marken, vor allem natürlich von der Marke Hering selbst, deshalb werden markenschädliche Vertriebskanäle nicht oder nur in Ausnahmefällen benutzt. Aus den 18.000 Mitarbeitern sind heute 4.500 geworden. Viele entlassene Näherinnen sind weiterhin für das Unternehmen tätig, aber nicht mehr als Angestellte, sondern als Zulieferer, was den Schrecken der Modebranche, die saisonbedingten Absatzschwankungen, erträglich gemacht hat. Diese Näherinnen arbeiten heute in kleinen Firmen, die typischerweise nicht mehr als 40 Mitarbeiter haben und damit problemlos Überstunden fahren dürfen. Der Kapitalmarkt honoriert die Direktbedienung der Kunden durch den Einzelhandel, wobei Cia. Hering eigene Läden auf Vorrat gründet, denn eine Handelsfirmengründung in Brasilien dauert schon mal drei Monate oder mehr, bis die erste Rechnung geschrieben werden darf. Hering hat heute die Belieferung von Multimarkenfachhändlern zugunsten von Läden aufgegeben, die die eigene Marke und nur diese zeigen. Der Erfolg hat die Richtigkeit dieses Konzepts bestätigt, sogar schon in Saudi-Arabien.

Zu den Innovationen, die das Überleben der Cia. Hering ist fast 130 Jahre sicherten – noch heute schließt beinahe die Hälfte der neu gegründeten Firmen in Brasilien nach einem Jahr ihre Pforten für immer –, gehört der vor über zehn Jahren ins Leben gerufene *Serviço de Atendimento ao Consumidor*, ein direkter Draht zum Endkunden, der von diesem fleißig zur Kommunikation mit der Firma benutzt wurde und wird. Auf diese Weise konnte Hering aus bisher mehr als 350.000 Konsumentenmeinungen herausfiltern, was die Kunden wirklich wünschen, und sich rechtzeitig darauf einstellen. Die Konsequenzen machen sich in den Bereichen Produktkonzeption und -qualität bis hin zur Organisation des Franchisesystems positiv bemerkbar und verschaffen Hering einen unschätzbaren Wettbewerbsvorteil.

Hering hat fast 130 Jahre überlebt, weil man nicht an Dogmen klebte, sondern sich rasch und intensiv auf neue Bedingungen einstellte. Heute ist das Unternehmen nicht mehr von seiner industriellen, sondern von seiner Handelsaktivität geprägt, die Fabrikation wurde radikal verkleinert und entvertikalisiert. Durch die intensive Einbindung von kleinen Zulieferern und Dienstleistern wurde die für ein Saisongeschäft der Modebranche nötige Flexibilität geschaffen.

WEG – Elektromotoren für die Welt

Die Geschichte der Firma WEG ist die Geschichte von Werner Ricardo Voigt, Eggon João da Silva und Geraldo Werninghaus, unzweifelhaft, wie man an den Namen merkt, deutscher Abstammung, aber echte Brasilianer. Werner Ricardo Voigt war der Elektriker, der etwas von Elektromotoren verstand, Eggon João da Silva hatte Erfahrung im Bankwesen, und Geraldo Werninghaus war der Mechaniker der Firma, die von den dreien gegründet wurde, wobei jeder ein Drittel der Anteile hielt. Die bemerkenswerte Firmengeschichte nahm 1961 ihren Anfang, als sie in Jaraguá do Sul im Bundesstaat Santa Catarina mit der Herstellung von Elektromotoren begannen.

Den ersten Motor konnte ich im Werksmuseum bewundern, wo er mit berechtigtem Stolz gezeigt wird. Ihm sieht man nicht an, wie viel Arbeit und Disziplin, das Markenzeichen der drei Firmengründer, nötig waren, um aus diesem Produkt die Grundlage für eine Weltfirma zu schaffen. Diese hat heute neben Fabriken in Jaraguá do Sul, Blumenau, Guaramirim, São Paulo, São Bernado do Campo, Manaus und Rio Grande do Sul in Brasilien auch Fertigungsstätten in Argentinien, Portugal, Mexiko und China und ist unter dem Namen WEG Indústrias SA der größte Elektromotorenhersteller Lateinamerikas mit Weltgeltung geworden.

Und bei Elektromotoren ist es nicht geblieben, denn die Firmenleitung, während der letzten 18 Jahre in den Händen von Décio da Silva, war immer bedacht, Synergien zu nutzen: So kamen im Laufe der Zeit Generatoren und Transformatoren hinzu, die sozusagen den Produktkern bilden. Als technologisch verwandte Peripherieprodukte wurden Schaltanlagen und -komponenten mit einbezogen, als unterstützendes Produkt Farben und Lacke für den Schutz und die Kennzeichnung der Produkte sowie für die Isolierung der in den Produkten verwendeten Kupferdrähte.

Der Direktor für Marketing und Personal, Jaime Richter, hält die Führung der Firma durch kompetente Familienmitglieder, die das Wohl der Firma über das eigene stellen, für den wesentlichen Erfolgsfaktor, neben der technologischen Spitzenstellung sowohl bei den Produkten als auch bei den Produktionsprozessen. Als Leiter des Personalwesens hebt er ebenfalls hervor, dass man in den vielen ausländischen Niederlassungen bevorzugt einheimische Führungskräfte einsetzt, eine generelle Tendenz bei deutschen Firmen in Brasilien, die immer weniger auf deutsche Geschäftsführer zurückgreifen. Der große Erfolg WEGs ist seiner Ansicht nach auch darauf zurückzuführen, dass die Firma zwar von Anfang an Wert auf Technologieführung legte, aber nie zulasten einer soliden Finanzwirtschaft, die sich auch heute noch durch Sparsamkeit auszeichnet.

Der Firmenchef Décio da Silva, selbst zur Gründerfamilie gehörend, verstärkt dies durch die Aufzählung der drei Grundpfeiler Personal, Technik sowie Markt und Produkte, die das Dach, die Langfristvision, tragen. Basis der Grundpfeiler ist eine Besonderheit: die extreme Vertikalisierung WEGs in Brasilien, die nur in den Auslandswerken aus Gründen der Vorsicht nicht nachvollzogen wird. Vorsicht, weil Vertikalisierung hohe Investitionen erfordert und nur erfolgreich ist, wenn man den logistischen Prozess vom Anfang bis zum Ende, das heißt von der Zulieferung über die Fabriklogistik bis hin zur Distribution, perfekt beherrscht und keine Auslastungsprobleme hat. Das Personal spielt bei WEG eine besondere Rolle, man kann sogar sagen, dass die Firma Wegbereiter für die Lehrlingsausbildung im Lande war. Eine formale Lehrlingsausbildung nach dem deutschen dualen System, das heißt praktische Ausbildung im Betrieb und Berufsschule, ist in Brasilien nicht die Regel, obwohl die Deutsch-Brasilianische Handelskammer sich hier erfolgreich bemüht hat, das deutsche Modell zumindest in Zusammenarbeit mit Senai und Senac bei deutschen Tochterfirmen zu praktizieren.

Bei WEG brauchte niemand überzeugt zu werden, denn die Firma wurde von ihren Gründern in einer ländlichen Umgebung ohne geschulte Arbeitskräfte aufgebaut und bietet heute 80 Ausbildungsplätze an, für die es ein Mehrfaches an Bewerbern gibt – sie sind sehr beliebt. WEG hat keine Angst, dass die ausgebildeten jungen Menschen später bei anderen Firmen arbeiten und man das Nachsehen hat und auf den Ausbildungskosten sitzenbleibt. Im Gegenteil, WEG bietet eine dreijährige interne Ausbildung nach dem dualen System mit finanzieller Unterstützung der Auszubildenden an, wobei diese im Anschluss sogar eine Arbeitsplatzgarantie haben, aber nicht verpflichtet sind, bei WEG zu arbeiten. Heute sind 15 Prozent der WEG-Mitarbeiter, das heißt mehr als 2.000 Personen, ehemalige Absolventen dieser internen Ausbildung! Die theoretische Ausbildung sieht dabei auch Sprachlehrgänge und die Qualifizierung von Hochschulabsolventen vor.

Wie groß der Wert ist, den schon die Firmengründer auf die Personalentwicklung durch Ausbildung gelegt haben, zeigt die Bibliothek des Österreichers Professor Walter Christian, der viele Jahre als Berater bei WEG gewirkt hat und seine Bücher der Firma vermachte. Sie nehmen heute einen Ehrenplatz im Werksmuseum ein. Einen festen Platz in der Personalentwicklung hat auch das Modell der partizipativen Führung, welches schon früh praktiziert wurde, als dies im patriarchalischen Firmenleben Brasiliens noch eine Besonderheit war. Das bedeutet in der Praxis, dass neben der traditionellen Strukturorganisation zwei Kommissionsebenen gebildet wurden, auf Führungs- und auf Mitarbeiterebene. Allein die berühmten CCQs, wie Qualitätszirkel in Brasilien genannt werden, vereinen 4.000 Personen, die in 420 Gruppen organisiert sind und ständig an Verbesserungen arbeiten. Die Ergebnisse dieser Arbeit können unter anderem in einer Ausstellung im Werksmuseum betrachtet werden.

Der zweite Grundpfeiler, die Technik, garantiert WEG nicht nur wegen der Qualitätszirkel eine technologische Spitzenstellung, die die Firma weltweit wettbewerbsfähig gemacht hat, sondern auch, weil man massiv in Forschung und Entwicklung investiert, bis zu 3 Prozent des Jahresumsatzes. Und damit diese Spitzenstellung ausgebaut und verteidigt werden kann, wird auch Sachverstand von außen hereingebracht, unter anderem durch einen wissenschaftlich-technischen Beraterkreis, der Koryphäen aus aller Welt vereint. Das alles führte dazu, dass WEG nur im brasilianischen Krisenjahr 1981 einen Verlust hinnehmen musste, in allen anderen Jahren der Firmengeschichte wurden schwarze Zahlen geschrieben. An diesem Erfolg nehmen alle Mitarbeiter teil. 12,5 Prozent des Gewinns werden zum selben Zeitpunkt wie die Dividendenausschüttung an sie ausbezahlt. Zur Ermittlung der Anteile haben alle Geschäftseinheiten quantitative Ziele in Bezug auf Wachstum, ROI und Qualität, an deren Erfüllung sie gemessen werden. Und die Gewinnbeteiligung kann sich sehen lassen: Im Mittel sind es dreieinhalb zusätzliche Monatsgehälter, bei den Führungskräften sogar fünfeinhalb! Neben den Bereichszielen gibt es natürlich auch heruntergebrochene Abteilungsziele, damit es gerecht zugeht.

Vom dritten Grundpfeiler, Markt und Produkte, haben wir schon kurz gesprochen. Heute bietet WEG eine komplette Produktpalette mit größtmöglicher Nutzung von Synergien an. Dies erleichtert die ständige Erweiterung des Marktes, wobei man im Ausland Wert darauf legt, mit eigenen Niederlassungen zu arbeiten, seien es Vertretungen oder Händler. Wo nötig, werden die Auslandsaktivitäten durch eigene Werke ergänzt, die aus Gründen der Kapitalisierung wie eingangs erwähnt horizontal angelegt sind, also nicht vollständig vertikalisiert sind, sondern viele Komponenten zukaufen. Décio da Silva bringt die Erfolgsfaktoren seiner WEG dann auf den Punkt: deutsche Disziplin, wobei er mit einem

Augenzwinkern hinzufügt: die frühere preußische; Kapitalisierung der Firma und nicht der Eignerfamilien; Pflege der Informationstechnologie; ständiges Reengineering der Produkte; Global Sourcing und globale Produktion sowie strenges Kostenmanagement.

WEG wurde 2007 zum sechsten Mal von der Wirtschaftszeitung *Valor* zum Führer des Mechaniksektors im Jahrbuch *Valor 1.000* gewählt und war gleichzeitig die größte Firma Brasiliens in diesem Bereich. Zur Beurteilung wurden acht Bewertungskriterien herangezogen, nämlich die Reineinnahmen, robustes Wachstum, Wertschöpfung, Marge der Aktivität, Schuldendeckung, Gewinn aus der Aktivität, Eigenkapitalrentabilität und Liquidität. Beurteilt werden jeweils die 1.000 nach den Reineinnahmen größten Firmen des Landes. Unter 124 von der Agência Estado analysierten Firmen mit offenem Kapital nahm WEG im Aktionärsnutzen 2006 ebenfalls den ersten Platz ein. Der Marktwert der Firma beträgt heute 13 Milliarden Real beziehungsweise fast 5 Milliarden Euro.

Neben Décio da Silva sind auch die Familienmitglieder Sérgio da Silva Schwartz und Ricardo Bartsch im Vorstand vertreten. Als mit offenem Kapital familienkontrollierte und -geführte Firma legt WEG großen Wert darauf, dass die Mitglieder der drei Gründerfamilien, die heute schon ihre dritte Generation vorweisen können, entweder aktiv in der Firmengruppe arbeiten oder als Aktionäre an ihrer Entwicklung teilhaben. Allerdings garantiert die Familienzugehörigkeit keine Privilegien. Jedes Familienmitglied muss sich vor Aufnahme als Firmenmitarbeiter einem Ausleseprozess stellen wie jeder andere Bewerber. Auch der jetzige Präsident musste diesen Weg beschreiten. Er begann mit 14 Jahren seine firmeninterne Ausbildung, als sein Vater Ende der sechziger Jahre die WEG leitete.

Schon in den siebziger Jahren wurde ein Familienrat gebildet, der die Firma auf ihrem Weg kritisch und helfend begleitet. Die Regeln, nach denen er arbeitet, wurden vom ehemaligen Firmenpräsidenten Eggon João da Silva in Zusammenarbeit mit dem 2002 verstorbenen Wirtschaftsprofessor João Bosco Lodi erarbeitet, dessen Spezialität die »Firmenreparatur« war. Zu diesen Regeln gehört unter anderem die Ausbildung von Familienmitgliedern in fremden Firmen, damit der Blick über den Zaun gewährleistet ist.

Heute ist aus kleinen Anfängen der beschriebene Gigant entstanden, der 2007 über 1,5 Milliarden Euro umsetzte und ein Bruttoumsatzwachstum von mehr als 20 Prozent vorzeigen will. Damit steht er in Brasilien gleichberechtigt neben internationalen Multis wie Siemens oder ABB. Das Wachstum WEGs hat den des Firmensitzes Jaraguá do Sul mit beeinflusst, in den letzten fünf Jahren wuchs die Stadt um 25 Prozent, und heute arbeiten 12.000 ihrer 140.000 Einwohner bei WEG. Um auch künftig zu wachsen, setzt WEG heute auf neue Märkte, vornehmlich im Energiesektor, das heißt Erzeugung, Transport und Verteilung von Energie, wozu auch Aktivitäten im Bereich der erneuerbaren Energien gehören. 2004 stand dieser Bereich für 10 Prozent des Umsatzes, 2007 waren es schon über 22.

Ein Grund, sich hier so stark zu engagieren, ist der Energiehunger Brasiliens. Wenn das Land nur mit mehr als 4,5 Prozent pro Jahr wächst, haben wir bereits 2010 ein 25-prozentiges Blackout-Risiko, sagt dazu der Firmenchef. Deshalb kauft die Firma auch vermehrt kleine und mittlere Unternehmen aus dem Energiesektor auf wie die Trafo oder die Hidráulica Industrial, die Wasserturbinen baut. Das Investitionsvolumen liegt entsprechend bei über einer Viertelmilliarde Real, und dieses Geld wird nach dem Motto ausgegeben: sorgfältig geplant, schnell und diszipliniert umgesetzt. Was generell ein gutes Motto für Brasilien-Interessierte ist!

Interessant und hilfreich für ausländische Investoren, die oft nur São Paulo als Industriezentrum Brasiliens kennen, ist die Tatsache, dass auf dem flachen Land, in einer von der Landwirtschaft geprägten Umgebung voller Reisfelder und Bananenplantagen, eine Elektromotorenfertigung gewagt wurde. Gewagt deshalb, weil die Kunden weit entfernt vom Standort waren, in Jaraguá do Sul keine Industriearbeiter und keine Lieferanten zur Verfügung standen und außerdem die Marke naturgemäß völlig unbekannt war und sich gegen etablierte Hersteller durchsetzen musste. Wie erfolgreich das gemacht wurde, zeigt das Wachstum von WEG. 146 Elektromotoren wurden im Gründungsjahr 1961 produziert, heute ist die Firma der größte Produzent in Lateinamerika, präsent in über 100 Ländern auf allen fünf Kontinenten, und fertigt neben Elektromotoren seit den achtziger Jahren wie schon erwähnt auch Generatoren, Transformatoren, Automatisierungselemente, elektroelektronische Komponenten und Farben und Lacke.

WEG hat während der relativ kurzen Firmengeschichte bereits einen sehr wichtigen Beitrag zur Industrialisierung Santa Catarinas geleistet. So gibt es neben dem weitläufigen, an seine Ausdehnungsgrenzen gestoßenen Fabrikkomplex in Jaraguá do Sul auch eine Gießerei in Guaramirím, die jeden Monat voll automatisiert 1.200 Tonnen Graugussteile ausstößt. WEG vergisst auch den Umweltschutz nicht, so werden unter anderem jährlich 25.000 Kubikmeter Verpackungsholz aus eigenem Anbau gewonnen, dazu kommt noch eine Viehzucht, die ebenfalls ökologisch geprägt ist. Solche Beispiele gibt es in Brasilien häufig. Viele erfolgreiche lokale Firmen halten sich nicht unbedingt an die Empfehlungen von Unternehmensberatern, sich auf die Kernkompetenz zu konzentrieren.

Der Erfolg von WEG ruht auf den Säulen Personal, Technik sowie Markt und Produkt, im Verein mit einer hohen Vertikalisierung. Eggon João da Silva sagt dazu: »Wenn Maschinen fehlen, kannst du sie kaufen, wenn kein Geld da ist, kannst du es borgen, aber Menschen kannst du nicht kaufen und nicht leihen, und von einer Idee motivierte Menschen sind die Basis des Erfolgs!«

Firmenchef Décio da Silva hat sich in den 18 Jahren, die er Präsident war, immer an diese Maxime gehalten und sein Nachfolger Harry Schmelzer, der Anfang 2008 das Amt offiziell übernahm, wird ihm in dieser Hinsicht sicher folgen. Schmelzers Pläne sehen im Wesentlichen vor, die bisherige Linie weiterzuverfolgen, denn warum ein Rezept ändern, welches sich bewährt hat? Nur die Ziele sind noch ehrgeiziger geworden: Bis 2010 soll der Anteil der Auslandsgeschäfte im Vergleich zu heute verdoppelt werden, das wären dann 20 Prozent Auslandsumsatz. Und dieser soll nicht nur durch Export, sondern vor allem durch lokale Produktion in Argentinien, Mexiko, Portugal, China und weiteren Ländern wie etwa der Mittlere Osten, Osteuropa oder Russland erzielt werden.

Aber auch in Brasilien werden neue Werke aufgebaut, jüngst in Itajaí. WEG wird im Jahr 2008 auch neue Mitarbeiter einstellen und erwartet damit, über 22.000 Menschen zu beschäftigen. Eine begleitende Investition von 520 Millionen Real wird diese Ausweitung ermöglichen.

Grupo Brasil – aus dem Nichts geschaffen

Sebastião Luis Pereira de Lima stammt aus dem kleinen Ort Palmital im Landesinneren des Bundesstaates São Paulo. Sein Erfolgsweg war mit 15 Jahren erstaunlich kurz. An seinem Beginn war er selbstständiger Anwalt, heute mit 50 Lebensjahren beschäftigt er in einer Vielzahl ihm gehörender Unternehmen 8.000 Mitarbeiter und macht über 1 Milliarde Dollar Umsatz im Jahr. Wie war das möglich?

Zunächst durch eine erstaunliche Zielstrebigkeit. Mit 35 Jahren war Dr. Luis, wie er genannt wird – Anwälte werden in Brasilien grundsätzlich mit dem Doktortitel angeredet –, fest entschlossen, Unternehmer zu werden. Aber wie fängt man das an, wenn man kein Geld hat, um ein Unternehmen auf der grünen Wiese aufzubauen, und aus diesem Grund auch keines kaufen kann? Dr. Luis begann, Unternehmer anzusprechen, die in Schwierigkeiten steckten. Bald kamen in der Hoffnung, dass er ihnen die Last der Verantwortung für drückende Verpflichtungen abnehmen könne, so viele zu ihm, dass er ein neues größeres Büro brauchte.

Ich vermittelte ihm das ehemalige Generalkonsulat Venezuelas, ein riesiges altes Haus, dessen Garten direkt an den Ibirapuerapark in São Paulo grenzte. Hier war ich oft Zeuge seines erstaunlichen Gedächtnisses, wenn er mit Unternehmern sprach und Wochen später noch alle Details wusste, ohne sich jemals Notizen zu machen. Mit einem untrüglichen Gespür für gute Gelegenheiten übernahm er zunächst kleine Firmen, indem er für deren Schulden querschrieb. Er brauchte also kein Geld auszugeben, denn diese Firmen waren alle buchhalterisch nichts wert. Sie hatten nur eine Eigenschaft, die sie sanierungsfähig machte: Sie waren operativ tätig, machten Umsatz, zahlten Steuern – wenn auch häufig mit Verspätung und in Raten – und hatten wenig Bank- und Lieferantenverpflichtungen. Nach der Übernahme setzte Dr. Luis zuallererst einen fähigen Firmenchef als CEO ein, denn er versteht sich als Unternehmer, nicht als operativer Firmenchef und noch viel weniger als Firmenverwalter. Seine Devise ist und war: keine Details!

Dann wurden die Steuerzahlungen eingestellt, denn Steuern zu hinterziehen ist kriminell, aber Steuern zu erklären und schuldig zu bleiben nicht. Mit den nicht gezahlten Steuern wurden alle anderen Schulden beglichen, die Firma modernisiert und ihre Aktivitäten ausgeweitet. Anschließend wurde der Gang zum Finanzamt angetreten und verhandelt. Da es in Brasilien immer wieder Steueramnestien gibt, waren die früher eigentlich nur schlecht geführten Firmen bald in der Lage, auch ihren normalen Steuerverpflichtungen wieder nachzukommen und die Altlasten in tragbaren Raten zu tilgen. Und wenn eine solche Firma saniert war, konnte sie als Garantie für den nächsten Firmenerwerb benutzt werden.

Das hört sich einfach an, ist aber in der Durchführung natürlich erheblich schwieriger. Denn selbst beim Kauf der allerersten Firma wollte der Verkäufer eine Garantie sehen. Nicht, weil er Geld erwartete, aber weil diese Garantie ihm ein ruhiges Schlafen ermöglichte, da er vor seinen Gläubigern Ruhe hatte. Dr. Luis' erste Garantie war übrigens eine Fazenda. Wer solche Geschäfte macht, braucht gute Freunde, die einen unterstützen. Bei Dr. Luis kam hinzu, dass er außer den Freunden auch vier Brüder hat, drei Anwälte und einen Ingenieur, die sich gegenseitig unterstützen – was nicht heißt, dass sie dabei ihre Geschäftsinteressen nicht zu wahren wissen.

Heute, nach etlichen Transaktionen, braucht Dr. Luis nicht mehr nach fast bankrotten Unternehmen zu suchen. Seine Grupo Brasil, zu der eine ehemalige ThyssenKrupp-Gießerei ebenso gehört wie ein ehemaliges Mannesmann-Röhrenwerk und die Sifco, ein großer Schmiedeteilhersteller, der die Automobilhersteller beliefert, ist potent genug, als Hintergrund für den Erwerb grundsolider Unternehmen zu dienen, deren Kauf nicht mehr über verspätete Steuerzahlungen ermöglicht werden muss. Aber das Interesse von Dr. Luis, der ein Kind vom Lande ist, wie er oft betont, hat sich schon längst von der Industrie ab- und der Landwirtschaft zugewandt. Mit seiner Citation II fliegt er heute durch Brasilien, um seinen Agrobusiness-Interessen nachzugehen, an denen sein Herz hängt.

Günstig und risikoarm in Brasilien einsteigen

In diesem Kapitel erfahren Sie, wie man sehr kostengünstig in Brasilien tätig werden kann. Man muss nur dem Firmenpool Brasilien/Mercosur der IHK Essen beitreten und ... nein, nicht abwarten, sondern den Poolmanager vor Ort bei dessen Arbeit kräftig unterstützen und ihn mindestens einmal im Jahr auch besuchen! Das war das Erfolgsrezept von heute in Brasilien Geld verdienenden ehemaligen Poolmitgliedern.

Wenn ein Konzern einen ausländischen Markt erobern will, bildet er ein Projektteam und schickt es, oft unter der schicken Bezeichnung »Taskforce«, in das erwählte Land. Vorher beauftragt er eventuell eine Unternehmensberatung mit einer Studie, die dann typischerweise schnell einige 100.000 Euro kosten kann. Ich habe selbst als früherer Geschäftsführender Partner von Roland Berger Brasilien solche Studien erstellt und weiß, dass ein kleineres Unternehmen sie sich weder leisten kann noch will. Wenn ein Mittelständler ins ferne Ausland geht, hat er meist weder die finanziellen noch die personellen Ressourcen, so vorzugehen.

Oft besteht allerdings die Möglichkeit, wenn es sich wie im Fall Brasiliens um ein attraktives Land handelt, an Unternehmerreisen teilzunehmen, um sich einen ersten Eindruck zu verschaffen. Da es außerdem schon über 1.200 deutsche Firmen in Brasilien gibt, kann man als Mittelständler auch den Kontakt zu Firmen suchen, die den Schritt nach Brasilien schon gemacht haben, und an deren Erfahrungen teilhaben. Aber es bleibt sowohl bei Unternehmerreisen, die oft mit einer *rodada de negócios*, auf gut Deutsch Kooperationsbörse, verbunden sind, als auch beim Erfahrungsaustausch die Frage offen, was anschließend geschieht. Und die Beantwortung dieser Frage ist sehr wichtig. Nicht umsonst heißt es: Aus den Augen, aus dem Sinn!

Deshalb gibt es seit vielen Jahren eine Einrichtung der IHK, die es kleinen und mittleren Unternehmen erlaubt, den Schritt ins Ausland mit überschaubaren Kosten, das heißt kleinem Risiko, zu wagen. Ich meine damit die Firmenpools, die von den Industrie- und Handelskammern in Deutschland unterhalten werden. Im Falle Brasiliens ist der Träger die IHK Essen, Schwerpunktkammer für Lateinamerika in Nordrhein-Westfalen, wobei der IHK-Firmenpool für Brasilien auch Firmen aus den anderen Bundesländern offensteht. Die zugrunde liegende Idee ist simpel: Mehrere Firmen, die sich für ein Land interessieren, werden mindestens für ein Jahr Mitglied im Firmenpool und zahlen einen festen Monatsbeitrag an die zuständige Kammer, der im Falle Brasiliens knapp über 1.000 Euro beträgt. Mit diesem Geld wird der Firmenpool organisiert und verwaltet und, was viel wichtiger ist, eine Struktur im Ausland unterhalten, die von den Poolmitgliedsfirmen gemeinsam benutzt wird.

In einigen Fällen wie in China sind diese Pools einer AHK angegliedert, in anderen Fällen handelt es sich um eigens verpflichtete Poolmanager, die meist als Freiberufler für die Poolmitglieder tätig werden. Der Pool der IHK Essen wurde 1997 von mir aufgebaut. Bis heute, das heißt in gut zehn Jahren, waren schon über 100 Firmen Mitglied, einige bis zu drei Jahre. Da die Firmenpoolmitglieder erforderlichenfalls auf die südamerikanischen Partnerbüros meiner Firma Eurolatina in Buenos Aires, Caracas, Curitiba und Valparaíso zurückgreifen können, wurde er von der IHK Essen umgetauft in Firmenpool Brasilien/Mercosur. Daneben werden die Poolmitglieder in Deutschland von den Eurolatina-Partnerbüros in Gärtringen bei Stuttgart und in Düsseldorf betreut und natürlich von der IHK Essen, die einmal jährlich auch einen Erfahrungsaustausch der Poolmitglieder organisiert und dafür sorgt, dass Konkurrenten nicht gleichzeitig Poolmitglied sein können. Der Konkurrenzausschluss ist wichtig und führte schon dazu, dass Poolinteressenten warten mussten, bis ihr Konkurrent den Pool verlassen hatte. In einigen Fällen konnte eine Einigung dadurch erzielt werden, dass der Poolmanager für die Konkurrenten gleichzeitig tätig war, aber in verschiedenen Kundensegmenten. So waren zwei Metallweber gleichzeitig im Pool, aber der eine mit der Zielgruppe Spanplattenhersteller, der andere wollte seine Produkte bei Filterherstellern und -anwendern absetzen.

Die permanente Struktur für Brasilien, die hier interessiert, besteht aus dem Firmenpoolmanager, einer deutsch-brasilianischen Projektassistentin und einem Außenhandelsfachmann, dazu kommen fallweise Übersetzer, Marktforscher, Anwälte und Buchhalter, je nach Aufgabenstellung.

Für seinen Monatsbeitrag erhält das Poolmitglied zunächst einen Marktüberblick und eine Empfehlung zum Vorgehen beim Markteintritt. In vielen Fällen suchen die Poolmitglieder Vertreter, Händler und Kunden. Über den Pool erhalten sie entsprechende, geprüfte Kontakte, machen einen vom Poolmanager organisierten und betreuten, meist einwöchigen Besuch, besuchen vielleicht eine Messe oder stellen selbst aus, und dann ...? Dann wäre oft das Ende der Fahnenstange erreicht, wenn es sich nicht um den Pool handelte. Denn der Poolmanager vertritt exklusiv die Interessen des Poolmitgliedes in Brasilien, hält die geknüpften Kontakte, vertieft sie, bahnt Geschäfte an, bereitet Verträge mit Vertretern und Händlern vor und schließt diese im Einvernehmen und im Auftrag des Poolmitgliedes auch ab. Um dies erfolgreich machen zu können, werden im Vorfeld portugiesische Unterlagen über das Poolmitglied und seine Produkte erstellt, Exponate und Muster importiert, Aufsätze in Fachzeitschriften lanciert, Anzeigen geschaltet, Vorträge gehalten, das heißt: das Unternehmen und seine Produkte oder Dienstleistungen bekannt gemacht. Solche Nebenleistungen, zu denen auch die Erstellung zweisprachiger Verträge durch brasilianische Anwälte gehört, werden allerdings extra abgerechnet, ebenso Aufwendungen für Reisen des Poolmanagers im Auftrage eines Poolmitgliedes.

Hat das Poolmitglied auf diese Weise einen Geschäftspartner gefunden und an sich gebunden, muss damit die Arbeit des Poolmanagers nicht beendet sein. Denn es kann vieles passieren, was sein Eingreifen erforderlich macht. So bleibt Ware im Zoll oder kommt nur beschädigt beim Händler an, die Ware wird nicht bezahlt oder es wurde aufgrund von Sprachproblemen die falsche bestellt, die Behörden verlangen eine Umklassifizierung, oder die Kosten für den Importeur explodieren, dieser bestellt zu wenig, zu unregelmäßig oder zu spät – es gibt leider viele Möglichkeiten, das

Exportgeschäft für ein ehemaliges Poolmitglied unerfreulich zu gestalten. Um hier sicher zu sein, dass eine helfende Hand eingreifen kann, besteht die Möglichkeit, nach dem Firmenpool direkt in den Nachbetreuungspool hineinzugehen, der weniger als die Hälfte des »normalen« Pools kostet. Wenn jetzt ein Problem auftaucht, kann die deutsche Firma den Poolmanager bitten, dieses zu lösen.

Und für ganz vorsichtige Firmen, die zwar wollen, aber sich nicht so recht trauen oder daran zweifeln, dass Brasilien das richtige Land ist oder der Firmenpool die geeignete Institution für den Markteintritt, gibt es noch den Schnupperpool. In diesen geht die Firma für vier Monate, danach erlischt die Mitgliedschaft automatisch, es muss also nicht gekündigt werden. Für zirka 1.200 Euro im Monat wird in diesem Zeitraum geprüft, ob die Voraussetzungen für einen Markteintritt gegeben sind. Entscheidet sich die Firma nach diesen vier Monaten gegen Brasilien, hat sie 5.000 Euro für die Mitgliedschaft ausgegeben, weniger, als eine einzige Reise des Exportleiters oder Geschäftsführers nach Brasilien gekostet hätte, der Aufwand hält sich also in Grenzen. Will die Firma aber weitermachen, kann sie nahtlos in den »normalen« Pool überwechseln, und der Mehraufwand zum Schnupperpool wird bei der anschließenden ersten Beitragsrechnung berücksichtigt.

Der Firmenpool Brasilien/Mercosur ist seit zehn Jahren ein bewährter und kostengünstiger Weg für den Markteintritt deutscher mittelständischer Unternehmen in Brasilien und die anderen Mercosur-Staaten.

	Dauer	Kosten	Hauptleistung
Schnupperpool	vier Monate	ca. 1.200 €/ Monat	Machbarkeits- prüfung
Firmenpool	ein Jahr, ver- längerbar	ca. 1.000 €/ Monat	Vertriebspart- nervermittlung
Nachbetreu- ungspool	ein Jahr, ver- längerbar	ca. 400 €/ Monat	Geschäftsbe- treuung

Tabelle 12: Poolarten

Wie der Pool in der Praxis funktioniert, lässt sich am besten an den Beispielen erfolgreicher, aber auch erfolgloser Poolmitglieder zeigen. Zu den erfolgreichen Firmenchefs gehört Dr.-Ing. G. H. Arfmann, der zusammen mit seinem gleichberechtigten Partner Dr.-Ing. M. Twickler die CMP GmbH in Herzogenrath bei Aachen gründete.

CPM – Technologiesimulation für brasilianische Schmieden

Lassen wir einen der Firmenchefs, Dr. Arfmann, zu Wort kommen:

»Wir hatten uns während unserer Hochschularbeit der Umformtechnik, genauer der Simulation von Schmiedevorgängen gewidmet. Daraus ging ein immer wieder verfeinertes Simulationsprogramm hervor, welches heute unter dem Namen easy-2-form weltweit vertrieben wird. Mit diesem Programm können zum Beispiel die richtigen Randbedingungen für das Schmieden bestimmt werden. Insbesondere legen unsere Kunden damit Kaltmassivumformprozesse aus, das heißt, sie berechnen zuerst den Fließpressvorgang und dimensionieren dann das Umformwerkzeug. Der Vorteil dabei ist, dass sie, ohne ein teures Werkzeug ausprobieren und anpassen zu müssen, Fehler wie das Abreißen des Werkstückes, Versagen eines Stempels oder die Überlastung oder Fehlauslegung einer Matrize schon während der Konstruktion erkennen und damit später beim realen Werkzeug vermeiden können. Das Werkzeug und das Werkstück werden dreidimensional auf dem Computerbildschirm dargestellt, wofür keine teure Workstation erforderlich ist – ein einfacher PC reicht. Die Ergebnisse sind umso genauer, je präziser die verwendeten Materialdaten sind, deshalb stellen wir diese unseren Kunden in Form unserer Materialdatenbank easy-mat mit mehr als 160 Fließkurven zur Verfügung. Diese Datenbank ist die weltweit umfassendste Sammlung von Materialdaten, die nach neues-

tem Stand für diesen Zweck einheitlich ermittelt wurden. Neben diesen Produkten geben wir Anwenderunterstützung in Form von Prozessanalyse, Prozessoptimierung und Materialdatenermittlung und vertreiben Umformwerkzeuge und Zubehör.«

Dr. Arfmann interessierte sich schon früh für Brasilien und besuchte das Land häufig, um Kontakte zu knüpfen, die ihm helfen sollten, seine Programme und Dienstleistungen an den Mann zu bringen. Dazu nutzte er zunächst akademische Kontakte, aber auch die Unterstützung eines starken industriellen Partners, nämlich des belgischen Herstellers von Umformmaschinen Nedschroeff. Seine Firma wurde dadurch zwar bekannt, aber der kommerzielle Erfolg blieb zunächst aus. »Ich ging in den Firmenpool, weil ich einfach nicht weiterkam, aber auch erkannte, dass ich einen fachkundigen Partner in Brasilien brauchte, der dort ständig präsent war«, erklärt er seine Motivation für den Poolbeitritt. Trotzdem war es ein steiniger Weg zum Erfolg, denn die brasilianischen Schmieden kannten entweder die Möglichkeiten der Simulation nicht oder arbeiteten mit einem US-amerikanischen Konkurrenzprodukt und sahen keinen Anlass zum Wechsel – zunächst! Der Erfolg stellte sich ein, als nach Vorträgen Dr. Arfmanns, die von der Firma Nedschroeff und dem brasilianischen Schmiedeverband in Zusammenarbeit mit dem Poolmanager organisiert wurden, das eesy-2-form-Programm bekannt wurde und durch zahlreiche Vorführungen bei Schmieden an praktischen Beispielen seine Alltagstauglichkeit überzeugend nachweisen konnte. Für den Durchbruch musste es den potenziellen Kunden dann noch für eine Probezeit kostenlos zur Verfügung gestellt werden.

Ein weiteres wichtiges Erfolgskriterium war bei den stark erklärungsbedürftigen Produkten auch ein professioneller Vertriebspartner, der in der Person eines Deutsch sprechenden Nedschroeff-Vertreters gefunden wurde. Dann musste nur noch eine Hürde genommen werden, bevor die ersten Programme verkauft werden konnten, nämlich die brasilianische Bürokratie, die den Vertrieb von importierter Software unnötig komplizierte. Aber auch das wurde geschafft, und heute reist Dr. Arfmann mehrmals im Jahr nach Brasilien, hauptsächlich um seine Kunden zu betreuen und fachlich zu beraten. Das Verkaufen kann er jetzt getrost seinem Vertreter mit Sitz in Brusque in Santa Catarina, dem Zentrum der deutschen Einwanderung, überlassen.

CPM hat finanziellen Erfolg, weil seine Gesellschafter langen Atem hatten und Dr. Arfmann sich nicht scheute, zahlreiche unbequeme Reisen auf sich zu nehmen, um sein überlegenes Produkt als erster Verkäufer seiner Firma den Kunden durch überzeugendes Fachwissen nahezubringen.

Eine weitere Lehre kann aus dem CPM-Beispiel gezogen werden: Versuchen Sie nicht, technisch überholte Produkte in Brasilien zu verkaufen, wie es die Automobilindustrie viele Jahre mit Erfolg gemacht hat – bis der damalige Präsident Collor de Mello die Pforten für den Autoimport öffnete und sich die einheimischen Hersteller plötzlich internationaler Konkurrenz ausgesetzt sahen. Heute hat der brasilianische Unternehmer durch die Öffnung des Landes ausländischen Produkten gegenüber die Möglichkeit, das Beste vom Besten zu kaufen, und tut es bei technisch anspruchsvollen Produkten auch, sei es Soft- oder Hardware.

Zwez – ein kleiner Phosphathersteller setzt sich gegen die Weltelite durch

Die Firma Zwez ist Marktführer in ihrer Nische, den Phosphaten für die Oberflächenbehandlung von Rohlingen, die kaltfließgepresst werden sollen. Der Markt für Phosphate für die Oberflächenbehandlung von Blechen, die anschließend lackiert werden sollen, ist Domäne von Riesen wie Henkel und Chemetal, deren Produkte vor allem unter dem Lack unserer Autos zu finden sind. Zwez dachte zunächst an eine Lizenzvergabe, musste aber bald feststellen, dass ein kleinerer brasilianischer Interessent, der die Firma sogar in Deutschland besuchte, mehr am Verkauf seiner Firma an Zwez interessiert war als am Studium der Lizenzverträge. Die Kontakte mit größeren Firmen verliefen ebenfalls im Sande, da es sich um konzerngebundene Unternehmen ohne Entscheidungsfreiheit handelte. Da man aber das Beispiel von CPM vor Augen hatte, mit dessen Geschäftsführer Dr. Arfmann sogar eine gemeinsame Brasilien-Reise unternommen worden war, die das Interesse an den Phosphaten von Zwez bestätigte, wurde beschlossen, den Schritt nach Brasilien selbst zu wagen. Zunächst wurde ein deutscher Mitarbeiter mit Brasilien-Erfahrung und -Sehnsucht gefunden, der willens war, wieder nach Brasilien zu ziehen und sich im Süden des Landes niederzulassen, wo es viele potenzielle Kunden gibt.

Aber der Weg zum Erfolg ist holprig und kann deshalb oft nur langsam beschritten werden. Und die Geduld des Firmengründers Peter Zwez wurde wirklich auf die Probe gestellt. Er hatte den interessierten Firmen bei seinem Besuch Musterlieferungen versprochen und auch auf den Weg gebracht, nur kamen sie nicht bei den Empfängern an. Denn der brasilianische Zoll hat eigene Vorstellungen darüber, was ins Land hineindarf und was nicht, und traut grundsätzlich niemanden. So muss dann schon mal ein Gutachter prüfen, ob denn die deklarierten Phosphate wirklich Phosphate sind – natürlich auf Kosten des Exporteurs. Als ob die normalen Importkosten nicht hinreichend hoch wären, um die offensichtlich gewünschte Abschreckung zu erreichen! Aber zu Zwez' Eigenschaften gehört Beharrlichkeit, und die konnte er jetzt unter Beweis stellen. Also wurden zähneknirschend die Auflagen der Behörden erfüllt, und die Mustersendungen konnten den Kunden schließlich zugestellt werden. Die Erprobung dieser Phosphate war minutiös begleitet worden, dazu waren der künftige lokale Vertriebsmann und sein Chef ständig in Brasilien, wobei diese Aufenthalte auch genutzt wurden, um auf Fachmessen die Firma Zwez und ihre Phosphate weiter bekannt zu machen. Das führte schnell zu Aufträgen.

Ein weiteres Problem, das Zwez das Leben schwer machte, war die finanzielle Abwicklung der Aufträge. Denn der Importeur, der als Wiederverkäufer fungierte, hatte seine Firma zunächst nicht als Dienstleistungsfirma registriert und konnte deshalb an Zwez keine Dienstleistungsrechnung für seine Bemühungen stellen. Und die

Honorierung über den Preis war aus steuerlichen Gründen nicht gangbar, weil dies einfach zu teuer geworden wäre. In solchen Fällen muss immer wieder darauf hingewiesen werden, dass der einfachste Weg der korrekte ist, auch wenn er mit bürokratischem Aufwand verbunden ist. Auf Dauer fahren alle Beteiligten damit besser als mit jedem *jeitinho!* Hier bedeutete dies also einfach die korrekte Firmenregistrierung.

Aber der Importeur hatte noch andere Klagen, vor allem über die mit der schon erwähnten Importbürokratie verbundenen Kosten und die oft langen Wartezeiten. Denn selbst nach Prüfung der Chemikalien durch einen brasilianischen Gutachter und die anschließende Neuklassifizierung – natürlich mit einem höheren Zollsatz – war der Import immer noch schwierig, unter anderem da Chemikalien als Gefahrengut besonders kritisch sind. Erst nach Einschaltung einer Trading-Firma, die die Ware im eigenen Zollfreilager zwischenlagerte, wurden die Probleme mit den Behörden weniger, aber die Kosten der Zwischenlagerung summierten sich. Auch deshalb, weil man auf Verdacht Ware geschickt hatte, die zunächst nicht gefragt war. Hier muss einfach gerechnet werden, was billiger ist: die Lagerung im Zollfreilager oder die sofortige Verzollung unter Zahlung der Steuern, Gebühren und Abgaben und das Warten auf einen Kundenauftrag. Die von Zwez gewählte Konstruktion – eigener Verkauf und fremde Logistik – wurde vom Importeur besonders kritisiert, weil dieser die Verzollung bezahlen sollte, aber keinen Einfluss auf den Verkauf hatte.

Ein weiteres Problem, welches die Alternativen einschränkte, war eine neue brasilianische Vorschrift. Nach dieser darf eine Trading nicht mehr für Dritte importieren, wenn der Endkunde nicht feststeht, denn nur in seinem Namen darf der Import eingeleitet werden. Das Angebot an den Importeur, die Ware von Zwez zu kaufen und auf eigene Rechnung, aber zu den von Zwez vorgeschriebenen Preisen weiterzuverkaufen, nahm dieser nicht an. Also mussten andere Wege gefunden werden. Die Lösung bot ein früherer Kontakt, den wir für eine eventuelle Lohnfertigung gemacht hatten. Die damals ins Auge gefasste Chemiefirma war zunächst zu teuer, aber zwischenzeitlich hatte sich die Lage geändert und Anfang 2008 wurden erneut Verhandlungen aufgenommen. Die Lösung – Produktion der Phosphate, ein *commodity*, im Lande und der Import hochwertiger Festschmierstoffe für die Fertigung von Kaltfließpressteilen – bot eine zufriedenstellende Perspektive sowohl für Zwez als auch für die brasilianische Chemiefirma, die durch die Verbindung mit Zwez auch ein Rohstoffproblem lösen konnte. Der bisherige Importeur war ebenfalls zufrieden, weil er sein eigenes Geschäft nicht mehr mit den Importkosten der Zwez-Produkte belasten musste und außerdem vom Zwang befreit war, seine Firma als Dienstleistungsfirma zu registrieren.

In diesem und ähnlichen Fällen bleibt mittel- bis langfristig nur die lokale Produktion übrig, um sich solche mit dem Export verbundenen Probleme vom Halse zu schaffen. Eine Vorstufe wäre die Gründung einer eigenen Handelsniederlassung, die auch die Anwendungsberatung übernimmt; ein unschätzbarer Wettbewerbsvorteil und ein sehr wichtiger Aspekt in Brasilien beim Verkauf erklärungsbedürftiger Produkte und Dienstleistungen. Ein guter Preis und Spitzentechnologie reichen nicht immer aus – die lokale Verfügbarkeit und die Auftragsabwicklung auf Portugiesisch können entscheidend sein.

TWB – wie man zu seinem Glück gezwungen wird

In den Anfängen des Firmenpools machte ich Bekanntschaft mit dem kaufmännischen Geschäftsführer Martin Dee und kurz darauf auch mit Peter Blecher, dem Firmengründer, der in der Zwischenzeit das Zepter an seinen Sohn abgegeben hat. Das Unternehmen wird straff geführt, beide Geschäftsführer sind ehemalige Fallschirmjäger und Reserveoffiziere und hatten ursprünglich nicht vor, ausgerechnet in Brasilien die Metallstruktur von Hinterbankrückenlehnen für Volkswagen zu pressen und zu schweißen. Dafür gab es gute Gründe, denn zwar versuchte der Großkunde durch schnell wachsende Planstückzahlen seinen Lieferanten nach Brasilien zu locken, aber dieser scheute vor den damit verbundenen hohen Investitionen zurück, die erstens nicht alle vom Kunden getragen werden konnten und zweitens, wenn der Kunde wie bei den Presswerkzeugen die Kosten übernahm, zunächst vom Lieferanten zu zahlen waren.

Und wie rückblickend gesagt werden kann, hatte das Poolmitglied TWB, größter privater Arbeitgeber Hagens, mehr als recht, denn kaum hatte die Firma teure – *sehr* teure – Schweißmaschinen in der Schweiz und Presswerkzeuge in Deutschland bestellt, um die hohen Stückzahlen automatisiert zu bewältigen, kam der Alarmruf des Kunden: Die Stückzahlen könnten nicht garantiert werden, der Lieferant möge bitte keine Investitionen ohne Absprache mit VW treffen. Jetzt wissen Sie auch, warum ich an anderer Stelle in diesem Buch von dem *technisch* vorbildhaften VW-Audi-Werk in São José dos Pinhais bei Curitiba geschrieben habe, denn die Stückzahlplanung, egal aus welchen Gründen, war eben nicht so vorbildlich.

TWB konnte zwar eine der Schweißmaschinen noch ins Stammwerk umlenken, aber für die zweite war beim besten Willen keine Verwendung zu finden. Der Auftrag musste storniert und eine Strafe gezahlt werden. Unter diesen Umständen war natürlich überhaupt nicht daran zu denken, ein eigenes Presswerk aufzubauen, aber glücklicherweise fand sich in Karmann Ghia do Brasil ein Lieferant, der die Komplettproduktion mit von der inzwischen gegründeten TWB do Brasil gelieferten Materialien und Komponenten übernahm.

Allerdings gab es weiterhin einen großen Pferdefuß bei diesem Geschäft, und das war der Wechselkurs, denn TWB do Brasil musste zunächst mit importierten Blechen und Teppichen arbeiten, die auf den Teil der Rückenlehne geklebt sind, die vom Kofferraum sichtbar ist. Und als der Preis in brasilianischer Landeswährung, nicht ohne Reduktionsfaktor wie in der Kfz-Industrie üblich, verhandelt war, ging der Real in den Keller und die Verluste von TWB do Brasil in die Höhe. Überhaupt nicht hilfreich war dabei die Tatsache, dass TWB in Brasilien kein Systemlieferant war, sondern an den Sitzhersteller liefern musste. Ich habe diese Probleme als Aufbaugeschäftsführer hautnah miterlebt, aber sie waren glücklicherweise lösbar. Heute ist mein guter Bekannter Dr. Reinhold Track der Leiter der TWB do Brasil, die in der Zwischenzeit von São Bernado do Campo aufs Land nach Atibaia gezogen ist und heute wirkliche Großaufträge hat. Auch den Produktionspartner hat die Firma im Zuge des Umzugs wechseln müssen, denn bei allem Erfolg – zu einem eigenem Presswerk reicht es noch nicht. Aber wer weiß, was die Zukunft bringt?

Noch ein Kuriosum zum Abschluss, welches die Arbeitsweise des brasilianischen Zolls beleuchtet. Zum Aufkleben der vorerwähnten Teppiche war eine Sondermaschine mit Blick auf die vorausgesagten hohen Stückzahlen bestellt worden, die nach dem Alarmruf des Kunden nicht mehr stornierbar war. Als die Maschine in Brasilien eintraf, verlangte der Zoll eine Kopie des Katalogs der Herstellerfirma. Jeglicher Hinweis, dass es sich um eine Sondermaschine handele, die einmalig und in keinem Katalog enthalten sei, fruchtete nichts. Erst als wir selbst einen Katalog mit von uns im Zolllager gemachten Fotos der Maschine fabrizierten und dem Zollbeamten vorlegten, wurde der Kleberoboter freigegeben mit einem süffisanten »Da ist er ja, der nicht vorhandene Katalog«.

Und ein Hinweis für alle, die vor einer ähnlichen Entscheidung stehen: TWB musste den Entwicklungs- und den Vertriebsleiter sehr lange mehrmals im Jahr zur Unterstützung nach Brasilien schicken. Das ist im Kraftfahrzeugteilzuliefergeschäft unvermeidlich und erfordert eine eingespielte Mannschaft im Stammhaus, die auch mal ohne die Chefs auskommt. TWB ist ebenfalls ein gutes Beispiel dafür, dass es Jahre dauert, bis die Investition in ein eigenes Werk wieder zurückfließt. Aber für Brasilien gilt: Sie fließt zurück! Auch wenn man warten muss. Wer lange genug wartet, ist dabei und verdient dann sehr gutes Geld. Und heute steht die Automobilindustrie kurz davor, über 3 Millionen Fahrzeuge im Jahr zu fabrizieren, das sind Traumwerte, die unter anderem dazu führen, dass viele der Kfz-Hersteller und auch ihre Zulieferer im Dreischichtbetrieb arbeiten.

Der Kraftfahrzeugzulieferer ist im harten Original-Equipment-Geschäft meist seinem Kunden ausgeliefert, wie das jüngste Beispiel von Karmann Ghia in Deutschland zeigt: Ende 2007 blieben die Aufträge aus, und Tausende von Arbeitsplätzen stehen plötzlich auf der Kippe. Ihm bleibt oft nur, dem Ruf seines Herrn zu folgen, wenn er ein Drittel oder mehr seines Umsatzes mit diesem macht. Auch TWB hatte keine echte Wahl, als die Firma nach Brasilien gebeten wurde. Aber sie wusste das damit verbundene Risiko zu bewältigen und in eine Chance zu verwandeln. Heute ist TWB über das Brasilien-Engagement froh. Das brasilianische Kraftfahrzeuggeschäft schnurrt nämlich nicht nur wie ein guter Motor, sondern brummt kräftig.

Breitenbach – alles läuft rund!

Der Hersteller von Hochpräzisionswalzen unter anderem für die Papier-, Gummi-, Folien- und Nahrungsmittelindustrie aus Siegen verkauft seine Produkte in den USA über ein eigenes Vertriebsbüro, welches in der Nähe der Bundeshauptstadt Washington liegt und von dem auch für Brasilien zuständigen Thorsten Münker geleitet wird. Das eigentümergeführte Familienunternehmen kann auf eine lange Tradition zurückblicken, es wurde schließlich schon 1866 gegründet.

Als sich das Unternehmen zum Poolbeitritt entschloss, war noch nicht klar, ob man Erfolg haben würde, denn der Vertrieb hoch spezialisierter Maschinenbaukomponenten ist auf die große Entfernung alles andere als einfach, und zunächst wurde der Pool nur als Hilfskonstruktion empfunden. Das hat sich in der Zwischenzeit geändert. Münker teilte uns beim Eintritt in den Pool sofort seine bisherigen Kontakte mit und konzentrierte sich darauf, selbst vor Ort seine Kunden mit uns zu besuchen. Dabei verstand er unter Kunden auch Konzerne wie die der Reifenindustrie, die zum Beispiel in den USA bei ihm kauften, aber in Brasilien noch nie von ihm gehört hatten. Hier kam ihm eine der Stärken des Firmenpools Brasilien zustatten: die schnelle und gründliche Vorbereitung von

Geschäftsreisen. Dazu gehört nicht nur die vorherige Versorgung des brasilianischen Gesprächspartners mit Material über Firma und Produkte in der Landessprache, sondern auch Hotel- und Flugreservierung, die Begleitung zum Kunden mit Übersetzung und – wenn gewünscht – auch die Protokollierung des Gesprächs, das Nachhalten und die Kontaktpflege sowie der Import und die Weiterleitung von Mustern. Und in Brasilien vor allem das hochflexible Reagieren auf Änderungen.

Im Oktober 2007 war Münker in Brasilien. Auf dem Weg zu Kunden weit außerhalb von São Paulo in Cotia und Sorocaba sagten morgens zwei ab, und trotzdem konnten wir alle drei vorgesehenen Termine wahrnehmen, allerdings in geänderter Reihenfolge und den letzten um 18 Uhr. Das war der Verdienst von Dona Vera, der für die Terminkoordination verantwortlichen Mitarbeiterin von Eurolatina, die so lange telefonierte, bis alle drei Kundentermine wieder passten, trotz der firmeninternen Probleme, die zur Absage geführt hatten. Und Münker konnte außerdem mit einem unterschriebenen Vertretungsvertrag die Heimreise in die USA antreten.

Aber schon im November war er wieder in Brasilien, diesmal in Florianópolis, wo ein Öle-und-Fette-Kongress der Nahrungsmittelindustrie stattfand. Hier wurde die letzte Bastion genommen. Nachdem Breitenbach guten Zugang zu Kunden im Gummi-, Kunststoff- und Papierbereich gefunden hatte, gelang dies jetzt auch für die Zerkleinerungswalzen, die unter anderem zur Gewinnung von Sojaöl eingesetzt werden. Noch ein Wort zum Vertretungsvertrag: Der neue Vertreter ist eine Maschinenfabrik, die schon an Produkten eines anderen Poolmitgliedes, der Schwesterfirmen Bartholomy und WSI, interessiert war. Es handelt sich um Manipulatoren von Papierrollen von bis zu 8 Tonnen Gewicht, die diese mechanisch und mit Vakuum heben, wenden und drehen. Leider liegen die Papierfabriken Brasiliens Hunderte von Kilometern auseinander, und der Besuchsaufwand ist dementsprechend hoch. Hier sah der Vertreter einen realisierbaren Synergieeffekt, der jetzt beiden Poolmitgliedern zugute kommt.

Breitenbach hat das Glück, dass man nur wenige Anlagenbauer erobern muss, um die vielen Branchen zu erreichen, die Präzisionswalzen benötigen. Aber für die Befriedigung des Ersatzbedarfs muss man auch den Endkunden kennen. Wenn dieser eine Konzerntochter ist, hilft Internationalität. Deshalb hat Breitenbach auch eine US-Vertriebstochter.

Probleme sind meist lösbar, machmal aber nur durch einen Rückzug

Es gibt immer Fälle, wo die Schwierigkeiten unüberwindbar erscheinen und man die Flinte ins Korn werfen möchte. Manche tun es, heben sie aber mit Glück später wieder auf – es gibt eben auch Comebacks. Hier schildere ich einige Fälle.

Wie viele Fabriken und wo?

Einem Pharmakonzern, der schon seit längerer Zeit in Lateinamerika etabliert ist, kamen Zweifel, ob er wirklich so viele Fabriken haben müsste, und dazu noch in verschiedenen Ländern, insgesamt vier mit Brasilien. Ich hatte zuvor eine umfassende Standortstudie für einen anderen deutschen Pharmakonzern durchgeführt, zusammen mit meinem Freund und Partner Christian V. Schmehlik, den ich aus unserer gemeinsamen Zeit in Südafrika kannte. Diese Studie führte uns nach Argentinien, Chile, Ecuador und Mexiko und sollte bei der Entscheidung zum Bau einer neuen Fabrik dienen, deren Notwendigkeit und eventueller Standort umstritten waren. Wir untersuchten bei unserem neuen Auftrag auch alle relevanten Kosten- und sonstigen Einflussfaktoren, wobei die Schwierigkeit darin bestand, sehr viele Detaildaten, unklare Strategien und verdeckte persönliche Interessen der jeweiligen Standortleiter unter einen Hut zu bringen. Das Ergebnis stellte erstaunlicherweise alle zufrieden, denn jede Fabrik konnte wirtschaftlich sinnvoll betrieben werden, aber nur mit Neuverteilung der Produkte unter Kosten- und Sicherheitsaspekten auf die bestehenden Produktionsstandorte. Hier war die Umverteilung von Zuständigkeiten gegenüber den drohenden Werksschließungen für die lokalen Chefs und deren Mitarbeiter das kleinere Übel.

Die Lehre daraus war, dass komplexe Entscheidungen mit weitreichenden Folgen einer intensiven Vorbereitung und der frühzeitigen Einbindung der lokalen Geschäftsführer bedürfen. Fingerspitzengefühl und Nachvollziehbarkeit durch transparentes und systematisches Vorgehen waren extrem wichtig für die Akzeptanz der Entscheidung. Es muss immer wieder betont werden: Geschäfte werden von Menschen gemacht, und diese sind nie ganz frei von subjektiven Einflussfaktoren.

Wie man Verlust in Gewinn verwandelt und dabei reich wird

Schwieriger lag der Fall bei einem langjährigen Kunden, der sich von einer Tochterfirma in Brasilien trennen wollte. Es ging für uns um die Prüfung der wirtschaftlichen Machbarkeit und um die Fortführung des verkauften Unternehmens unter einem brasilianischen Eigentümer. Der deutsche Konzern wollte sich auf jeden Fall von dem Bereich trennen, der seit Jahren Verluste machte, und der Käufer wollte das Geschäftspotenzial des Bereiches und seine Sanierungsfähigkeit nachgewiesen haben, um den gewünschten Verkaufspreis zu akzeptieren. Wir stellten zunächst den Kontakt zwischen Käufer und Verkäufer her und diskutierten mit dem Interessenten, warum sich ohne Finanzspritze etwas an der Situation des zum Verkauf stehenden Unternehmens ändern sollte. Der Grund war überzeugend, die Konzernzugehörigkeit verursachte eine selbst für brasilianische Verhältnisse unangemessene Verwaltungsstruktur. Vor der Übernahme übernahm daher noch der Verkäufer die Bereinigung der Struktur, mit anderen Worten: Ein großer Teil der Verwaltungsmitarbeiter wurde entlassen, aber alle altgedienten Führungskräfte blieben im Amt.

Bereits im ersten Monat nach dem Firmenkauf konnte der jetzt eigentümergeführte Betrieb Gewinn ausweisen. Da die Abfindungen noch vom alten Eigentümer bezahlt wurden, musste der neue kein frisches Geld in die Firma stecken. Aber er führte eine weitere wichtige Änderung ein: Die Firma wurde von einem Halbzeugher-steller in einen Automobilkomponentenfabrikanten umgewandelt. Mit dieser höheren Wertschöpfung wurde die Grundlage für ein bis heute robustes Wachstum geschaffen. Der brasilianische Käu-fer fährt mittlerweile einen werksgepanzerten Mercedes und hat zwei Motorjachten, zwei Düsenflugzeuge sowie einen Hubschrau-ber, weil er das geschilderte Rezept in der Zwischenzeit mehrfach erfolgreich angewandt hat. Und, das muss leider auch gesagt werden, er geht ohne Leibwächter nicht mehr auf die Straße.

Hals-über-Kopf-Entscheidungen gehen selten gut

Manchmal werden die Fehler ganz am Anfang gemacht und sind dann später kaum zu korrigieren. So lagen die Dinge bei der Gründung einer Tochterfirma eines auf Seetransporte spezialisier-ten Unternehmens mit eigenen Schiffen. Nach der Firmengründ-ung setzte der Hauptgesellschafter neben einem deutschen *gerente delegado* noch einen brasilianischen Logistikspezialisten als Ge-schäftsführer ein, der sich das Kommando der deutschen Tochter außerdem mit einer nach Brasilien entsandten Mitarbeiterin des Gesellschafters teilen musste. Der Geschäftsführer betrieb aber nebenbei noch seine eigene Firma und hatte hauptsächlich deren Wohlergehen im Auge.

Viele Köche verderben den Brei – gemäß dieser alten Erfah-rung wurden durch die dreifache Führungsspitze Fehler bei der Registrierung des Stammkapitals gemacht, die anschließend selten korrigiert werden können, die brasilianische Zentralbank hat hierzu sehr starre Ansichten. Als die nach Brasilien entsandte Mitarbeiterin dann noch entdeckte, dass sie schwanger war, wurde sie schnellstens nach Deutschland zurückgerufen und die Über-tragung der Befugnisse des *gerente delegado* auf den Geschäfts-führer, der abgerufen wurde, zurückgenommen. Dieser hatte näm-lich den guten Eindruck, den er während einer Unternehmerreise in Brasilien auf den Hauptgesellschafter gemacht hatte, nicht bestä-tigen können. Die Firma besteht heute weiter, ist aber nicht operativ.

Man soll eben den zweiten Schritt nicht vor dem ersten machen und Zufallsbekanntschaften nicht gleich als Glücksfall begreifen. Wer zu schnell vorprescht, ohne konsequent einen Plan zu verfolgen, muss in Kauf nehmen, dass vorübergehend – das können auch Jahre sein – eine Zwangspause eingelegt werden muss.

Ähnliche Beispiele gibt es auch aus anderen Branchen. Es klappt einfach nicht, weil die falsche Person eingesetzt wurde. Ist dieser Fehler korrigiert, geht es auf einmal vorwärts. Was mit anderen Worten bedeutet: Die Auswahl eines Partners oder Mitarbeiters, vor allem auf Geschäftsführerebene, entscheidet über Wohl oder Wehe Ihrer Firma in Brasilien. Suchen Sie daher mit viel Zeit, und schalten Sie ruhig einen Personalberater ein, auch wenn Sie meinen, das Geld können Sie sparen. Glauben Sie mir, Sie können es nicht. Meist wird es teuer, wenn Sie bei einem Kurzaufenthalt eine Zufallsbekanntschaft zu Ihrem Mann in Brasilien erküren. Fragen Sie mal meinen Partner Klaus Dietz in Frankfurt, der schon seit 1996 bei der Suche nach geeignetem Führungspersonal in Lateinamerika exklusiv mit mir zusammenarbeitet, er kann Ihnen Bände erzählen.

Ich will nur zwei Beispiele erwähnen, die ich hautnah miterlebt habe. In beiden Fällen hatten die im Ausland lebenden deutschen Kandidaten ihre Lebensläufe gefälscht, und in beiden Fällen wurden sie vom Chef der Obergesellschaft eingestellt, weil sie beim Vorstellungsgespräch einen glänzenden Eindruck gemacht hatten. Dieses Vorstellungsgespräch fand, wie man sich denken kann, unter vier Augen statt. Beide wurden natürlich entlassen, als sich nicht mehr verbergen ließ, dass die nötige Substanz nicht vorhanden war, einer nahm dabei eine vorher schon bei der Einstellung ausgehandelte Abfindung mit!

Firmenkauf, aber dann bitte konsequent

Eine deutsche Gießerei hatte ganz andere Probleme. Die Geschäfte gingen so gut, dass man einen zweistelligen Millionenbetrag in Euro in der Kriegskasse hatte, und die wollte man in Brasilien anlegen. Man rechnete sich nämlich dort gute Geschäftsmöglichkeiten aus, weil man in Deutschland auf die Herstellung von fertig bearbeiteten rotationssymmetrischen Komponenten für Transport- und Beschickungseinrichtungen für Berg- und Stahlwerke spezialisiert war. Hier boomt es gerade in Brasilien, und das wird, wenn man die Investitionspläne der großen Bergbaugesellschaften und Stahlkocher liest, noch lange so bleiben. Man suchte deshalb eine Gießerei, die wie die deutsche auf bestimmte Materialien ausgerichtet war und eine Mehrheitsbeteiligung eines ausländischen Unternehmens akzeptieren würde.

Wir suchten nach diesem Anforderungsprofil aus 1.200 brasilianischen Gießereien einige potenzielle Kandidaten heraus, von denen nach einem Besuch fünf übrig blieben. Der Kontakt zum Interessenten wurde hergestellt und Verhandlungen eingeleitet. Bei einigen Kandidaten stellte sich schnell heraus, dass man eigentlich keine Beteiligung verkaufen wollte, sondern wenn überhaupt die ganze Firma, aber durchaus wegen des Interesses geschmeichelt war. Ein Kandidat blieb schließlich übrig und flog auch nach Deutschland, um dort die Gespräche ohne unsere Beteiligung zu vertiefen. Die Situation seiner Firma realistisch zu beurteilen war schwer, weil selbst einer eingeschränkten Due Diligence nicht zugestimmt wurde. Monate danach wurde ich vom Eigentümer dieser brasilianischen Firma angerufen und nach dem Stand der Dinge gefragt. Nach Rücksprache mit der deutschen Firma musste ich ihm sagen, dass diese ihre Pläne geändert hätte und jetzt Gussteile in Indien (!) kaufen würde. Diese Begründung war für mich zwar nicht einleuchtend, denn hier bleiben Fragen offen. Aber die habe ich dem Unternehmen nicht gestellt.

Hier erleben wir ein anderes Phänomen des »Geschäfte werden von Menschen gemacht«, denn einige davon vergessen manchmal, dass man zwischenmenschliche Beziehungen nur langsam aufbaut, aber schnell unterbricht oder sogar zerstört. Was hätte es gekostet, dem Geschäftspartner mitzuteilen, dass man nicht mehr so brennend am Einstieg in seine Firma interessiert war? Diese Mahnung gilt natürlich genauso für Brasilianer. Wie oft schicken deutsche Unternehmen Angebote nach Brasilien, die auf Verlangen nachgebessert werden und von denen man anschließend nie wieder etwas hört! Auch Bewerber beschweren sich häufig darüber, dass sie Bewerbungen verschicken und nie eine Reaktion erfolgt, weder positiv noch negativ. Wenn man nichts hört, fühlt man sich ignoriert, und das tut weh. Aber man muss sich auch in die andere Seite hineinversetzen: Was für einen selbst als Verkäufer oder Bewerber manchmal sogar lebenswichtig ist, muss für den Einkäufer oder den Einstellenden nicht denselben Stellenwert haben. Mit dieser Realität müssen wir leben, aber schön wäre es doch, ab und zu eine Zwischeninformation oder wenigstens eine Absage zu bekommen.

Firmenkauf ist wie überall auf der Welt auch in Brasilien Vertrauenssache und bedingt oft neben einer »normalen« Due Diligence auch eine tiefgehende Analyse im Personalbereich. Wer eine Firma kauft, muss sich neben der Wertermittlung auch mit der Frage befassen, auf wen in der Firma er sich verlassen kann und von wem er sich besser trennen sollte.

Aber zuerst einige Überlegungen zur Wertermittlung. Die gebräuchlichen Methoden sind nicht immer anwendbar, auch wenn vieles in den letzten Jahren durch die niedrige Inflation – zurzeit zirka 3 Prozent im Jahr – und die Stabilität des Real einfacher geworden ist. Als wir 1988 die ersten Firmenwertermittlungen in Brasilien durchführten, waren zum Beispiel Umrechnungen der Bilanz- und GuV-Werte mit Jahresend- beziehungsweise Mittelkursen nicht möglich, weil sie wegen der Inflation zu völlig falschen Werten führten. Diese Zeiten sind vorüber, aber immer noch verkaufen viele Firmen ihre Waren ohne Rechnung oder kaufen ohne Rechnung ein, um der hohen Steuerbelastung zu entfliehen. Die offizielle Buchhaltung alleine spiegelt in diesen Fällen nicht die Wahrheit wider, sie muss durch eine inoffizielle Buchhaltung ergänzt werden, die die »schwarze Kasse« der Firma berücksichtigt.

Wir raten unseren Kunden dringend vom Kauf einer solchen Firma ab, denn »schwarze Kassen« sind auch in Brasilien gesetzeswidrig, und selbst wenn der Käufer diese Praxis nicht fortführen will, hat er Schwierigkeiten zu erwarten: Mit Sicherheit werden die

Kunden, die ohne Rechnung bei der Firma einkauften, abspringen, wenn aufgrund der korrekten Steuerabführung auf einmal die Preise höher werden. In einem konkreten Fall, der Übernahme einer Schmelzsicherungsfirma durch einen deutschen Konzern, kam es deshalb nicht zu einem Geschäftsabschluss.

Die Wertermittlung einer Firma stützt sich weitgehend auf die in Zukunft erzielbaren Gewinne, die zum Teil aus der Vergangenheit abgeleitet werden. Da gerade kleine und mittlere Unternehmen aber ihre Gewinne nicht exakt ermitteln, um Buchhaltungsaufwand zu sparen, sondern mit einem »angenommenen« Gewinn arbeiten, der pauschal versteuert wird, fehlen oft die nötigen Daten für eine Gewinnprojektion. Weitere Probleme können sich ergeben, wenn die Firma zum Beispiel vom Einkommen der Arbeitnehmer deren Anteil an den Sozialversicherungsabgaben abzog, aber nicht an die Sozialversicherung weiterleitete. Das ist kein einfacher Regelverstoß, sondern ein Verbrechen, welches entsprechend strafrechtlich verfolgt wird – wenn es entdeckt wird! Und weil viele Arbeitgeber mit dieser Entdeckung nicht rechnen, kommen solche Fälle immer wieder vor.

Da in Brasilien, welches durchaus kein Niedriglohnland mehr ist, die Lohnnebenkosten fast 100 Prozent der Bruttobezüge betragen, beschäftigen viele Firmen Mitarbeiter, ohne sie ordnungsgemäß zu registrieren. Gekündigte Mitarbeiter haben drei Jahre Zeit, ihren ehemaligen Arbeitgeber zu verklagen, und gewinnen solche Arbeitsgerichtsprozesse in der Regel auch. Also hat der Firmenkäufer hier ein weiteres Risiko zu tragen, vor allem, wenn der Erwerber ein »reicher« Ausländer ist. Hier wittert nämlich der ehemalige Mitarbeiter eine Chance, entsprechende Zahlungen zu erhalten. Loyalität gegenüber dem neuen Eigentümer empfindet er dabei sicher nicht. Er lässt sich alleine von der Notwendigkeit leiten, zu Geld zu kommen.

Diese Notwendigkeit ergibt sich dabei schon aus der einfachen Tatsache, dass es keine der deutschen vergleichbaren Arbeitslosenversicherung gibt. An ihrer Stelle existiert eine 8-prozentige Abgabe auf den Bruttolohn, die FGTS heißt, Fundo de Garantia por Tempo Servido oder Garantiefonds für Beschäftigungsdauer. Das besondere Problem liegt darin, dass der Arbeitnehmer nur bei nicht fristloser Kündigung durch den Arbeitgeber Zugang zu diesem Geld hat, bei eigener Kündigung bleibt es aber auf seinem Konto bei der Caixa Econômica Federal, der Bundessparkasse, liegen. Wenn der neue Eigentümer die Notwendigkeit zum Personalabbau sieht, muss er bei einer Entlassung 50 Prozent Strafe auf den vorher von der Firma eingezahlten Betrag zahlen, den der Entlassene zuzüglich zum Wert des Garantiefonds erhält. Das kann im Einzelfall sehr teuer werden, solche Risiken müssen also unbedingt bei einer Due Diligence berücksichtigt werden.

Bei der Beurteilung der Führungskräfte zur Entscheidung über deren Verbleib in der Firma ist der Firmenkäufer auf seinen persönlichen Eindruck angewiesen. Zeugnisse sind in Brasilien völlig unbekannt. Also Vorsicht beim Firmenkauf! Landeskundliche Spezialisten sollten die Firma vor der Übernahme gründlich durchleuchten, damit der Käufer vor Überraschungen sicher ist. Aber diese Schwierigkeiten sollten den Käufer auch nicht abschrecken; es gibt genügend Beispiele für erfolgreiche Übernahmen. Wie wichtig dabei die Persönlichkeit des Käufers ist, zeigen Beispiele aus unserer Praxis, wo Brasilianer ausländische hoch verschuldete Firmen kauften und in wenigen Monaten ohne zusätzliche Investition nachhaltig sanierten. Ihr Geheimnis: exzellente Personalführung und Motivation ohne Verängstigung oder Verunsicherung der Mitarbeiter, siehe das Kapitel über Grupo Brasil. Es gibt aber auch Beispiele, in denen der Verkäufer nach der Übergabe ein Konkurrenzunternehmen aufzog und die besten Leute seiner ehemaligen Firma mitnahm. Wer sich in Brasilien engagieren will, sollte sich daher vor dem Kauf sehr gründlich mit dem Umfeld seiner neuen Firma vertraut machen. Brasilien ist anders!

Das Licht nicht unter den Scheffel stellen

Nicht mit Ungewissheit, aber mit berechtigten Zweifeln plagte sich ein deutscher Leuchtenhersteller, der schon seit einigen Jahren für seine Hochpreiswohnraumleuchten den geeigneten Vertriebsweg für Brasilien suchte. Er hatte dazu Versuche mit einem Deutsch-

Brasilianer aus der Branche gemacht, der zwar Importeur, aber eher produktions- als vertriebsorientiert war und entsprechend unbefriedigende Verkaufsergebnisse erzielte. Eines der technischen Probleme war, dass die Serienfertigung in Deutschland zunächst nur 220 V und 50 Hz vorsah, die Produkte mussten also in Brasilien umgebaut oder komplettiert werden.

Beim gemeinsamen Besuch mit dem Vertriebsleiter der deutschen Firma auf einer Beleuchtungsmesse in Brasilien lernten wir auf dem Stand einer italienischen Firma einen so gut geeignet erscheinenden Vertriebsleiter kennen, dass wir ihn eigentlich abwerben wollten. Aber wie ich schon sagte: Traue nie dem ersten Eindruck auf einer Messe! Außerdem war der Mann nicht bereit, seine Position aufzugeben. Also wurde der Entschluss gefasst, eine Partnerschaft mit den Italienern zu versuchen, die eine Fabrik in Brasilien betrieben. Die Eigner waren auch interessiert und wurden nach Deutschland eingeladen. Der Besuch war allerdings menschlich so enttäuschend, dass von einer Partnerschaft abgesehen und die Gründung einer eigenen Vertriebsfirma mit Ausstellungsraum ins Auge gefasst wurde. Da die damit verbundenen Investitionen ziemlich hoch waren, wurde parallel eruiert, ob man mit Leuchtenhändlern mit Ausstellungsraum zusammenarbeiten könne. Bei einem zweiten Treffen mit dem Vertriebsleiter der italienischen Firma, der diese inzwischen verlassen hatte, wurde er noch einmal gefragt, ob er für unseren deutschen Kunden arbeiten möchte.

Jetzt fing das große kulturelle Durcheinander an, was eventuell auch damit zusammenhing, dass der Vertriebsleiter Brasilianer japanischer Abstammung war, der Vertriebschef der deutschen Firma zwar Europäer, aber lateinamerikanischen Ursprunges, der Poolleiter in Brasilien Deutscher und der einzubindende bisherige Vertreter Deutsch-Brasilianer. Zunächst sagte der Japaner, wie ich ihn der Einfachheit nennen will, zu, wollte aber zusammen mit seinem Finanzkollegen des augenblicklichen Arbeitgebers an der neuen Firma beteiligt werden. Außerdem überraschte er uns mit der Mitteilung, dass er bereits gekündigt hätte. Denn wenn eine deutsche Firma fragt, ob man bei ihr arbeiten wolle, nehme man ein solches Angebot natürlich vom Fleck weg an!

Hier zeigt sich wieder ein grundsätzlicher Unterschied zwischen deutschen und brasilianischen Arbeitnehmern. Zumindest früher galt es in Deutschland als eiserne Regel, am besten überhaupt nicht zu wechseln, und wenn, dann höchstens nach fünf Jahren Verweildauer beim augenblicklichen Arbeitgeber. Und wenn gekündigt wird, dann mit entsprechender Vorlauffrist, die oft bedeutet, dass jemand seinen Arbeitsplatz erst nach Monaten, manchmal sogar nach einem Jahr wechseln kann. In Brasilien kann jeder heute kündigen und fängt in der Praxis morgen oder wenigstens nächste Woche bei der neuen Firma an. Die Kündigungsfrist beträgt beiderseits nur 30 Tage, unabhängig von der Stellung innerhalb der Firma. Der Direktor kann also genauso schnell kündigen wie der Botenjunge, ihm kann allerdings auch genauso schnell gekündigt werden. Und wenn diese beiden Welten, die der Gewissheit und der Ungewissheit, aufeinanderprallen, herrscht zunächst einmal Unverständnis.

Das war auch hier der Fall. Die deutsche Firma zahlte zwar während der Probezeit das Gehalt des Brasilianers, aber mit hörbarem Zähneknirschen des Vertriebsleiters in Deutschland. Da man noch keine Firma gegründet hatte, wurde der Japaner als freier Mitarbeiter beschäftigt. Seine Besuchsberichte waren allerdings für den deutschen Arbeitgeber nicht sachlich genug, man wollte mehr Fakten und weniger unverbindliche blumige Meinung.

Auch hier klafft eine große Lücke zwischen Deutschen und Brasilianern. Die einen wollen, dass man sich festlegt, die anderen wollen dies vermeiden. Aber wenigstens schaffte der Japaner es, die deutsche Leuchtenfirma mit der Bereitschaft eines Händlers zur Vermarktung ihrer Produkte zu versöhnen, vorläufig jedenfalls. Dass dieser Händler einen großen Ausstellungsraum hatte, half dabei. Aber es gab trotzdem Probleme, denn nach teurem Musterimport und Installation der Leuchten im Ausstellungsraum wollte der Händler die Exponate, für die ihm ein Sonderrabatt zugebilligt worden war, nicht bezahlen. Er war der Meinung, dass er mit der Aufnahme der deutschen Firma in seinen Katalog den Kaufpreis entrichtet habe. Das Endergebnis war mehr als bedauerlich. Die bereits angezahlte Teilnahme an der nächsten Beleuchtungsmesse wurde abgesagt, der Japaner gefeuert und die Exponate wieder abgezogen. Die deutsche Firma zog sich aus Brasilien komplett zurück und beendete ein fast vierjähriges Abenteuer. Woran lag es? Zunächst war keine echte Investitionsbereitschaft vorhanden, vor allem, als deutlich wurde, dass große Händler in Brasilien nur national verfügbare Ware kaufen und auf keinen Fall selbst importieren würden. Diese fehlende Investitionsbereitschaft an sich muss kein Manko sein. Wer sich keinen Luxuswagen leisten kann, kauft sich eben keinen. Und wer gerne eine Leuchtenfirma mit Showroom in Brasilien aufmachen möchte, aber das Kleingeld dafür nicht hat oder nicht ausgeben will, muss eben andere Wege suchen. Fehlende Mittel müssen also nicht unbedingt das Ende bedeuten, mit Kreativität findet man andere Wege. Wer aber mit dem Kopf durch die Wand will – »so haben wir es in anderen Ländern auch gemacht!« –, wird sich diesen anstoßen und als einziges Ergebnis eine Beule vorweisen können.

Mit ausschlaggebend für den Rückzug war, die brasilianische Einstellung zum Firmenwechsel mit der deutschen gleichzusetzen. Der schnelle und unerwartete Wechsel des gefragten Wunschkandidaten für die Position des Vertriebsleiters wurde von der deutschen Firma nicht verdaut. Man hätte wenigstens eine Bewerbung erwartet! Aber wie gesagt: Wenn eine deutsche Firma ein Beschäftigungsangebot macht, wird dies so ernst genommen, dass die Frage »Wollen Sie bei uns arbeiten?« als Zusage und Grund für die Kündigung beim alten Arbeitgeber gilt. Und schneller Wechsel drückt bei Brasilianern Flexibilität und Entscheidungsfreude aus.

Schade, dass es so weit kommen musste, denn das Potenzial der Firma in Brasilien ist nach wie vor hoch, und der Preis spielt bei diesen Produkten und den richtigen Kunden praktisch keine Rolle. Im Gegenteil, wenn man zu billig ist, bleiben die betuchten Kunden aus, die Wert darauf legen, dies auch zu zeigen. Und gute Wohnraumleuchten können in Brasilien umgerechnet einige Hundert bis viele Tausend Euro kosten.

Als Kuriosum sei noch vermerkt, dass der ehemalige deutsch-brasilianische Geschäftspartner während seiner mehrjährigen Tätigkeit für die Leuchtenfirma einen einzigen Container von ihr importierte. Nach seinem Ausscheiden aus ihren Diensten und nach unserer Vermittlung an andere deutsche Exporteure importierte er Mitte 2007 im Schnitt 40 Container im Monat – allerdings keine Leuchten mehr.

Wenn es vibriert, aber nicht in der Kasse klingelt

Ein führender deutscher Schwingfördererhersteller hatte etliche seiner Produkte als Bestandteil komplexer Produktionssysteme nach Brasilien geliefert. Da aber nur die Systemintegratoren oder Maschinenbauer, die die Komplettanlage in Deutschland oder Brasilien gebaut hatten, den Endkunden kannten, hatte der Schwingfördererhersteller keinen Zugang zu diesem. Manche Schwingförderer wurden auch an Kunden in Deutschland ausgeliefert, die sie wiederum an ihre Tochterunternehmen nach Brasilien schickten. Der Schwingfördererspezialist hatte also nur eine vage Vorstellung von der Anzahl seiner Geräte in Brasilien, wollte aber seinen dortigen Kunden seinen Kundendienst anbieten und dabei natürlich verdienen. Denn Schwingförderer sind erstens durch die Natur ihres Antriebes und des Weges der beförderten Teile Verschleiß ausgesetzt, darüber hinaus müssen sie an jede Änderung der beförderten Teile angepasst werden, sonst funktionieren sie nicht. Wenn man aber seine Kunden nicht genau kennt, liegt es nahe, nach einer eingeführten Firma zu suchen, die als Kundendienstpartner auftreten kann und dabei natürlich Originalersatzteile beim Gerätehersteller in Deutschland kaufen muss.

Es waren auch schnell zwei Konkurrenten gefunden, die an einer Zusammenarbeit interessiert waren. Deren Produkten lag eine einfachere Technik als die der deutschen Geräte zugrunde; es bestand also auch die Chance, die Schwingförderer dieser Hersteller durch deutsche Komponenten aufzuwerten und einfache Geräte für den Weiterverkauf in Deutschland von ihnen zu importieren. Die Firma mit dem höheren Potenzial wurde nach Deutschland gebeten, und zwei Partner und ein Schwiegersohn machten sich auf den Weg. Beim Gespräch in Deutschland stellte sich schnell heraus, dass beide Parteien unterschiedliche Ziele verfolgten. Die

Brasilianer suchten einen finanzkräftigen und möglichst stillen Teilhaber, die Deutschen wollten vordringlich ein Geschäft mit teuren Ersatzteilen machen, die vor allem auch lokale Komponenten der brasilianischen Geräte ersetzen sollten. Außerdem sollte der Brasilianer möglichst versuchen, die deutschen Geräte zulasten seiner eigenen Produktion zu verkaufen. Das Ergebnis war voraussehbar: Keiner wollte seinen Standpunkt ändern, und alles blieb, wie es war. Ein späterer Vorstoß beim zweiten Kandidaten blieb im Ansatz stecken, die deutsche Seite hatte das Interesse verloren, was vielleicht auch daran lag, dass hier etwas später ein Geschäftsführerwechsel stattfand.

Ein besserer Weg wäre gewesen, einen Händler mit Kundendienstmöglichkeit zu suchen oder, bei ausreichendem Geschäftsvolumen, einen Vertriebsstützpunkt mit Werkstatt aufzumachen. Das Geschäftspotenzial war und ist durchaus vorhanden, denn Besuche bei Konzernkunden zeigten, dass diese sehr an einer örtlichen Präsenz der Firma interessiert waren, weil man mit ihr zusammen komplexe Automatisierungseinrichtungen entwickeln wollte. Aber wie so häufig fehlte der Wille zum Investieren, vor allem bei längerer Amortisierung. In unserer schnelllebigen Zeit muss sich eine Investition in maximal zwei Jahren bezahlt machen, denn danach gibt es die Produkte vielleicht schon nicht mehr, für die die Betriebsmittel gekauft wurden. Aber so darf man nicht denken, wenn man eine Firma im Ausland aufmachen will. Finden Sie sich mit dem Gedanken ab, dass die wenigsten Auslandstöchter nach zwei Jahren gewinnbringend sind und noch viel weniger die Investitionen eingespielt haben. Fünf bis zehn Jahre sind da schon realistischer! Das bedeutet aber auch, dass man seine Betriebsmittel wegen der oft kurzen Produktlebensdauer flexibel gestalten und nötigenfalls auf Zukauf in Brasilien ausweichen und auf Eigenfertigung verzichten muss.

Manchmal wird es heißer getrunken, als es gekocht wurde

Ein deutscher Hersteller formschöner und praktischer Thermoskannen für Kaffee und Tee aus hochwertigem und leuchtend buntem Kunststoff wollte unbedingt sein Glück auf der Gift Fair in São Paulo versuchen. Vorher allerdings sollte durch uns ein Handelsvertreter gefunden werden. Das war schnell getan: ein Franzose mit vielen Jahren Vertretungserfahrung im Einzelhandel war interessiert und auch schnell bereit, Standdienst zu leisten. Er war so gut und die Produkte so schön und praktisch, dass auf der Messe Thermoskannen für 50.000 Mark verkauft wurden. Selbst die Exponate wurden dem Aussteller aus der Hand gerissen und bar bezahlt.

Das Problem begann nach der Messe, als der Exportleiter den Vertreter fragte, wie er sich den Import vorstelle und welche Sicherheit er anbieten könne. Der mehr als erstaunte Vertreter wies auf seinen Status hin: Er sei kein Importeur und seine Kunden seien Einzelhändler, die für ihre Bestellungen im Wert von heute 250 bis 1.000 Euro auf keinen Fall Bankbürgschaften stellen könnten. Worauf der Exportleiter auf die harte Gangart umschaltete. Ohne Akkreditiv gebe es keine Lieferung, und Importkosten vorzufinanzieren, um dem Vertreter den Import zu ermöglichen, komme nicht infrage. Und dabei blieb es. Die Produkte dieser Firma sind nach wie vor nicht in Brasilien zu finden, dafür aber die der Konkurrenz – zu recht hohen Preisen. Der Exportleiter ging kurz nach dieser Episode in Pension, das Unternehmen wurde an einen ausländischen Konkurrenten verkauft, und der Geschäftsführer verließ das Unternehmen.

Und die Lehre daraus? Verkaufe nie als Exporteur direkt an Einzelhändler, die erstens nicht selbst importieren und deren Bestellungen so klein sind, dass sich zweitens ein getrennter Import für jeden Auftrag wegen der hohen Importkosten Brasiliens nicht lohnen würde. Denn allein die Frachtkosten wären unverhältnismäßig hoch, und da der cif-Wert einer Ladung die Basis für die Berechnung der Landed Cost ist, müssen die Frachtkosten auf so viele Waren wie möglich in einer Sendung umlegbar sein.

Und wozu gibt es Tradingfirmen? Wenn man diese beanspruchen muss, aber die ganze Ladung nicht auf einmal aus dem Zoll holen will, weil auch das teuer ist – vor allem, wenn man die Ware anschließend lagert, weil sie noch keinen endgültigen Käufer hat –, lässt man am besten alles im Zollfreilager. Das wäre in diesem Fall durchaus gegangen, dabei hätte die Einschaltung einer Trading 2 Prozent vom FOB-Wert gekostet. Das wäre immer noch erheblich billiger gewesen, als gegenüber dem Einzelhandel das Gesicht und gegenüber der Konkurrenz den Markt zu verlieren.

Firmengründung und -führung

Sie wissen schon aus den früheren Kapiteln, dass zum Erfolg in Brasilien eine eigene Operationsbasis im Lande sehr hilfreich ist. Lesen Sie zunächst einiges über die Hürden, die Sie überwinden müssen, um eine Niederlassung in Brasilien zu gründen und erfolgreich zu machen. Aber lassen Sie sich nicht abschrecken: Mehr als 1.200 deutsche Firmen sind diesen Weg schon gegangen!

Wer in Brasilien eine Firma gründen will oder muss, braucht viel Geduld. Und er sollte ein echter Pedant sein, der auf jedes Detail achtet, zum Beispiel ob der Straßenname der zu gründenden Firma im Mietvertrag mit Bindestrich und im Grundsteuerbescheid ohne geschrieben ist – das kann zur Zurückweisung eines Antrages auf die Registrierung als Importfirma führen. Aber gehen wir der Reihe nach vor und sehen wir uns die Abfolge der Aktionen an, die für eine Firmengründung nötig sind.

Gründung einer Handelsfirma

Um mit dem einfachsten Beispiel anzufangen, gründen wir eine Handelsfirma. Wir haben die Auswahl unter zahlreichen Firmenformen, die wir bis auf die Limitada, die hiesige Form einer GmbH, unbeachtet lassen. Um unsere Limitada zu gründen, brauchen wir mindestens zwei Gesellschafter, aber kein Mindestkapital. Die zwei Gesellschafter sollen in unserem Beispiel ein Unternehmen in Deutschland und dessen Geschäftsführender Gesellschafter sein, ein Deutscher mit Wohnsitz in Deutschland. Wenn die beiden Gesellschafter sich über den Gesellschaftsvertrag einig geworden sind, was bei der beschriebenen Konstellation einfach ist, können sie zur Tat schreiten. Wären sie in England, wäre die Firma am nächsten Tag konstituiert, aber nicht in Brasilien. Hier müssen wir laut einer Statistik der Weltbank mit mehreren Monaten rechnen, meiner Erfahrung nach bis zur Betriebsfähigkeit manchmal ein ganzes Jahr.

Denn zunächst müssen die beiden ausländischen Gesellschafter, egal ob juristische oder natürliche Personen, brasilianische Steuernummern beantragen. Die für die juristische Person wird mit CNPJ abgekürzt, die für die natürliche Person mit CPF. Und da die künftigen Träger dieser Steuernummern nicht in Brasilien sind, müssen sie hier einen Bevollmächtigten ernennen, der die Steuernummern für sie beantragt. Bei dieser Gelegenheit sollte man die Vollmacht gleich so abfassen, dass sie auch zur eigentlichen Firmengründung benutzt werden kann.

Der erste Schritt ist also eigentlich die Ernennung eines Bevollmächtigten. Das geschieht mittels einer deutschen Urkunde, die von den Vollmachtsgebern unterschrieben wird. Da die Unterschrift gefälscht sein kann, muss sie durch einen Notar beglaubigt werden, der möglichst beim zuständigen brasilianischen Konsulat zugelassen ist. Denn das Konsulat muss die Beglaubigung des Notars beglaubigen, und wenn der Notar nicht beim Konsulat registriert ist, muss der Oberlandesgerichtspräsident beglaubigen, dass der Notar zur Beglaubigung berechtigt war.

Hat man alle diese Hürden genommen, kann man die Vollmacht endlich an den Vollmachtsnehmer schicken, der sie in Brasilien beeidigt übersetzen lässt – auf keinen Fall in Deutschland, denn der vereidigte Übersetzer muss dort zugelassen sein, wo die übersetzte Vollmacht notariell registriert werden soll. Es reicht nicht, nur diese übersetzte Vollmacht vorzulegen, denn vorher muss bewiesen werden, dass die Vollmachtsgeber existieren und im Fall einer juristischen Person überhaupt befugt waren, die Vollmacht zu unterschreiben. Also müssen Handelsregisterauszüge, Pass- und Geburtsurkundenkopien vorgelegt werden, natürlich auch beglaubigt und überbeglaubigt und beeidigt übersetzt. Ich nehme an, allmählich verstehen Sie, warum es »Eile mit Weile« heißt. Und stellen Sie sich jetzt noch einen Bummelstreik der Behörden vor, da nützt selbst DHL oder FedEx nichts, wenn man Zeit aufholen muss. Auch der Bevollmächtigte muss natürlich mit der Vollmacht seinen Personalausweis und seine Steuerkarte in beglaubigter Kopie bei der Registrierung der Vollmacht einreichen und dazu wegen der fehlenden Meldepflicht seinen Wohnsitz durch eine Kopie der aktuellen Wasser- oder Stromrechnung nachweisen.

Aber wenigstens haben wir mit der registrierten Vollmacht einen wichtigen Schritt gemacht, denn alle anderen können jetzt in Brasilien vom Bevollmächtigten erledigt werden. Der nächste Schritt besteht in der Prüfung, ob die beabsichtigte Firma – das heißt für den Laien: der Name des Unternehmens – schon vergeben ist. Das geschieht durch die Verwaltung der Stadt, die Firmensitz sein soll. Ist der Name des Unternehmens zur Benutzung freigegeben, kann der Gesellschaftsvertrag beim Handelsregister zur Registrierung eingereicht werden. Er muss natürlich auf Portugiesisch geschrieben sein, wobei ich als Bevollmächtigter solche Verträge zweisprachig einreiche, das heißt auf Deutsch und Portugiesisch, mit dem Vermerk im Vertrag, dass rechtlich nur die portugiesische Fassung wirksam ist. Der Vertrag muss zwingend von einem in Brasilien zugelassenen Rechtsanwalt abgestempelt und unterschrieben werden, die Unterschriften der Gesellschafter leistet der Bevollmächtigte, dazu unterschreiben zwei Zeugen.

Da jede Firma einen Firmensitz benötigt, muss dieser per Mietvertrag nachgewiesen werden. Wobei sich die kleine Schwierigkeit ergibt, dass eine noch nicht gegründete Firma keinen Mietvertrag abschließen kann und ohne Mietvertrag kein Gesellschaftsvertrag registriert wird. Aber dieses Hindernis kann durch den Zusatz »in Gründung befindlich« oder durch Abschluss des Mietvertrages auf den Bevollmächtigten mit dem Zusatz »geht nach Gründung auf die Firma XYZ über« überwunden werden. Ein kleines Problem besteht aber immer noch, denn jeder kann ja einen Mietvertrag schreiben, und die Adresse gibt es vielleicht gar nicht. Also haben die Behörden auch dieses Schlupfloch für Betrüger versperrt und verlangen den Grundsteuerbescheid. Aber aufgepasst, aus leidiger Erfahrung weise ich darauf hin, dass der Grundsteuerbescheid auf den Vermieter ausgestellt sein muss, also darf der Vermieter kein Grundstücksverwalter sein, es muss der Eigentümer sein. Und prüfen sie bei Eckgrundstücken nach, ob die im Mietvertrag benutzte Adresse mit der des Grundsteuerbescheides übereinstimmt, denn es existieren ja zwei Straßen als Grundstücksgrenze und damit zwei mögliche Adressen. Wenn nicht, erhalten Sie alle Dokumente zur Korrektur zurück. Beschweren Sie sich nicht über die umständlichen Behörden, es ist einfach so. Wenn alle Dokumente korrekt sind, geht es auch weiter. Aber zur Korrektheit gehören auch Dinge wie die richtige und konsequent einheitliche Schreibweise von Namen. Wenn in der Vollmacht Fritz G. Maier steht und im Personaldokument Fritz Georg Maier, bekommen Sie alles wieder zurück.

Nehmen wir an, der Gesellschaftsvertrag wird problemlos beim Handelsregister eingetragen, dann ist der Weg frei für die Beantragung der Bundesteuernummer CNPJ und, in São Paulo heute schon gleichzeitig, der Bundesstaatssteuernummer IE. Die wird aber nur erteilt, wenn wir vorher für die ausländischen Teilhaber des neuen Unternehmens deren brasilianische Bundessteuernummern beantragt und erhalten haben. Jetzt fehlt nur noch die Betriebsgenehmigung der Stadtverwaltung und die Einschreibung in das ICMS-Register, damit man auch die Warenumlaufsteuer pünktlich abführen kann. Wenn dann noch die Eintragung bei der Sozialversicherung erledigt ist, kann man bald die ersten Geschäfte machen. Aber noch ist das junge Unternehmen ohne Geld, denn wir haben das Stammkapital der Gesellschafter noch nicht erhalten. Das kann aus Deutschland überwiesen werden, sobald das Unternehmen die Bundessteuernummer hat. Und es darf auf keinen Fall vergessen werden, dieses Geld bei der brasilianischen Zentralbank als ausländisches Gesellschaftskapital anzumelden, bevor es in Landeswährung (zwangs)umgetauscht auf dem in der Zwischenzeit eröffneten Konto deponiert wird. Das Konto eröffnet die Bank nur, wenn die kontoführende Firma eine Bundessteuernummer hat.

Wer übrigens glaubt, dass die Behörden sich austauschen beziehungsweise eine gemeinsame Datenbank benutzen, muss feststellen, dass dies nicht immer zutrifft. Denn alle Dokumente, die man schon zur Firmenregistrierung eingereicht hat, müssen zur Erlangung der Bundessteuernummer wieder eingereicht werden, als da sind Nachweise der Adressen der Gesellschafter, Mietvertrag der Firma, zusätzlich Dienstleistungsvertrag mit dem Buchhalter der Firma, Gesellschaftsvertrag und viele weitere Dokumente, alle als beglaubigte Kopie, denn wieder gilt: »Trau, schau, wem!« Jetzt muss man nur noch wissen, dass ein Notariat, hier *cartório* genannt und nicht hundertprozentig mit einem deutschen vergleichbar, früher sogar vererbt wurde, also eine Pfründe der besonderen Art darstellte und darstellt. Dass sich die Eigentümer mit Händen und Füßen gegen eine Entbürokratisierung wehren, ist durchaus verständlich, aber für den Firmengründer gleichzeitig bedauerlich.

Um den Leser nicht zu sehr zu verwirren, sei an dieser Stelle nur noch darauf hingewiesen, dass die Gründung einer Produktionsfirma weitaus komplizierter und zeitraubender ist, weil jetzt in einem zweistufigen Prozess eine Umweltschutzgenehmigung eingeholt werden muss sowie ein Gutachten der Feuerwehr und das Unternehmen eine weitere Steuerregistrierung benötigt, denn Fabrikanten müssen die Industrialisierungssteuer IPI abführen. Und wenn importiert werden muss oder soll, muss das Unternehmen sich beim RADAR-System einschreiben, einer Art allgemeiner Importgenehmigung. Und wehe dem, der von der Gesundheitsbehörde Anvisa eine Zulassung braucht, weil er vielleicht Prothesen baut oder Medikamente produziert. Diese Zulassung einschließlich der Prüfung auf Einhaltung der *good manufacturing practice* kann schnell ein ganzes Jahr und mehr erfordern, vor allem, wenn bauliche Änderungen am Firmengebäude verlangt werden.

Und wer glaubt, wenn er alles hinter sich hat, könne er eine Filiale in einem anderen Ort gründen und sofort loslegen, hat sich gründlich verrechnet, denn fast alle beschriebenen Schritte müssen noch einmal durchlaufen werden.

Da kann man nur neidisch nach England schauen, wo die Gründung einer Ltd. in zwei Tagen per Internet erledigt wird.

Entsendung ausländischer Mitarbeiter nach Brasilien

Neben der Firmengründung ist ein weiterer wichtiger Aspekt die Entsendung ausländischer Mitarbeiter in die künftige Tochtergesellschaft, denn diese sind normalerweise Angestellte der neuen Firma und keine Teilhaber. Damit fallen sie unter das brasilianische Arbeitsgesetz, welches in seinem Artikel 352 bestimmt, dass nie mehr als ein Drittel der Arbeitnehmer Ausländer sein dürfen. Diese Regelung betrifft aber nicht nur die Anzahl der Beschäftigten, sondern auch das an sie ausgezahlte Entgelt. Wer also eine Firma gegründet und anschließend einen Geschäftsführer nach Brasilien geschickt hat, muss dafür sorgen, dass dieser sofort mindestens zwei brasilianische Mitarbeiter einstellt, die zusammen doppelt so viel wie er verdienen, um der Ein-Drittel-/zwei-Drittel-Proporzregelung Rechnung zu tragen (die eigentlich verfassungswidrig ist, denn das Grundgesetz garantiert auch Ausländern die freie Ausübung jedweder Arbeit). Und das wird in der Regel unmöglich sein. Ausnahmen gibt es, aber sie müssen von den Behörden genehmigt sein, und darauf besteht kein Rechtsanspruch.

Um dieser Falle zu entgehen, kann man entweder den Geschäftsführer an der Firma beteiligen, damit er nicht mehr als Arbeitnehmer gilt. Oder man legt überzeugend dar, dass es unumgänglich ist, diesen bestimmten Ausländer zu beschäftigen, weil ohne ihn die Firma arbeitsunfähig wäre, und dass eine einheimische Arbeitskraft mit der nötigen Qualifikation nicht existiert. Man kann auch darauf hinweisen, dass der ausländische Arbeitnehmer nur vorübergehend in Brasilien tätig sein soll – Arbeitsvisa werden normalerweise zunächst nur für zwei Jahre erteilt – und während seines Aufenthaltes Brasilianer qualifiziert, damit diese seinen Platz einnehmen können, mit dem Hintergedanken, dass sich das Problem bei der Beantragung einer Verlängerung seiner Aufenthaltsdauer von selbst erledigt hat oder in Vergessenheit geraten ist. Eine weitere Möglichkeit ist die Einreichung eines Geschäftsplans, der überzeugend darlegt, dass durch das angestrebte Firmenwachstum die Proporzregelung nur vorübergehend nicht eingehalten wird. Oder die einfachste Möglichkeit: Der Entsandte heiratet eine Brasilianerin und hat dann Rechtsanspruch auf ein zeitlich unbegrenztes Arbeitsvisum. Das sollte kein Opfer für den Ausländer sein, wenn er es versteht, die richtige Frau auszusuchen, kann aber zu Problemen führen, wenn er schon verheiratet und seine deutsche Frau mit dieser Lösung aus nachvollziehbaren Gründen nicht einverstanden ist. Auf jeden Fall kann festgehalten werden, dass die erwähnte Proporzregelung für Brasilien äußerst ungünstig ist, die Gründung mancher Firma erschwert und den Zufluss von Fachwissen drosselt. Meine Firmengründungspraxis zeigt aber, dass das Arbeitsministerium die Proporzregelung großzügig handhabt. Im Übrigen ist zu hoffen, dass sie bei einer Reform der Arbeitsgesetzgebung künftig ersatzlos gestrichen wird.

Formulare, Formulare – von der Wiege bis zur Bahre

Bei der Beschreibung der Firmengründung sind schon etliche Dokumente erwähnt worden, aber nicht alle Formulare, die auszufüllen sind, um diese Dokumente einzureichen. An zwei Beispielen soll erläutert werden, wie unterschiedlich Brasilien und Deutschland sind. Das erste behandelt das Drucken von Rechnungsformularen und das zweite den Erhalt von Zahlungen aus dem Ausland.

Rechnungen kann man nämlich in Brasilien nicht einfach drucken und verschicken wie in anderen Ländern, denn sie sind in Brasilien ein sehr wichtiges Instrument, nicht nur um Steuern zu erheben, sondern auch um Steuerhinterziehung, das heißt Verkauf ohne Rechnung, zu verhindern oder mindestens zu erschweren. Deshalb muss jeder Warentransport in Brasilien von einer Rechnung begleitet sein, und es gibt auf der Straße Kontrollen durch die Steuerbehörde, die unnachsichtig Strafen verhängt und Transporte ohne Rechnung erst weiterfahren lässt, wenn dem Fahrer die monierte Rechnung ausgehändigt wurde. Wenn dieser Hunderte Kilometer vom Lieferanten entfernt angehalten wurde, vielleicht am Sonnabend, dann kann es schon mal drei Tage dauern, bis die Firma die Rechnung ausgestellt und der Bote das gestoppte Fahrzeug gefunden hat.

Um zu so einem begehrten Rechnungsformular zu gelangen, muss ein Unternehmen einen Drucker beauftragen, der dann mit

vielen Dokumenten, unter anderem einer Kopie des Gesellschaftsvertrages und der ICMS- und IE-Steuerkarten, zum Finanzamt geht
und dort die Genehmigung zum Druck von Rechnungen mit einer
fortlaufenden Nummerierung erhält. Die Start- und Endnummer
wird vom Finanzamt vorgegeben. Dies sind die sogenannten
Steuerrechnungen oder *notas fiscais,* es gibt aber auch Dienstleis-
tungsrechnungen oder *notas de serviço* und einfache Transport-
rechnungen, *notas de simples remessa* genannt, die benutzt werden,
wenn ein Unterlieferant Ware an den Käufer schickt, aber die
eigentliche zu bezahlende Rechnung vom Auftraggeber des Unterlieferanten an den Käufer gesandt wird.

Oder eine Firma hat ein Rohmateriallager auf einer Straßensei-
te und die Fertigung auf der anderen. Glauben Sie bloß nicht, Sie
können jetzt das Material aus dem Lager holen, über die Straße
bringen und dann in Ihrer Fabrik bearbeiten! Für das Überqueren
der Straße muss eine Transportrechnung ausgestellt werden. Da
diese Bürokratie mehr als störend ist und nicht wenige Firmen
trotz der Kontrollen auch mal ohne Rechnung verkaufen, hält sich
auch der Fabrikant nicht immer an die Vorschrift der Transportrechnung. Meist geht das gut, bis eines Tages ein schlauer Prü-
fungsbeamter, der in Brasilien *fiscal* heißt, sich an die Ecke stellt
und auf einen Transport ohne Transportrechnung wartet, um
anschließend seine Rechnung zu stellen. Die stellt den Gesetzes-
übertreter meist vor die Alternative, die Strafe oder den Kontrol-
leur zu bezahlen. Letzteres ist der bequemere Weg, führt aber dazu,
dass das Gesetz noch einmal übertreten wird, da das zur Zahlung
benutzte Geld mangels Beleg nicht verbucht werden kann und man
sich schon auf den nächsten Besuch des Beamten einstellen kann.

Zu einer solchen Gesetzesübertretung, wenn auch nicht im
Zusammenhang mit Rechnungen, kann ich aus eigener Erfahrung
etwas berichten, was meiner Erinnerung nach 1979 oder 1980
geschah. Damals folgte ich der Auflage der Umweltschutzbehörde,
eine Wasseraufbereitungsanlage für die Galvanikabwässer der von
mir geleiteten Fabrik zu bauen. Zur Einweihung kam sogar der
Chef der Umweltschutzbehörde, der mir bei dieser Gelegenheit die
Adresse seines Restaurants überreichte mit der dringenden Bitte,

dort recht häufig als zahlender Gast einzukehren. Einige Tage später bekam ich Besuch von zwei Beamten, die mich darauf aufmerksam machten, dass die Wasseraufbereitungsanlage ohne Baugenehmigung gebaut worden war, was eine Strafe in Höhe eines Monatsumsatzes zur Folge haben könnte. Die Firma setzte damals ungefähr 100 Millionen Mark jährlich um ... Ich besuchte besorgt den Bezirksbürgermeister, um zu fragen, wie wir dieses Problem lösen könnten. Er erklärte mir ohne zu erröten, dass er genau für solche Fälle zufällig eine Firma gegründet hätte, die ich gerne beauftragen könne. Seine Kontrolleure, die mich besucht hätten, seien übrigens – ebenfalls zufällig – Teilhaber dieser Firma, die im Übrigen auch Rechnungen für Dienstleistungen stellen könne. Ich erteilte also den Auftrag für den Gegenwert von 2.000 Mark, und der Bürgermeister rief seine beiden Teilhaber ins Zimmer, um ihnen mitzuteilen, dass ich die gemeinsame Firma mit der Problemlösung beauftragt hätte. Er bat die Herren, mir hoch und (schein)heilig zu versprechen, dass man mich nie wieder mit diesem Thema behelligen würde. Die Herren überbrachten am nächsten Tag die versprochene Rechnung, die natürlich prompt bezahlt wurde, und ich war sie los. Nur ab und zu wurde ich überschwänglich von einem der Beamten begrüßt, wenn ich ihn auf dem Wochenmarkt traf.

Kommen wir zum zweiten Thema, dem Erhalt von Zahlungen aus dem Ausland. Wer eine sporadische Rechnung über eine Dienstleistung ins Ausland schickt, muss den fälligen Betrag in brasilianischer Landeswährung hineinschreiben. Aber was tun, wenn der Preis in Dollar oder Euro vereinbart worden war? Ganz einfach, man schickt eine Computerrechnung, also nicht das offizielle vorher erwähnte Rechnungsformular an den Kunden, dieser schickt das Geld auf ein Konto der Banco do Brasil nach Frankfurt mit dem Vermerk, dass es für das Konto der rechnungsausstellenden Firma bei der Banco do Brasil in Brasilien bestimmt ist. Deren Filiale in Brasilien benachrichtigt dann den Empfänger, dass Geld für ihn angekommen sei, und teilt den angekommenen Betrag in Euro mit. Das ist wichtig, denn bei Überweisungen aus Deutschland werden 20 Euro Gebühren abgezogen, bei Überweisungen aus Spanien aus mir unbekannten Gründen aber nicht. Ohne die Mitteilung der Bank würden Sie natürlich glauben, dass der volle Rechnungsbetrag eingegangen sei. Und über den eingegangenen und in Real umgerechneten Euro-Betrag stellt der Lieferant jetzt eine weitere, diesmal offizielle Rechnung auf dem dafür bestimmten Formular aus, adressiert an den Kunden und gemäß den Vorschriften der Banco do Brasil aufgemacht, und schickt diese nicht an den Kunden, sondern an seine Bankfiliale, zusammen mit einer mehrseitigen Devisenverkaufserklärung. Die Bank verkauft dann über einen offiziellen Devisenhändler die Euro an die Zentralbank und schreibt anschließend den Betrag in Real dem Kontoinhaber gut. Nicht ohne vorher die Wechselgebühr abzuziehen, die bei kleineren Beträgen bei 30 bis 50 Dollar liegt, zusätzlich zu den schon in Deutschland abgezogenen 20 Euro Gebühren für eine Überweisung ins Ausland.

Wenn es sich um regelmäßige Zahlungen für wiederkehrende Dienstleistungen handelt, verlangt die Banco do Brasil für jeden Geldeingang eine Kopie des Dienstleistungsvertrages, in dem die Zahlung festgehalten ist. Handelt es sich um Nebenkosten, also Spesenersatz, muss eine detaillierte Aufstellung mitgeliefert werden. Sie benutzen aber in diesem Fall kein offizielles Rechnungsformular. Nun könnten Sie auf den Gedanken kommen, einige kleinere Zahlungen auf einem deutschen Konto zusammenlaufen zu lassen und den Gesamtbetrag zu überweisen, um Gebühren zu sparen. Dagegen steht eine eindeutige Aussage der Zentralbank, die ich dazu befragt habe. Erstens darf die brasilianische Firma nicht ohne Weiteres ein Konto im Ausland eröffnen, und zweitens muss jede Überweisung einer Rechnung zugeordnet werden können. Wenn Sie also Taxikosten in Höhe von 60 Euro geltend machen, werden 20 Euro Überweisungsgebühr abgezogen und 30 Dollar Umtauschgebühr, die Gutschrift auf Ihrem brasilianischen Konto beträgt also weniger als 19 Euro, erfolgt aber natürlich in Real. Und wenn Sie die Zusatzkosten Ihrem Kunden mit auf die Rechnung schreiben, verärgern Sie ihn wahrscheinlich.

Das brasilianische Steuersystem

Das brasilianische Steuersystem

Fangen wir mit der guten Nachricht an: Brasilien will die Mehrwertsteuer einführen! Und was soll daran gut sein? Zunächst, dass
es sich bei der Mehrwertsteuer um eine Steuer handelt, die jeder in
Deutschland kennt und versteht. Über eine solche Steuer wird
nicht mehr debattiert, höchstens über ihre Höhe, aber nicht über
ihre Berechtigung. Wer sich dagegen überlegt, in oder mit Brasilien
Geschäfte zu machen, muss irgendwann über Kosten und Preise
sprechen und damit über Steuern. Er wird dann mit ISS, IPI, ICMS,
ISS, COFINS, PIS und anderen geheimnisvollen Abkürzungen
konfrontiert und geht womöglich »Fachleuten« auf den Leim, die
ihm sagen, dass es sich bei der ICMS um eine Mehrwertsteuer
handelt.

Bevor wir uns dem heutigen Steuersystem näher widmen, noch
schnell die schlechte Nachricht: Brasilien wartet schon lange, sehr
lange auf eine Steuerreform, und einer der Gründe, warum dies so
lange dauert, ist die Tatsache, dass bei unverändertem Steueraufkommen Mehrwertsteuersätze von über 55 Prozent die Bevölkerung verunsichern, wenn nicht auf die Barrikaden bringen würden.
Das Problem der Politiker ist nämlich, ihren Wählern klarzuma-
chen, wie viel Steuern diese heute schon zahlen, ohne es zu wissen,
weil sie nicht extra ausgewiesen werden. Und das ist ein echtes
Dilemma, denn wenn man die Höhe der künftigen Mehrwertsteuer
rechtfertigen will, kann man dies nur, wenn man zugibt, dass
bereits heute viel zu viel Steuern bezahlt werden und der Staat –
auf welcher Ebene auch immer, Bund, Land oder Kommune – nicht
gewillt ist, weniger einzunehmen und damit einhergehende Probleme durch sparsames Haushalten zu vermeiden.

Die Regierung von São Paulo hat sich eine interessante Sache
einfallen lassen. Wer sich beim Einkaufen immer brav eine
Rechnung geben lässt und damit die ausstellende Firma zwingt,
Steuern zu zahlen, kann seine eigene Steuerlast dadurch vermindern!

Das brasilianische Steuersystem gleicht dem deutschen eigentlich nur darin, dass es ähnlich kompliziert und unübersichtlich ist.

Experten begründen das damit, dass das Steuersystem durch 55.000 Artikel und Paragrafen reglementiert ist und die Verfassung als weitere Rechtsgrundlage nicht zum Verständnis beiträgt, weil das »neue« Grundgesetz Brasiliens seit seinem Inkrafttreten 1988 bereits ungefähr 60-mal geändert wurde, was zwar Dynamik zeigt, aber bei einem Thema wie Steuern eher störend ist. Heute lebt der brasilianische Unternehmer mit zwei Veranlagungsarten. Bei der ersten Variante der Unternehmensbesteuerung wird der zu versteuernde Gewinn buchhalterisch ermittelt und der echte, reale Gewinn als Bemessungsgröße für die Steuern verwendet. Bei der zweiten Variante dagegen spart man sich den Buchhaltungsaufwand und versteuert einen vermuteten Gewinn.

Brasiliens Unternehmen versteuern also entweder den realen oder einen vermuteten Gewinn, *lucro real* und *lucro presumido* genannt. Bei der Veranlagung nach dem realen Gewinn müssen 15 Prozent des Gewinnes als Körperschaftsteuer *Imposto de Renda da Pessoa Jurídica* IRPJ (= Einkommensteuer der juristischen Person) abgeführt werden. Wer viel verdient, wird dadurch belohnt, dass er ab 240.000 Real echten Gewinnes weitere 10 Prozent IRPJ zahlt und noch eine Gewinnabgabe, CSLL genannt, die 9 Prozent des Gewinnes ausmacht. Bis 240.000 Real Gewinn zahlt eine Firma also bei dieser Veranlagungsart 24 Prozent Körperschaftsteuern, für Gewinne darüber sogar 34 Prozent. Damit nicht genug, fallen noch 1,65 Prozent vom Umsatz an in Form einer Sozialintegrationsabgabe, PIS genannt, und 7,6 Prozent vom Bruttoumsatz als Sozialversicherungsabgabe COFINS. Und damit dies ganz klar ist: Das brasilianische Steuersystem funktioniert kaskadenförmig, das heißt, es werden Steuern auf Steuern gezahlt!

Wer im Vorjahr weniger als 48 Millionen Real umgesetzt hat, darf die alternative Veranlagung nach dem angenommenen Gewinn wählen, auch wenn es sich um eine Firma mit ausländischem Kapital handelt. Allerdings darf die Firma keine Einkünfte im Ausland erwirtschaften, keine Steuervergünstigungen in Anspruch nehmen und keine Finanzdienstleistungen erbringen. Wenn das alles gegeben ist, nimmt das Finanzamt an, dass der Gewinn 8 Prozent vom Bruttoumsatz betragen hat, und erhebt darauf 15 bis 25 Prozent IRPJ und 9 Prozent CLLS sowie 0,65 Prozent PIS und 3 Prozent COFINS. Bei Dienstleistungsunternehmen werden anstatt 8 stattliche 32 Prozent des Bruttoumsatzes als Gewinn angenommen.

Unternehmen mit hohem Gewinn fahren also besser, wenn sie einen angenommenen Gewinn versteuern, und sparen zusätzlich, weil sie den echten Gewinn nicht ermitteln müssen, also eine vereinfachte Buchhaltung und damit weniger Verwaltungsaufwand haben. Bevor eine Firma aber Gewinn macht, muss sie beziehungsweise der Käufer ihrer Produkte oder Dienstleistungen eine Menge indirekte Steuern zahlen, nämlich:

- IPI (Industrieproduktsteuer, Bundeskompetenz): 0 bis 365 Prozent, normal sind 12 Prozent auf die Wertschöpfung und bei Importen;
- ICMS (Warenumlaufsteuer, Landeskompetenz): 7 bis 25 Prozent auf Umsätze mit Wirtschaftsgütern und auf Importe, innerstaatliche Transporte und Kommunikationsdienste;
- ISS (Dienstleistungssteuer, Gemeindekompetenz): 2 bis 5 Prozent, hängt von Gemeinde und Dienstleistung ab;
- IOF (Kapitalverkehrsteuer, Bundeskompetenz): 0 bis 25 Prozent auf Bank-, Finanz- und Versicherungsgeschäfte;
- CPMF (Geldverkehrsabgabe, Bundeskompetenz): 0,38 Prozent auf alle Kontoabgänge, wird direkt von der ausführenden Bank erhoben (nur bis 31. Dezember 2007, diese provisorische Steuer wurde vom Senat nicht verlängert);
- CIDE (Royalty-Abgabe, Bundeskompetenz): 10 Prozent auf Überweisungen ins Ausland für Technologietransfer, technische Dienstleistungen und Nutzungslizenzen;
- Quellensteuer (Bundeskompetenz): 15 Prozent auf Überweisungen ins Ausland für Darlehenszinsen und sonstige Leistungen sowie Royaltys mit Technologietransfer, 25 Prozent bei Royaltys ohne Technologietransfer (in diesem Fall wird kein CIDE erhoben);
- II (Importzoll, Bundeskompetenz): meist 15 bis 20 Prozent vom cif-Warenwert.

Nichts beleuchtet die Absurdität des brasilianischen Steuersystems besser als ein Vergleich der belgischen Brauerei Inbev und ihrer brasilianischen Tochter Ambev. In Brasilien zahlen Brauereien acht, in Belgien vier unterschiedliche Steuern, aber in Brasilien arbeiten in der Firma 40 Mitarbeiter und in Belgien nur 10 in der Steuerabteilung. Hauptarbeit ist in Brasilien dabei das Ausfüllen diverser Formulare und die Überwachung der Einhaltung der unzähligen und sich ständig ändernden Verwaltungsvorschriften. Allein 35 Angestellte von Ambev kümmern sich um die Berechnung und Zahlung der Warenumlaufsteuer ICMS, die wegen ihrer Landeszuständigkeit der jeweils unterschiedlichen Gesetzgebung der 27 brasilianischen Bundesstaaten unterliegt. Selbst die ICMS-Steuertermine sind nicht einheitlich in Brasilien, geschweige denn die abzuführenden Prozentsätze. Und falls Sie in Brasilien eine eigene Firma haben sollten, denken Sie daran, die Zahlungsbelege zugänglich zu archivieren. Nicht selten verlangt das Finanzamt die Bezahlung schon beglichener Rechnungen. Mir selbst ist schon passiert, dass ich für einen zehn Jahre zurückliegenden Zeitraum nachweisen musste, die Sozialversicherungsbeiträge von vier Mitarbeiterinnen bezahlt zu haben, von denen eine bereits gestorben und die anderen längst aus der Firma ausgeschieden waren. Kein Wunder, dass selbst kleine Unternehmen einen unverhältnismäßig großen Verwaltungsaufwand treiben müssen und es meistens vorziehen, diese Arbeit außer Haus zu geben.

Mitarbeiter – ein notwendiges Übel?

Zum Verständnis dieser Frage zunächst einige Bemerkungen zum Bildungssystem. Wer es in Frankreich zu etwas bringen will, muss eine *école superieur* besuchen. Wer in Brasilien Präsident werden will, braucht dazu kein Diplom, aber es hilft, Gewerkschaftsführer gewesen zu sein. Und wenn der amtierende Präsident darauf auch noch mit berechtigtem Stolz hinweist, animiert er nicht gerade zum Schulbesuch.

In Brasilien sind Eliteschulen deshalb regierungsseitig weitgehend verpönt, denn wir befinden uns in einem sozialistischen Umfeld. Das führte zu einer gesetzlichen Quotenregelung, weil die Absolventen öffentlicher Schulen sonst an den Universitäten unterrepräsentiert wären. Sie sind nämlich für die Aufnahmeprüfungen der öffentlichen und privaten Universitäten oft nicht adäquat vorbereitet, unter anderem deshalb, weil sie die kostenpflichtigen Vorbereitungskurse nicht bezahlen können, aber auch, weil Lehrer öffentlicher Schulen häufig streiken – bei voller Bezahlung – und der Unterricht dann wochenlang ausfällt.

Die öffentlichen Universitäten in Brasilien sind besser als die Schulen, weil der größte Teil der staatlichen Bildungsaufgaben nicht in die Schul-, sondern in die Hochschulausbildung gesteckt wird. Was übrigens nicht verhindert, dass über 80 Prozent der frischgebackenen Juristen bei der Zulassungsprüfung für den Rechtsanwaltsberuf durchfallen. Die Qualität der einzelnen Hochschulen ist sehr unterschiedlich, und trotz des Hinweises auf die Elitehochschulen gibt es doch einige herausragende Bildungseinrichtungen, von denen stellvertretend für alle die Technische Hochschule der Luftwaffe ITA (Instituto Tecnologico de Aeronáutica) genannt werden soll.

Präsident Lula, der sich laut Opposition seit seinem ersten Amtsantritt im permanenten Wahlkampf befindet, werden Ambitionen auf ein drittes Mandat nachgesagt, welches nur durch eine Verfassungsänderung möglich wäre. Um dafür den nötigen Rückhalt zu bekommen, bedarf es guter Gründe. Ein solcher Grund könnte die erfolgreiche Reform des desolaten öffentlichen Schulwesens Brasiliens sein. Lula hatte diese Reform schon für sein erstes Mandat versprochen, ist aber grandios gescheitert, wie es gerade veröffentlichte Daten seines eigenen Erziehungsministeriums zeigen, nach denen sich die Ausbildungsqualität in den letzten zehn Jahren ernsthaft verschlechtert hat.

Sein Vorgänger Fernando Henrique Cardoso konnte wenigstens stolz darauf sein, dass es ihm gelang, 97 Prozent der schulpflichtigen Kinder – von denen die Hälfte laut Juan Arias von der Zeitung *El Pais* vorher nie eine Schule von innen gesehen hatte –

dazu zu bringen, eine öffentliche Bildungseinrichtung zu besuchen. Lula, ein pragmatischer Politiker ohne große Ideologie (die ist im Überfluss in seiner Arbeiterpartei vorhanden) und mit einem sehr feinen Gespür für die Stimmung des Volkes, weiß genau, dass nur eine verbesserte Schulausbildung die großen sozialen Unterschiede Brasiliens beseitigen helfen kann. Da hilft es auch nicht, dass die öffentlichen Universitäten gut sind, aber die Jugendlichen, die eine schlechte öffentliche Schule besucht haben, die Aufnahmeprüfung nicht schaffen und die Studienplätze den Absolventen teurer Privatschulen vorbehalten sind. Wie gesagt wurde eine Quotenregelung eingeführt, damit auch Abgänger öffentlicher Schulen und speziell afrikanischer Herkunft mit nicht ausreichender Vorbildung eine öffentliche Universität besuchen können – was zu Spannungen zwischen den Studenten und zum Absinken des Niveaus führt.

Dieses Niveau ist heute bei Kindern nach der Grundschule so niedrig, dass viele laut Erziehungsministerium entweder gar nicht lesen können oder nicht verstehen, was sie lesen. Da der Mittelschulbesuch nicht vorgeschrieben ist, bleiben viele auch als Erwachsene auf diesem Niveau stehen. Ein Grund dafür ist die schlechte Bezahlung der Grundschullehrer, die oft weniger verdienen als ein ungelernter Maurergehilfe. An Schulen, die Lehrer mit einem 14. oder 15. leistungsabhängigen Monatsgehalt zu besseren Ergebnissen anreizen, ist das Ausbildungsniveau signifikant besser.

Die Grundschulpflicht sieht einen achtjährigen Schulbesuch vor, die nicht obligate Mittelschule einen dreijährigen. Vor dem Studium muss die erwähnte Hürde der Aufnahmeprüfung genommen werden. Diese Struktur wird allmählich geändert. Bereits ein Drittel der 33 Millionen Schüler zwischen sechs und sechzehn Jahren besucht eine neunjährige Grundschule, die bis Ende 2010 die Norm sein soll. Die Schüler sollen nicht mehr mit sieben, sondern bereits mit sechs Jahren in die Schule kommen und diese dann mit fünfzehn verlassen, um entweder einen Beruf zu ergreifen oder die Mittelschule zu besuchen.

Lulas Projekt sieht eine wesentlich bessere Bezahlung der 2 Millionen Lehrer Brasiliens vor, eine bessere Ausbildung der Lehrer selbst, eine bessere Struktur der Schulen und die Einführung der Mittelschulpflicht. Außerdem soll jedem Schüler einer öffentlichen Schule ein Computerarbeitsplatz zur Verfügung stehen. Der Erfolg steht in den Sternen, denn Lulas Regierung zeichnet sich vor allem durch verbale Kraftakte aus, nicht aber durch realisierte Projekte.

Bewerbungen

Die Probleme mit Personal fangen bei der Suche an, denn auf eine Zeitungsanzeige melden sich manchmal mehrere Hundert Bewerber – oft nur auf den Verdacht hin, dass die suchende Firma vielleicht auch sie braucht, obwohl die Anzeige auf eine ganz andere Person zugeschnitten ist. Man sollte sich also nicht wundern, wenn man einen Produktionsingenieur sucht und sich auch ein Buchhalter meldet. Dazu kommt, dass Arbeitgeberzeugnisse völlig unbekannt und ungebräuchlich sind, man also zur Beurteilung der Bewerber auf Interviews und Referenzen angewiesen ist. Auch die Ausbildungszeugnisse sagen wenig aus, wenn sie nicht von einer bekanntermaßen erstklassigen Ausbildungsstätte sind. Aus diesem Grund greifen die meisten Firmen auf Personalberater zurück. Diese wiederum agieren selten mit Anzeigen, sondern versuchen gute Leute abzuwerben, die erfolgreich bei einer Firma arbeiten.

Man hüte sich davor, die Lebensläufe, mit denen man täglich per E-Mail überhäuft wird, allzu ernst zu nehmen. Die große Mehrzahl davon ist von professionellen Personalvermittlern geschrieben, die im Auftrag des Kandidaten arbeiten und oft Fantasieprodukte abliefern. Sie sind nicht unbedingt nach europäischem Schema aufgebaut, man muss sich durch Details wie Führerscheinnummer, den Beruf der Frau, den Studiengang der Kinder und irrelevante Kurse zu den wichtigen Informationen durchkämpfen und findet vielleicht das Alter nicht, weil es schlichtweg nicht angegeben wurde. Lückenhafte Lebensläufe sind nicht selten, und Aussagen wie »fließendes Englisch« sollte man nachprüfen. Häufiger Arbeitsplatzwechsel, bei dem der Kandidat manchmal weniger als ein Jahr in einer Firma verweilt, werden nicht als *job hopping*, sondern als Ausdruck von Dynamik gewertet. Auch darf man sich nicht wundern, wenn 50-jährige Ingenieure auch eine abgebrochene Ausbildung als Betriebswirt absolviert haben und abends Jura studieren.

Wenn es um die Bezüge geht, sollte man sich nichts vormachen: Brasilien ist kein Billiglohnland, gute Führungskräfte kosten ebenso viel wie in Europa, und billige angelernte Arbeitskräfte sind so wenig produktiv, dass man enorm viele davon braucht und besser gleich eine gute Kraft einstellt.

»Der« brasilianische Arbeitnehmer ist meist lernwillig und nimmt lange Arbeitszeiten als selbstverständlich hin, ist aber nicht unbedingt loyal, wenn er woanders mehr verdient. Seine positive lebensbejahende Einstellung trotz widriger Umstände ist eine typisch brasilianische Eigenschaft, auch die Vorliebe für »permanentprovisorische« Problemlösungen. Dabei ist der Brasilianer flexibel und schnell, aber wegen der patriarchalischen Leitung in eigentümergeführten Unternehmen entscheidet er ungern – das ist dem Chef vorbehalten. Bei Verhandlungen muss man das berücksichtigen. Gute Fremdsprachenkenntnisse sind selten und müssen entsprechend gut bezahlt werden. Ausbildungsmängel können durch firmeninterne und externe Kurse beseitigt werden, manche der großen Firmen unterhalten für die Fabrikarbeiter regelrechte Schulen.

Wer als deutsches Unternehmen eine Position in Brasilien zu vergeben hat, muss bei der Auswahl eines Bewerbers nicht nur dessen Fach- und Führungskompetenz beurteilen, sondern auch seine Fähigkeit, sich im Ausland zurechtzufinden, wohlzufühlen und akzeptiert zu werden, denn die interkulturelle Kompetenz hat großen Einfluss auf den Erfolg der ausgesuchten Führungskraft. Wenn schon die sogenannte Firmenkultur von Betrieb zu Betrieb stark unterschiedlich ist und die Integration eines neuen Mitarbeiters manchmal erheblich erschwert, tut dies umso mehr die unterschiedliche Kultur zweier Länder. Deshalb suchen Firmenchefs für die Leitung ihrer Auslandstöchter vermehrt Kandidaten, die bereits im Lande wohnen und arbeiten, wobei diese Einheimische oder Landsmänner sein können, die schon lange im Ausland tätig sind.

In Brasilien, wo wir mehrere Geschäftsführerpositionen besetzen konnten, findet man bei großen deutschen Firmen immer weniger Expatriates, weil sie erstens teuer und zweitens schwierig zu finden sind. Der Expatriate ist nicht nur deshalb teuer, weil er meist mehr verdient als der Brasilianer, sondern weil er oft eine auch sprachenbedingte lange Einarbeitungszeit braucht und weil seine Rückführung ebenfalls Geld kostet und manchmal aus so prosaischen Gründen wie Problemen mit der Ehefrau, die sich im fremden Land nicht einleben kann, notwendig wird. Deshalb gibt es bei manchen Konzernen die Regel, dass Mitarbeiter der zweiten Führungsebene, die auf Dauer im Ausland bleiben möchten, ihren Gesandtenvertrag nach drei bis fünf Jahren gegen einen einheimischen Vertrag eintauschen müssen.

Wer der Usancen- und Branchenvertrautheit im fremden Land mehr Gewicht zumisst als dem Stallgeruch, sucht deshalb anstelle eines Bewerbers aus dem eigenen Hause einen Einheimischen als Führungskraft, der dann oft das umgekehrte Sprachproblem hat, wenn er die im Mutterhaus gesprochene Sprache nicht beherrscht. Gute Englischkenntnisse beheben dieses Problem, verhindern aber nicht, dass der neue Mann nun im Mutterhaus ein Ausländer ist, der sich eventuell mit der dortigen Landeskultur nicht auskennt. Hier muss der Personalberater besonders vorsichtig bei der Vorauswahl und Empfehlung der Kandidaten sein, er sollte deshalb unbedingt das Land kennen und die Sprache beherrschen, wenn er den ausländischen Kandidaten richtig beurteilen will.

Gerade in Brasilien kommt erschwerend hinzu, dass es wie erwähnt keine Arbeitszeugnisse gibt, man muss sich zunächst auf oft noch nicht einmal vom Bewerber selbst geschriebene Lebensläufe verlassen, dann auf den eigenen Eindruck und nicht zuletzt auf sorgfältig recherchierte Referenzauskünfte. Einen Landsmann, der schon lange im Ausland lebt und arbeitet, für die zu vergebende Position zu wählen ist oft kein Aus-, sondern ein Irrweg, wie es unsere Praxis zeigt. So kommt ein Einheimischer als vertriebsorientierter Geschäftsführer oder Personalleiter oft besser bei seinen eigenen Landsleuten an als ein Ausländer und erzielt auch bessere Ergebnisse. Wenn es sich um eine technologielastige Position im Produktions- oder Entwicklungsbereich handelt, hat wiederum der Ausländer, speziell der Deutsche, gute Karten, weil ihm der Brasilianer oft mehr zutraut als den eigenen Landsleuten.

Wichtig ist für den Auftraggeber auch, dass er sich auf die Fachkenntnisse des Beraters bei der Arbeitsvertragsgestaltung stützen kann, denn hier muss unbedingt die brasilianische Gesetzgebung berücksichtigt werden. Was es hier zu beachten gilt und welche Hürden bei der Visumerteilung für einen erfolgreichen Bewerber zu nehmen sind, der keine brasilianische Aufenthalts- und Arbeitsgenehmigung hat, muss man vorher wissen.

Sobald ein Unternehmen fest angestellte Mitarbeiter hat, hat es leider auch Probleme, seien die Mitarbeiter noch so nett, einsatzfreudig und erfolgreich. Sie bestehen aus hohen Zusatzkosten, denn die Lohnnebenkosten betragen bis zu 100 Prozent, aus erhöhtem Verwaltungsaufwand, je nach Branche und Firmengröße eventuell aus Ärger mit der Gewerkschaft, aus Gerichtsprozessen, die von ehemaligen Mitarbeitern angestrengt werden, und aus Verhandlungsaufwand für die Festlegung der Kriterien, die zu der im Grundgesetz verankerten Mitarbeitererfolgsbeteiligung benutzt werden und der Gewerkschaft zur Kenntnis – nicht zur Genehmigung – mitgeteilt werden müssen. Das Wort Erfolgsbeteiligung ist mit Bedacht gewählt worden. Es handelt sich nicht um eine Gewinnbeteiligung, sondern um eine Bonuszahlung für den Fall, dass vorher vereinbarte Ziele irgendwelcher Art erreicht wurden, zum Beispiel Produktionserhöhung, Absatzsteigerung, Kostensenkung oder Termineinhaltung. Was bedeutet, dass eine Firma diesen Bonus auch zahlen muss, wenn sie Verlust macht, sofern die vereinbarten Ziele erreicht wurden.

Aus all diesen Gründen gibt es in Brasilien eine Schattenwirtschaft, die sich auf nicht registrierte Mitarbeiter stützt, für die keine Beiträge zur Krankenkasse, Sozialversicherung und so weiter abgeführt werden. Das bedeutet nicht nur, dass solche Mitarbeiter meist von der Hand in den Mund und, was ihren Arbeitsplatz angeht, höchst unsicher leben, sondern auch, dass solche Firmen natürlich eine unlautere Konkurrenz für die Unternehmen darstellen, die die Last der 100 Prozent Lohnnebenkosten tragen. Und dies erklärt auch, warum der Staat als Arbeitgeber in Brasilien so beliebt ist. Er zahlt zwar nominell schlecht, aber durch viele Zusatzleistungen kann der Beamte oder der Angestellte des öffentlichen Dienstes seine Bezüge vervielfachen und bekommt außerdem noch eine Pension, die mindestens seinen letzten Bezügen als Aktiver entspricht, wenn sie sie nicht sogar durch eine vorhergehende Beförderung übersteigt. Was – dies sei nur am Rande angemerkt – wesentlich zur Notwendigkeit einer Sozialversicherungsreform beiträgt.

Brasilianische Mitarbeiter sind anders als ihre deutschen Pendants, das muss gerade der ausländische Chef verstehen und berücksichtigen. Je größer der soziale Abstand, desto höflicher sollte er sie behandeln – ein falsches Wort, und der Mitarbeiter wirft im Affekt alles hin und ist weg. Und da er mit 30 Tagen Frist kündigen kann und der Arbeitgeber ihm in diesen 30 Tagen Gelegenheit für Vorstellungsgespräche geben muss, hat man seinen Mitarbeiter meist sofort verloren.

Ende 2007 gab es Bestrebungen der brasilianischen Regierung, die Gesetzgebung zu verschärfen und den Arbeitgeber zu zwingen, jede auch betriebsbedingte Entlassung zu rechtfertigen beziehungsweise zunächst zu verbieten. Damit wäre der Herr im Haus entmachtet. Leider gibt es keine Bestrebung, den Kunden zu zwingen, bei seinem Lieferanten zu kaufen, obwohl damit Entlassungen wirksam vermieden werden könnten. Also seien Sie auf manchmal unverständliche Verhältnisse gefasst, wenn Sie in Brasilien Leute beschäftigen wollen oder müssen.

Es gibt noch eine besondere Art der Kündigung eines Arbeitnehmers, nämlich die provozierte Kündigung durch den Arbeitgeber, damit der Arbeitnehmer an seinen *fundo de garantia por tempo de serviço* kommt. Auf ein Sonderkonto des Arbeitnehmers muss nämlich der Arbeitgeber jeden Monat 8 Prozent des Gehaltes einzahlen, die der Arbeitnehmer nur bekommt, wenn ihm gekündigt wird, nicht, wenn er selbst kündigt. Hat er zum Beispiel bei drei anderen Arbeitgebern gekündigt und braucht dieses Geld, dann kommt es durchaus vor, dass er seine Kündigung provoziert. Dabei versteht er es, den Bogen nicht zu weit zu spannen, um keine fristlose Kündigung zu rechtfertigen, dann bekommt er nämlich sein *FGTS* nicht. Das Problem für den Arbeitgeber ist die heute 50-prozentige Strafe, die er auf das im letzten Beschäftigungsverhältnis angesammelte Guthaben zahlen muss, wenn er die Kündigung ausspricht, dazu kommen natürlich für die 30 Tage, in denen der Gekündigte normalerweise nicht mehr arbeitet, die Bezüge einschließlich *pro rata temporis* das gesetzlich vorgeschriebene 13. Gehalt und das Urlaubsgeld. Das Entlassen kann also teuer werden. Darüber hinaus hat der Exarbeitnehmer drei Jahre Zeit, seinen Exarbeitgeber auf Überstundenzahlung und dergleichen zu verklagen, was in Brasilien offensichtlich eine Art Volkssport ist.

In den USA werden jährlich 75.000 Arbeitsgerichtsprozesse angestrengt, in Frankreich 70.000 und in Japan nur 2.500. In Brasilien sind es sage und schreibe 2 Millionen, mit steigender Tendenz. 2005 wurde an die Kläger, wobei darunter Arbeitnehmer zu verstehen sind, 7,19 Milliarden Real gezahlt, in 2006 waren es sogar 13 Prozent mehr. Pro 1.000 Real Streitwert kostet ein Prozess die Justizbehörden im Mittel 1.300 Real, also im Jahr 2 Millionen mit 1.300 multipliziert gleich 2,6 Milliarden Real! Kein Wunder, dass Spezialisten die Arbeitsgesetzgebung als anachronistisch, überholt, zu detailliert und irreal bezeichnen, und ich füge noch teuer hinzu.

Die Arbeitsgerichtsbarkeit ist keine Ausnahme, zurzeit warten 35 Millionen Gerichtsprozesse aller Art einschließlich der Arbeitsgerichtsprozesse auf eine Entscheidung, wobei die Wartezeit im Mittel acht Jahre beträgt. Jedes Jahr werden 20 Millionen Prozesse abgeschlossen oder eingestellt, und es kommen 20 Millionen dazu, das heißt, die Anzahl der laufenden Prozesse ändert sich nicht. Daran werden wohl nur eine Justizreform und der massive Einsatz der Informatik etwas ändern. Heute sind erst 2,5 Millionen Prozesse in informatisierte Arbeitsabläufe integriert. Da die Hälfte aller Prozesse vom Staat gegen seine ihm Geld schuldenden Bürger angestrengt und bis zur letztmöglichen Instanz durchgefochten wird, auch wenn klar ist, dass der Beklagte gewinnen wird, sind auch noch andere Optimierungsmöglichkeiten vorhanden, die aber ein Umdenken der Regierenden erfordern. Mit anderen Worten: Es besteht wenig Aussicht auf Besserung.

Das Justizsystem Brasiliens leistet einem ungerechten und unbeweglichen Staat Vorschub. Brasilien wird von 181.318 Gesetzen, Verordnungen und ähnlichen Rechtsvorschriften mehr geknebelt als geführt. Nur 53.000 davon werden tatsächlich angewandt. Es gibt zum Beispiel ein heute noch gültiges Gesetz, welches brasilianischen Diplomaten vorschreibt, ihre Heirat mit einer Ausländerin vom Außenminister genehmigen zu lassen. Und wenn ein Diplomat seinen brasilianischen Lebensgefährten ehelichen will? Oder eine Diplomatin – zur Zeit der Schaffung des Gesetzes wohl eine undenkbare Möglichkeit – einen Ausländer heiraten möchte? Es gibt ein anderes Gesetz von 1921, welches es Ausländern verbietet, brasilianischen Boden zu betreten, wenn sie verstümmelt, behindert, blind, verrückt, bettelarm oder ansteckend krank sind.

Man ist zwar bemüht, die unnützen, überholten, sich teilweise widersprechenden Gesetze für unwirksam zu erklären, aber alleine in der letzten Legislaturperiode kamen 14 Verfassungsergänzungen, 8 Komplementärgesetze, 762 normale Gesetze und 3.687 Dekrete hinzu. Was waren das für paradiesische Zeiten, als Moses die Zehn Gebote verkündete!

Der Königsweg zum Erfolg

Gibt es ihn überhaupt, den Königsweg zum Erfolg? Wahrscheinlich nicht, denn viele Unternehmer und Firmen haben Erfolg in Brasilien, obwohl sie ganz unterschiedliche Rezepte anwenden. Aber ein Grundmuster gibt es: viel Arbeit und auch etwas Glück! Etliche Vermögen wurden hier in wenigen Jahren gemacht und große Firmen aus kleinsten Anfängen aufgebaut. Einige Unternehmer aus dem Einzelhandelsbereich waren Pioniere ohne große formale Ausbildung, andere aus der Softwarebranche Spezialisten mit Gespür für die künftigen Markterfordernisse. Und nicht alle knieten sich in die operative Arbeit, wie das Beispiel von Grupo Brasil zeigte, und hatten gerade deswegen Erfolg. Also muss jeder seinen eigenen Weg finden.

Systematisches Vorgehen oder Bauchgefühl?

Das hängt davon ab, wie weit Ihre Entscheidungsfreiheit geht und welches unternehmerische Gespür Sie haben. Sie können große Projektpläne machen, Durchführbarkeitsstudien erarbeiten, Risiken analysieren und dann feststellen, dass Ihr Konkurrent bei seinem ersten Besuch den richtigen Partner gefunden hat und bereits Geschäfte macht. Oder Sie wollen alles durchplanen und Ihr brasilianischer Joint-Venture-Partner will pragmatisch vorgehen. Einige Beispiele sollen dies erläutern.

Im ersten Fall geht es um einen Betrieb, der spanlos Großserienteile produziert, also keine eigenen Produkte entwickelt, sondern Fertigungsspezialist für die Produkte Dritter mit sehr teuren Betriebsmitteln ist. Der Zufall wollte es, dass der Firma ein Deutscher mit Brasilien-Erfahrung zur Verfügung stand, der bereit war, vor Ort zu verkaufen. Bei einem in Brasilien durch einen örtlichen Berater gut vorbereiteten Aufenthalt wurden mit dem künftigen Verkäufer potenzielle Kunden besucht, der Deutsche zog anschließend nach Brasilien um und begann mit der Fußarbeit. Diese resultierte in Anfragen, die zu Probeaufträgen führten, und dann – ja, dann war Schweigen im Walde. Bis die deutsche Firma merkte, dass ihr erster potenzieller brasilianischer Kunde seine Teile jetzt aus China bekommt, wohl mithilfe der angebotenen deutschen Technologie, die man ja durch den Probeauftrag trefflich kennengelernt hatte. Das war zunächst einmal das Aus für die hochfliegenden Pläne, künftige Brasilien-Aufträge in einer eigenen Fabrik lokal abzuwickeln.

Was war schiefgelaufen? Zunächst hatte die Firma eine seltene Chance nicht erkannt oder nicht konsequent genug weiterverfolgt. Beim ersten Besuch in Brasilien fügte es der Zufall, dass ein deutscher Konzern in São Paulo am Tag des Gespräches gerade darüber entschied, wer in Zukunft Teile liefern sollte, die man bisher selbst gefertigt hatte. Im Rahmen einer Produktionsverlagerung nach Manaus wollte man durch die Fremdvergabe von Teilen, die exakt in das Teilespektrum des auftragsuchenden deutschen Lohnfertigers passten, weitere Einsparungsmöglichkeiten realisieren und war durchaus geneigt, auf ein Angebot zu warten. Anstatt zu sagen: »Unser künftiger Brasilien-Verkäufer bleibt gleich bei Ihnen im Hause, lieber künftiger Großkunde, und bespricht die Technik, während wir klären, ob wir nach Manaus exportieren oder dort für Sie fertigen werden, damit wir die besten Preise anbieten können«, geschah buchstäblich überhaupt nichts. Als der Verkäufer endlich nach Brasilien und dann noch in die Provinz gezogen war, wo er die Bindungen zur Familie seiner brasilianischen Frau besser pflegen konnte, und sich 550 Kilometer vom Kunden entfernt nach dem Stand der Verlagerung erkundigte, war der Zug längst abgefahren.

Das Bauchgefühl hätte einem hier sagen müssen: Diese Gelegenheit kommt nicht wieder, die müssen wir am Schopfe packen. Und der potenzielle Kunde hätte ob des Namens des Lieferanten sicher eine Abnahmegarantie für die ersten zwei Jahre gegeben und wahrscheinlich sogar die mit der Verlagerung nach draußen für ihn überflüssigen Betriebsmittel an den Lieferanten abgegeben. Dass dies keine reine Vermutung ist, zeigt die weitere Entwicklung. Zwei Jahre später gerät ein brasilianischer Konkurrent in Nöte, und zwei Großkunden entziehen ihm die Aufträge. Einer der Kunden wird in Deutschland von unserer hier betrachteten Firma beliefert, die andere hatte besagte Probelieferungen bestellt. Beide Kunden sagen dem örtlichen Vertreter der Firma, dass diese die Aufträge bekommen kann, wenn sie den Problemlieferanten übernimmt. Das wird ohne nähere Prüfung abgelehnt, weil man andere Pläne verfolgt – die sich aber seit Monaten nicht konkretisieren. Hier ist es wieder, das Herumlavieren, das Fehlen einer unternehmerischen Vision und auch das Herumreißen des Steuers, denn die Firma ist mit Brasilien nicht zufrieden, tut aber wenig, um dies schnell zu ändern. Ein weiterer Fehler kommt hinzu: Man investiert nicht genug. Das fängt schon beim lokalen Mitarbeiter an. Und wenn man das Gefühl hat, er verdiene genug, und dieses Gefühl ist berechtigt, dann braucht man eben einen Mitarbeiter, der mehr verdienen darf, weil er mehr leistet und vor allem auch Erfolg hat. Denn fleißig zu sein und Erfolg zu haben sind zwei Paar Stiefel; Fleiß ist keine zwingende Voraussetzung für Erfolg. Oft kann man mit weniger Arbeit mehr erreichen, man muss sie vorher nur gut genug durchdenken.

Der zweite Fall zeigt den Wert einer guten Vorbereitung. SAP hatte den Markteintritt in Brasilien zur Zeit der Hochinflation über Bayer versucht. Das Problem war, die Software an die spezifischen brasilianischen Steuerverhältnisse anzupassen und die Inflation mit ihren indexierten Preisen zu berücksichtigen. Außerdem musste das Programmpaket noch eine portugiesische Bedienoberfläche erhalten. Bayer probierte die Software monatelang aus, hatte aber offensichtlich das Gefühl, dass man die »Tropikalisierung« alleine zahlen solle, und kaufte nicht. Der damalige Landesgeschäftsführer von SAP durfte, wie er mir erzählte, nicht mehr verkaufen, seine Firma hätte die Lage analysiert und würde zunächst den US-amerikanischen Markt bedienen. Erst als die – vorher sorgfältig ermittelten – Umstände es erlaubten, kam SAP zurück nach Brasilien, aber diesmal nicht heimlich, still und leise, sondern wohlvorbereitet und mit einem Paukenschlag. Zur Vorbereitung gehörten ein großes Büro, eine ausgebildete Mannschaft und Kontakte zu potenziellen Großkunden, die in der Zwischenzeit zu einer Spitzenstellung von SAP auch in Brasilien führten.

Aber eine gute Vorbereitung ist nicht immer ausreichend. Niemand kann sagen, dass Mercedes den Bau der A-Klasse in Juiz de Fora nicht intensiv vorbereitet hätte, trotzdem war das Auto kein Erfolg in Brasilien. Und was hatte man nicht alles gemacht! Sogar ein Geografieprogramm wurde eingesetzt, um die Verteilung der potenziellen Kunden, abgeleitet aus den Pkw-Zulassungsdaten, und die Standorte künftiger Händler in Einklang zu bringen. Und das neue Werk war damals eines der modernsten überhaupt. Man gab sich auch besondere Mühe, Zulieferanten vor der eigenen Haustür zu finden; ich wurde damals vom Einkaufsvorstand gebeten, brasilianischen Firmen aus der näheren Umgebung zu helfen, den Anforderungen von Mercedes an Lieferanten gerecht zu werden. Aber die Vorbereitung war nicht gut genug – es fehlte die Kombination mit dem Bauchgefühl. Intuitiv hätte ein Brasilianer sicher gefühlt, dass sich das Auto nicht verkaufen würde. Auch der Mercedes-Stern hatte den hohen Mehrpreis gegenüber anderen Wagen seiner Größenklasse nicht rechtfertigen können, und vielleicht war auch die Form zu ungewöhnlich. Außerdem hätte die Rechtfertigung nichts genutzt: Wer einsieht, dass der Preis in Ordnung ist, aber das Geld nicht hat, kauft eben nicht. Und wer kein Geldproblem hat, kauft nicht ein so kleines Auto, sondern – wenn schon, denn schon – lieber ein prestigeträchtiges größeres Auto wie die C-Klasse oder einen 3er BMW, das kann man an den Zulassungszahlen ablesen. Die A-Klasse wurde, damit man sie überhaupt auf den Straßen finden konnte, dann auch massiv als Dienstwagen für leitende Mitarbeiter bei Mercedes verwendet. Geholfen hat dies nichts, das Auto wird wie der Golf und der A3 von Audi nicht mehr in Brasilien gebaut.

Worauf es ankommt

Es kommt vor allem darauf an, Fehler zu vermeiden und ohne Scheu aus den Fehlern anderer zu lernen. Und diese Möglichkeit besteht im Überfluss, wie eine Studie des Fraunhofer Institutes für System- und Innovationsforschung aus Karlsruhe 2007 zeigte. Danach zogen sich nämlich seit Anfang 2000 über 3.500 deutsche Firmen der Metall- und Chemiebranche aus dem Ausland zurück! Und darin sind weder Dienstleistungs- noch Konsumgüterunternehmen enthalten. In einem Zweijahreszeitraum gingen 6.500 Unternehmen aus den Sektoren Metall, Elektrotechnik, Chemie und Kunststoff ins Ausland, um dort zu produzieren. Nach zwei Jahren waren 1.200 reumütig in die Heimat zurückgekehrt.

Obwohl die Studie Brasilien nicht erwähnt, sondern auf Verlagerungen nach Osteuropa und Asien abzielt, sind die Schlussfolgerungen durchaus übertragbar. Wer sich nämlich von den niedrigen Löhnen im Ausland Vorteile versprach, rechnete nicht mit der schnellen Angleichung, zumindest tendenziell, an westliche Verhältnisse. Auch Brasilien ist kein Niedriglohnland mehr, wenn man die geringe Produktivität und die hohen Lohnnebenkosten ins Kalkül einbezieht. Und wer glaubt, wegen der hohen Importkosten Brasiliens Local Content schaffen zu müssen, kann im Einzelfall durchaus richtig liegen, aber meist wird nicht berücksichtigt, dass die Materialkosten oft höher sind als in Deutschland und dass brasilianische Unternehmen auch Steuern zahlen müssen (sollten!). Die Klammer steht für die Unternehmen, die dieser Pflicht nicht nachkommen und ihre Ware ohne Rechnung verkaufen. Und wer denkt schon in Deutschland daran, dass in Brasilien der Strom für Stunden ausfallen kann oder ein Lagerarbeiter auf einem Regal Zuflucht vor einem *jacaré*, wie die hiesige Krokodilvariante genannt wird, nehmen muss, wie es beim Kolbenhersteller Mahle nur 200 Kilometer von São Paulo entfernt geschah?

Auch Anlaufzeiten wie in Deutschland sind in Brasilien oft unrealistisch, es gibt zu viele Möglichkeiten, die universale Gültigkeit von Murphys Gesetz zu beweisen, vor allem bei Einbeziehung des Firmengründungsprozesses in die Betrachtung. So erzählte mir der Finanzchef einer hiesigen Firma, dass der Antrag auf Erteilung der Bundessteuernummer CNPJ insgesamt sieben Mal abgewiesen wurde. Jedes Mal habe man ihn unverändert wieder eingereicht, beim achten Mal wurde ihm stattgegeben. Oder würden Sie damit rechnen, dass die Zentralbank wochenlang streikt und deshalb das Stammkapital einer neu gegründeten Firma nicht an diese überwiesen werden kann? Das heißt, überweisen kann man das Geld schon, aber nicht als Auslandskapital registrieren und in die Landeswährung umtauschen. Damit steht es nicht zur Verfügung, und Ihre neue Firma kann weder Miete, Leute und Material bezahlen noch Maschinen oder Büroaustattung. Aber es gibt Leute, die kennen wiederum andere, welche wissen, wie man die begehrte CNPJ-Nummer angeblich in wenigen Tagen bekommt, natürlich etwas teurer als auf dem üblichen Weg.

Das sind nicht die einzigen Probleme. Wer beispielsweise keine Fachkräfte einsetzen kann, weil sie nicht vorhanden sind oder er sie nicht bezahlen kann oder will, darf sich nicht wundern, wenn Murks abgeliefert wird. Wie bei der Installation eines Späneför-

dersystems bei einem US-amerikanischen Hersteller von Kühl-
schrankkompressoren in São Carlos, welches falsch berechnet war.
Als die darüber stehenden Transferstraßen anliefen, stellte sich
heraus, dass die Förderrinnen für Späne und Kühlschmiermittel
unterdimensioniert waren. Für die nachträgliche Änderung mussten die Transferstraßen teilweise demontiert werden. Und wer
schon mal eine Transferstraße gesehen hat, kann sich vorstellen,
was das an Zeit und Geld kostet. Deshalb investieren viele brasilianische Firmen in Ausbildung, aber hier gilt: Gut Ding will Weile
haben. Ein anderes Problem, mit dem der blauäugige deutsche
Unternehmer oft nicht rechnet, ist die Wechselkursentwicklung,
die bei importierten Rohstoffen oder Komponenten eine lokale
Fertigung im Ausland zur Goldgrube oder zur Kostenfalle werden
lassen kann. Und wer an einen Autohersteller liefert, kann sicher
sein, dass ein eventueller Kursvorteil schnell von seinem Kunden
vereinnahmt wird. Der aus Gerechtigkeitsgründen, wenn die Kurs-
entwicklung bei seinem Lieferanten Verluste verursacht, darauf
besteht, diese nicht unbedingt mit ihm zu teilen. Mehr zu diesem
Thema können Sie im Kapital über den Firmenpool lesen. Aus
verständlichen Gründen wurden dort die Namen der beteiligten
Firmen nicht genannt.

Dann gibt es noch die Fallen, die von unehrlichen Zeitgenossen
gestellt werden. Ende Oktober 2007 interviewte mich zu diesem
Thema die Deutsche Welle in São Paulo, und ich schilderte dem
Korrespondenten Hart einige Fälle aus der Praxis.

Vorsicht ist die Mutter der Porzellankiste

Nicht so häufig wie in China, aber trotzdem manchmal verheerend
sind Schutzrechtsverletzungen. So hatte ein deutscher Hersteller
von Späneförderern Kapazitätsprobleme und beauftragte einen
Unterlieferanten, einen Magnetförderer für eine Schleifmaschine
herzustellen. Leider überließ er ihm die kompletten Zeichnungsun-
terlagen, und der Lieferant beeilte sich, das Himmelsgeschenk zu
nutzen, indem er das Produkt auf seinen Namen zum Patent

anmeldete und anschließend von seinem Auftraggeber die Zahlung von Royaltys verlangte. Das Schlimme daran war, dass im anschließenden unvermeidbaren Prozess der Patentdieb zumindest in der ersten Instanz Recht erhielt! Glücklicherweise ist Brasilien vor einigen Jahren nach langem Zögern dem internationalen Schutzrechtabkommen beigetreten, und man hat jetzt endlich die Möglichkeit, sich erfolgreich zu wehren.

Dies tut mithilfe unserer Patentanwälte gerade der deutsche Erfinder der Sauerstoffkernlanzen, dessen Patente schon lange ausgelaufen sind, so alt sind sie. Seine Produkte kann man in jedem Lehrbuch beschrieben sehen, was das brasilianische Patentamt INPI in Rio de Janeiro nicht daran hinderte, einem brasilianischen Antragsteller ein Patent auf Sauerstoffkernlanzen zu erteilen. Der warnte daraufhin per anwaltlichem Schreiben einen brasilianischen Kunden des deutschen Erfinders, dass dieser eine Patentverletzung begehe, wenn er weiter Sauerstoffkernlanzen aus Deutschland importiere. Verschreckt hörte der Kunde sofort damit auf und kaufte von der so rabiat auftretenden Konkurrenz. Was uns natürlich nicht schlafen ließ, also wurde der Konkurrent – ebenfalls durch einen Anwalt – mit Hinweis auf den wahren Erfinder und dessen mehr als 40 Jahre alten Patente aufgefordert, seinen Kunden nicht mehr zu bedrohen. Die Antwort kam prompt. Auf der letzten der vielen Seiten stand der entscheidende Satz, man sehe ein, dass man im Unrecht sei, und werde die Kunden der deutschen Firma nicht mehr anschreiben. Trotzdem verlangte der eingeschüchterte Kunde in Brasilien auf Rat seines Anwaltes ein an ihn gerichtetes Schreiben des bösen brasilianischen Konkurrenten unseres deutschen Erfinders mit der Zurücknahme der Androhung gesetzlicher Maßnahmen gegen ihn im Falle eines Importes von Sauerstoffkernlanzen. Das liest sich schnell, erforderte aber Monate, und während dieser Zeit verlor die deutsche Firma Umsatz. Sie sah sich letztendlich gezwungen, einen Antrag auf Annullierung des Patents zu stellen, was Geld kostet und Zeit bis zum gewünschten Ergebnis erfordert.

Was Brasilien überhaupt nicht hilft, seine technologische Lücke zu schließen, ist eine relative Rechtsunsicherheit und die allgemeine

Situation des brasilianischen Patentamtes INPI in Rio. Im September 2006 warteten 550.000 Schutzrechtsanträge und -einsprüche auf eine Entscheidung, und bis Ende 2006 erwartete man den Eingang weiterer 35.000. Wer nur eine einfache Marke anmeldet, wartet ungefähr sechs Jahre auf die endgültige Erteilung des Markenrechts! Leider kann diese Wartezeit vom Antragsteller nicht abgekürzt werden, also bleibt ihm nur übrig, alle Anträge über ein gut vernetztes Schutzrechtsbüro einzureichen, normal zu arbeiten, zu warten und bei Schwierigkeiten den Vermerk »Marke/Gebrauchsmuster/Geschmacksmuster/Patent beantragt« zu machen, die bestehenden deutschen und internationalen Schutzrechte aufzuzählen und auf die guten Verbindungen seines Patentanwaltes zu bauen.

Unfaires Doppelpass-Spiel

Ein anderes Problem können deutsche Firmen haben, wenn sie als Generalunternehmer in Brasilien auftreten und sich nicht genug dagegen absichern, dass eine der Kontraktfirmen einfach den Unterauftrag zurückgibt, weil man die Lust verloren hat, sich zur Erledigung nicht fähig fühlt oder aus welchen Gründen auch immer. Denn einen Schadensersatzanspruch gegen einen solchen Vertragsverletzer durchzusetzen ist schwierig und vor allem langwierig. Und der Dumme ist der Generalunternehmer, der dann zu guter Letzt von seinem Auftraggeber noch verklagt wird und wenig dagegen tun kann. Und später auch noch merken muss, dass sein Kunde – ich habe dabei eine bekannte deutsche (!) Firma aus dem Kfz- und Wehrtechnikbereich im Visier – den Unterauftragnehmer heimlich direkt beschäftigt hatte und dass dessen Rückgabe des Unterauftrages auf einem Computer des Kunden geschrieben wurde. Also alles wahrscheinlich ein abgekartetes Spiel, um den vermeintlich überflüssigen Generalunternehmer elegant loszuwerden und Geld zu sparen.

Gegen kriminelle Mitarbeiter ist man nicht gefeit, was eine Firma nicht davor bewahrt, für ihre Handlungen einstehen zu müssen. So erlebte ein deutsches Pharmaunternehmen sein Waterloo, als man eine Verpackungsmaschine mit Placebos von Antibabypillen ausprobierte. Diese wurden nämlich eifrig beiseite geschafft, um anschließend verkauft zu werden. Und da Transportdiebstahl ebenfalls ein ständiges Thema in Brasilien ist, fanden sich auch leicht die richtigen Hehler. So gelangten die wirkungslosen Antirezeptiva in die Hände von bald darauf schwangeren Frauen. Der Skandal war perfekt, und selbst die Aufdeckung der Ursachen half dem Unternehmen nicht – es musste die Kosten für die ungewollten Kinder bis zu deren 18. Lebensjahr übernehmen.

Andere kriminelle Machenschaften sind bei Ausschreibungen üblich, die nicht selten schon so angelegt sind, dass nur eine der beteiligten Firmen gewinnen kann. Manchmal sprechen sich auch Firmen untereinander ab, damit sie abwechselnd Ausschreibungen gewinnen, wobei die Firma, die absichtlich den höheren Preis abgibt, dann durchaus auch mal eine Beteiligung vom Gewinner erhält. In anderen Fällen hatten ehrliche Anbieter keine Chance, weil der einkaufende angestellte Firmenchef heimlich am Lieferanten beteiligt war.

Bestechung kommt ebenfalls vor, und gelegentlich ist der aktive Teil sogar der Entscheider beim Käufer. Mir ist ein Fall bekannt, wo der Hersteller von Großfiltern den Auftrag eines Automobilbauers über 2 Millionen Dollar nicht bekam, weil er keine 50.000 Dollar dafür zahlen wollte. Ein besonders pikanter Fall liegt vor, wenn man als Firmeneigner vom eigenen Geschäftsführer bestohlen wird. Und der Fall wiegt noch schwerer, wenn dieser sich mit seinem Schwiegervater zusammentut, den er schon vor der Heirat als Finanzchef engagiert hatte. Ähnliches passierte einer Firma, die für ihre sehr bekannten Markenprodukte Vertragshändler suchte und deren sehr gut verdienender Geschäftsführer über seine eigene Firma, die er mit seinem Finanzchef – diese Verbindung scheint besonders gefährlich zu sein – im Ausland gegründet hatte, Bewertungen der potenziellen Händler vornahm, gegen Entgelt natürlich.

Unlauterer Wettbewerb existiert auch dort, wo absichtlich ohne Rechnung verkauft wird, um keine Steuern abführen zu müssen. Dadurch sind konkurrenzlose Preise möglich. Manche Firmen, durchaus bekannte und große, sehr bekannte und sehr große sogar, importieren Handelsware von selbst gegründeten ausländischen Scheinfirmen, die zum Normalpreis eingekauft haben, dann aber zu sehr niedrigen Exportpreisen nach Brasilien verkaufen. Auf diese Weise sind die Landed Costs, zu deren Berechnung der cif-Wert als Ausgangsbasis benutzt wird, so niedrig, dass die lokale Konkurrenz keine Chancen hat. Solche Unterfakturierung verlangen sogar manche brasilianischen Händler von ihrem deutschen Lieferanten. Wehe, wenn der Lieferant darauf eingeht! Ich kenne mehr als einen Prozess gegen solche Händler, an die wegen der niedrigeren Einfuhrkosten absichtlich zu niedrig fakturiert wurde und die dann den Lieferanten nicht bezahlten. Das war natürlich besonders schade, weil ohne Sicherheiten geliefert worden war. Und des Lieferanten besonderes Pech war, dass er anschließend den wahren Schaden nicht nachweisen konnte, weil ja seine eigene Rechnung gegen ihn sprach! Da hilft auch Hermes nicht.

Eine ganz andere Art von Kriminalität besteht im politischen Bereich. Sie funktioniert fast so wie die Masche der Mafia, deren Muskelmänner eine Schutzgebühr von Ladenbetreibern verlangen. Hier sind es Politiker oder auch Steuerfahnder, die von Firmen Spenden erbitten und dabei durchblicken lassen, dass eine Gewährung vorteilhaft wäre, wobei immer der Rückschluss naheliegt, dass eine Nichtgewährung sich also negativ auswirken kann. Ich wurde einmal von einem Bürgermeister der regierenden Arbeiterpartei PT um eine Spende für die Stadtbibliothek angegangen und wollte schon zusagen, fragte vorsichtshalber aber, an welche Summe man denn denke. Umgerechnet 50.000 Dollar, war die trockene Antwort, was mir eindeutig zu viel war.

Auch im Justizbereich kann es einem passieren, dass man zur Kasse gebeten wird. Eine Beratungsgesellschaft hatte sich von einem Mitarbeiter getrennt, von dem man wusste, dass er Gewerkschaftsmitglied mit einem Amt war, welches Unkündbarkeit versprach. Das wusste man aber nur inoffiziell, der Mitarbeiter hatte nie eine entsprechende Mitteilung an seinen Arbeitgeber gemacht. Der Firmenanwalt meinte, die Kündigung würde durchgehen, täuschte sich aber, denn der Fall landete beim Arbeitsgericht. Und hier wurde der ehemalige Arbeitgeber zur Zahlung aller Bezüge verurteilt, die der Gekündigte bis zum Ende seines Arbeitslebens bei der Firma verdient hätte. Die Summe betrug umgerechnet 333.000 Dollar, der Fall ereignete sich 1987. Dieser Urteilsspruch wurde angefochten, was die zuständige Einzelrichterin zum Anlass nahm, dem Geschäftsführenden Gesellschafter in Brasilien in dessen Abwesenheit einen Gerichtsvollzieher ins Haus zu schicken, der der minderjährigen Tochter ankündigte, ein Grundstück der Mutter pfänden zu wollen. Der zur Hilfe gerufene Anwalt wollte erst nichts dagegen unternehmen, weil er nach seinen eigenen Worten Angst hatte, an diesem Gericht nie wieder einen Fall zu gewinnen. Erst nach Einschaltung des Vorsitzenden Richters wurde die Pfändungsdrohung zurückgenommen und anschließend die zu zahlende Summe auf etwas über 80.000 Dollar reduziert. Die mussten aber gezahlt werden, wobei der Kläger, der am verhandelnden Gericht als Gutachter arbeitete, also keineswegs arbeitslos war, sehr wahrscheinlich nicht die volle Summe erhielt.

Man sagt, dass in Brasilien Gesetze so kompliziert wie möglich gemacht werden, um anschließend Lösungen verkaufen zu können. Wahr ist, dass es manchmal schwierig ist, behördliche Aussagen zu bekommen, die man eigentlich erwartet – schnell und kostenlos. Einer unserer Kunden arbeitet mit Mikroverkapselung von Duftstoffen für Druckfarben, das heißt, winzige Gelatinekugeln, die Parfüm enthalten, werden mit einer Druckfarbe gemischt. Die damit gedruckten Anzeigen für das Parfüm geben dann beim Rubbeln den Parfümduft frei. Parfüms werden auf die menschliche Haut aufgebracht und sind deshalb bei der Anvisa zulassungspflichtig. Da spielt es keine Rolle, dass in unserem Fall das Parfüm in einer Druckfarbe enthalten und von Gelatine umhüllt ist – für den brasilianischen Zoll ist es Parfüm, und Parfüm kommt auf die Haut. Also ist ohne Anvisa-Zulassung kein Import möglich. Eine Anfrage bei Anvisa ergab, dass dort noch der gesunde Menschenverstand wertgeschätzt wurde. Für mikroverkapselte Duftstoffe in Druckfarben ist Anvisa nicht zuständig und eine Zulassung nicht erforderlich. Aber für den Zoll braucht man eine solche Aussage natürlich schriftlich und mit Stempel und Unterschrift, beglaubigt und überbeglaubigt. Eine solche schriftliche Bestätigung – uns lag nur eine E-Mail-Aussage vor – wollte Anvisa jedoch nicht geben. Ein gut vernetzter Lobbyist versprach Hilfe und wollte das Schriftstück in wenigen Stunden besorgen. Dafür verlangte er 2005 20.000 Real für sich und 100.000 Real für den ausstellenden Direktor, das waren damals zusammen fast 40.000 Euro! Mein Rat in solchen Fällen: Zahlen Sie nie! Man rechnet mit Ihrer Unerfahrenheit und Ihrer Verzweiflung. Wir bekamen das Dokument über einen Anwalt in Brasília auf dem offiziellen Weg nach einigen Tagen für umgerechnet 150 Euro.

Mit von Terminnot verursachtem Nachgeben rechnen Zöllner vor allem, wenn durch blockierte Importe Montagelinien stehen oder Messen ohne Exponate bleiben. Da kann man nur sagen: Augen zu und durch, aber möglichst nicht zahlen, denn einmal gezahlt, immer gezahlt. Abgesehen davon wäre eine Zahlung strafbar! Gerade beim Import müssen Sie sich in Brasilien auch vor Veruntreuung von Geldern schützen, die Sie einem Despachant anvertraut haben, damit dieser Ware aus dem Zoll holt. Es kommt immer wieder vor, dass dabei größere Geldsummen unterschlagen werden. Sagen Sie lieber Ihrem *gerente delegado*, dass er alle Zahlungen selbst vornehmen soll. Da er Ihr Treuhänder ist, ist dies der bessere Weg. Besonders gefährlich ist es, wenn Ihr Despachant einen Zollbeamten durch ein Geldgeschenk wohlwollend stimmen will. Abgesehen vom kriminellen Gehalt wissen Sie nie, wie viel Geld Ihr Zolldeklarant tatsächlich weitergibt, eventuell behält er alles. Deshalb ist es gut, bei bestimmten exponierten Berufsgruppen nachzuprüfen, ob ihr Lebensstil mit ihrem bekannten Einkommen konform geht, dafür gibt es in Brasilien spezialisierte Ermittler. Dagegen ist die hier oft zu hörende Frage eines Tankwarts, welchen Betrag er auf die Rechnung schreiben soll, richtig harmlos.

Phase 1 Machbarkeitsprüfung	Phase 2 Geschäftsvorbereitung	Phase 3 Geschäftsaufbau	Phase 4 Geschäftsbetreuung
Information Produkt? Kosten/Preis? Bedarf? Restriktionen? Konkurrenz? Bewertung Wettbewerbsfähigkeit? Rentabilität? Investitionen? Zeitbedarf? Sonstige Ressourcen? Empfehlung Alternativen? Auswahlkriterien? Alternativenauswahl Entscheidung Markteintritt ja/ nein Markteintrittsstrategie	Planung Aktionen Termine Zeitaufwand Geldaufwand Ressourceneinsatz Durchführung Geschäftsmodellentwicklung Standortbestimmung Geschäftspartnersuche Wirtschaftlichkeitsrechnung Kick-off	Verträge Vertretervertrag Kundendienstvertrag Händlervertrag Lizenzvertrag Gesellschaftsvertrag Kaufvertrag Mietvertrag Servicevertrag Anstellungsverträge Geschäftsbeginn Kataloge/Prospekte Preisbildung Firmengründung Firmenbeteiligung Firmenkauf Stellenbesetzung Warenimport Beschaffung Büroausstattung Betriebsmittel Material Handelsware Schulung Ablauforganisation Aufbauorganisation Anlauf	Jahresplanung Budgetierung Projektplanung Aufsicht/Leitung Controlling *gerente delegado* Geschäftsführung Operative Hilfe begleitende Beratung Funktionsübernahme • Verwaltung • Finanzen • Vertrieb • Logistik • Import/ Export

Tabelle 13: Systematisches stufenweises Vorgehen

Um die geschilderten Fehler zu vermeiden, helfen nur sorgfältige Vorbereitung und systematisches Vorgehen, wie in Tabelle 13 dargestellt, die gleichzeitig zeigt, welche Aufgaben wir mit unseren und für unsere Kunden erledigen. Sie umfasst die vier Hauptphasen des Geschäftsaufbaus im Ausland. Viele Fehler werden bereits bei der Machbarkeitsprüfung begangen, weil man ohne ausreichende Information schnell tätig werden und Erfolg haben will. Brasilianische Unternehmen, die man als Vertriebspartner gewinnen will, lassen sich dagegen oft über ein Jahr Zeit, um die Produkte, die man ins Vertriebsprogramm aufnehmen will, eingehend auf ihre Akzeptanz und Lukrativität zu prüfen, in einigen Fällen einschließlich der Beschickung von mehreren Messen, um bei der Erstbestellung keine späteren Ladenhüter zu kaufen.

Bei der Geschäftspartnersuche muss man ebenso Geduld haben, um zu vermeiden, dass man mit dem Ersten abschließt, der sich anbietet, und zu spät merkt, dass es schönere Bräute gibt. Zu oft wird gerade auf Messen eloquenten Landsleuten vertraut. Man ist froh, die heimatliche Sprache zu hören, und erteilt dem Landsmann per Handschlag den Status eines Händlers. Später muss er dann ausgetauscht werden, weil er sich als Missgriff erwiesen hat. Dabei kann man froh sein, wenn man nicht zusätzlich zum Zeit- und Geldverlust sowie entgangenen Umsatz noch eine Entschädigung zahlen muss oder wegen Vertragsbruch verklagt wird.

Deshalb sollte unbedingt auch kompetenter juristischer Rat eingeholt werden, wenn es um die Abfassung von Verträgen geht. Und man sollte sich darüber im Klaren sein, dass der eigentliche Geschäftsbeginn nur möglich ist, wenn man die lokale Operation massiv unterstützt, was Geld kostet, selbst wenn es sich nur um einen Handelsvertreter handelt. Es gibt unzählige Fälle von Firmen, die sich, erschreckt über den Aufwand, plötzlich wieder zurückzogen, obwohl zum Beispiel schon die Hälfte der Standgebühr für eine Messeteilnahme entrichtet wurde. Angst vor der eigenen Courage darf man also nicht haben.

Wenn alles läuft, sollte auch Geld in der Kasse klingeln. Leider ist dies nicht immer der Fall, weil der Kunde im fernen Brasilien nicht zahlt. Deshalb müssen sowohl Geschäftspartner als auch Endkunden gut durchleuchtet werden – Vertrauen ist gut, Kontrolle ist besser! Viele Großhändler und Fabrikkunden akzeptieren zum Beispiel nicht die Forderung nach Bankgarantien, weil ihnen dies zu teuer ist. Hier kann man sich durch in Brasilien registrierte Eigentumsvorbehalte und Wechsel einigermaßen schützen, auch wenn ein eventuell nötiges Gerichtsverfahren Jahre dauert und dann nach gewonnenem Prozess mangels Masse doch nicht gezahlt wird. Aber solche Gerichtsverfahren sind nötig, damit Versicherungen wie Hermes zahlen. Also, im Zweifelsfall besser auf Vorauszahlung bestehen und nötigenfalls auf ein Geschäft verzichten!

Zusammengefasst empfehle ich:

- Finden Sie eine gute Begründung für Ihr Brasilien-Engagement – es reicht nicht, nur zu wollen! Entweder müssen Sie nach Brasilien (der Kunde ruft!), oder Sie wollen (einmalige Chance oder vorteilhafte Entwicklungsmöglichkeit, strategische Entscheidung).
- Setzen Sie sich Ziele für das Engagement, quantitative und qualitative. Und bauen Sie Meilensteine ein, damit Sie bei Nichterreichung der Ziele gegensteuern oder aufgeben können. Schlimm wird es, wenn Sie den Point of no Return überschritten haben und gutes Geld schlechtem hinterherwerfen müssen!
- Sorgen Sie für ausreichende Humanressourcen im eigenen Haus für Ihr Brasilien-Projekt und kaufen Sie sich erforderlichenfalls vorübergehend Kapazität dazu. Sehen Sie zu, dass die Brasilien-Projektteammitglieder motiviert sind; wer nicht hinter dem Engagement steht, hat im Team nichts zu suchen. Praktizieren Sie keine Demokratie, einer muss verantwortlich sein!
- Planen Sie sorgfältig Termine, Aktivitäten und Finanzbedarf, und kontrollieren Sie die Einhaltung. Halten Sie sich vorbereitete Alternativen offen, es geht immer etwas schief! Murphys Gesetz gilt auch in Brasilien! Hier ändern sich die Verhältnisse manchmal über Nacht: Land und Leute sind dynamisch, gelegentlich zu sehr. Denken Sie immer daran, dass Ihre

brasilianischen Partner oft wenig von akribischer Planung halten, sie praktizieren *jeitinho* und *jogo de cintura*, weil sie wissen, es kommt doch anders, als man denkt.

- Sorgen Sie für eine gute Vorbereitung der Mitarbeiter, die vor Ort tätig werden sollen. Sie dürfen nicht durch Kleinkram von ihrer eigentlichen Aufgabe abgelenkt werden (wie eröffne ich ein Konto, wo gibt es einen Deutsch sprechenden Arzt ...); für die Erledigung solcher Routinearbeiten sorgt eine gute zweisprachige Assistentin. Die Mitarbeiter müssen motiviert sein. Während der Projektlaufzeit gibt es weder geregelte Arbeitszeiten noch Feiertage – was nötig ist, muss einfach erledigt werden! Und dies im Einklang und in Harmonie mit dem Gastland, also wählen Sie Mitarbeiter für Brasilien aus, die soziale Kompetenz haben, Portugiesisch lernen wollen und anpassungsfähig und -willig sind, denn sie müssen sich in eine fremde Kultur integrieren, ohne ihre eigene teutonische zu verleugnen, aber auch ohne mit dieser anzuecken!

- Geben Sie am Anfang Geld aus für eine sehr gute und sehr detaillierte Durchführbarkeitsstudie! Je besser sie gemacht ist, desto weniger kann anschließend passieren. Denken Sie daran, dass Geld die Welt regiert, stellen Sie also die geplanten Mittel rechtzeitig und ausreichend zur Verfügung! Denken Sie an Murphy, meist brauchen Sie plötzlich mehr Zeit, mehr Geld, mehr Menschen, also ist eine Risikobetrachtung angesagt! Was kann aus welchen Gründen passieren, wie hoch ist die Wahrscheinlichkeit, was hat das für Auswirkungen, welche Gründe kann ich vermeiden, welche Auswirkungen kann ich mindern? Und was kostet das gegebenenfalls?

- Entscheiden Sie sich für den richtigen Standort! Der ist dort, wo die Summe aus Qualitäts-, Beschaffungs-, Fabrikations- und Distributionskosten am niedrigsten ist, wo qualifizierte oder qualifizierbare Arbeitskräfte verfügbar sind und wo die Umgebungsbedingungen das Arbeiten ermöglichen. Nicht da, wo Ihr Geschäftsführer gerne wohnen möchte, weil seine Freundin in der Nähe wohnt und der Strand vor der Haustür liegt! Obwohl das für sein Wohlbefinden und seine Motivation sicher wichtig ist. Richten Sie sich nicht nach augenblicklichen Steuer- oder sonstigen Anreizen, die sind vergänglich! Das hat BASF mit seinem Tonbandwerk in Manaus feststellen müssen. Wer nur mit Fördermitteln überlebt, sollte erst gar nicht anfangen!

– Verfallen Sie nicht in den Fehler, deutsche Verhältnisse eins zu eins auf Brasilien übertragen zu wollen, Land und Leute sind anders. Deshalb müssen Sie eventuell Ihre Marke anpassen, damit ein Name aussprechbar wird oder keine unangenehmen Assoziationen weckt. Oder Sie müssen Ihr Produkt »tropikalisieren«, um es verkaufsfähig zu machen. Ihre Leute vor Ort müssen sich schnell auskennen und dürfen keine Verständnisprobleme haben bei Steuern, Wirtschaftsrecht, Verwaltungsfragen, Benimmregeln und was man sonst so alles wissen muss. Dazu sollten Sie durchaus skeptisch sein, was die brasilianischen Verhältnisse angeht: lieber das Schlimme annehmen und durch das Gute überrascht werden. Und nie die Ruhe und vor allem die Haltung verlieren! Gesichtsverlust ist nicht nur in China tödlich fürs Geschäft.

– Seien Sie Realist! Was nicht geht, geht nicht, Gesundbeten hilft meist nicht. Manche Dinge schaffen die Leute einfach nicht, also verlangen Sie sie erst gar nicht, bevor man Sie enttäuscht. Und seien Sie gerecht bei der Beurteilung von Menschen, Sachen und Werten. Erwarten Sie aber im Gegenzug nicht immer, dass Sie Ihr Recht bekommen, auch wenn Sie im Recht sind! Rechnen Sie immer mit dem Unerwarteten – das können böse oder freudige Überraschungen sein.

Wer erfolgreich in Brasilien tätig ist – und das sind viele –, möchte natürlich seine Gewinne repatriieren, wenn er sie nicht im Lande reinvestiert. Für den Gewinntransfer Ihrer brasilianischen Tochter- oder Beteiligungsfirma in das Mutterland ist eine vorherige Registrierung des ausländischen Stammkapitalanteils bei der brasilianischen Zentralbank nötig. Damit können Dividenden überwiesen und Investitionskapital problemlos repatriiert werden. Der brasilianische Real ist nicht frei konvertierbar, das heißt, die Zentralbank kontrolliert Direktinvestitionen oder Darlehen aus dem Ausland, Repatriierung von Kapital und Transfer von Kapitalerträgen wie Dividenden, Zinsen, Ausschüttungen, Reinvestitionen ausländischen Kapitals und auch die Neubewertung von Anlagevermögen. Mit der Registrierung ist heute ein Rücktransfer steuer- und genehmigungsfrei möglich, nur die formellen Voraussetzungen müssen erfüllt sein. Speziell der Gewinntransfer unterliegt nicht mehr wie früher Beschränkungen in Form eines Prozentsatzes des registrierten Auslandskapitals, bis zu dem der Transfer steuerfrei ist. Der ausländische Investor ist durch den Beitritt Brasiliens zur Multilateral Investment Guarantee Agency geschützt, zwischen Deutschland und Brasilien besteht außerdem ein Investitionsschutzabkommen.

Geschäfte werden von Menschen gemacht, vor allem in Brasilien!

Wer in Brasilien Erfolg haben will, muss sich dort selbst umsehen und persönliche Beziehungen aufbauen. Das kann nicht oft genug wiederholt werden, diesen Satz möchte ich in die Köpfe aller meiner deutschen Kunden hineinhämmern, die mich in Deutschland bitten, ihr Brasilien-Geschäft aufzubauen. Zum Glück sind die meisten Unternehmer und Unternehmensvertreter auf Brasilien neugierig und meist vom Land und seinen Leuten fasziniert, bei diesen brauche ich keine Überzeugungsarbeit zu leisten. Aber es gibt auch die ganz Vorsichtigen, die oft wollen, aber nicht können, und dies dadurch kaschieren, dass sie sagen: »Machen Sie erst mal Umsatz, dann kommen wir auch zu Ihnen und sehen uns mal Ihren (!) Kunden an.« Das ist mit Sicherheit der falsche Ansatz, umgekehrt wird ein Schuh draus!

Wer in Brasilien Geschäfte machen will, muss vor Ort eigene Beziehungen aufbauen und pflegen. Finden Sie sich damit ab, dass Sie reisen müssen. In Brasilien werden Sie es genießen, trotz der nicht perfekten Infrastruktur, denn die vorbildliche Gastfreundschaft macht diesen Nachteil wieder wett. Sie müssen also nicht gleich umziehen, aber seinen eigenen Vertreter ein- oder zweimal im Jahr zu besuchen, mit ihm auf Rundreise zu gehen und Kundenbeziehungen auf- und auszubauen, ist doch nicht zu viel verlangt, oder? Wenn Sie eine solche Reise planen, nehmen Sie Rücksicht auf die Feiertage und die Urlaubsperiode Ihrer brasilianischen Geschäftspartner. Hier ist die Haupturlaubszeit zwar auch im Sommer wie in Europa, aber Brasiliens Sommer findet vom 21. Dezember bis zum 21. März statt, wenn die Sonne auch in São Paulo, welches auf dem Wendekreis des Steinbocks liegt, senkrecht auf uns herunterscheint. Und in dieser Periode, an deren Ende auch noch Karneval gefeiert wird, sind Gäste zwar willkommen, aber nicht, um intensiv über Geschäfte zu sprechen. Falls Sie meinen, ich übertreibe: Der Bundesstaat Pará hat den Freitag im Sommer zum Feiertag für Beamte und Mitarbeiter des öffentlichen Dienstes erklärt, weil man in dieser Zeit doch traditionsgemäß den Strand des Amazonas genieße!

Planen Sie keine einwöchige Geschäftsreise, wenn in dieser Woche ausgerechnet ein Feiertag liegt, vielleicht noch an einem Dienstag oder Donnerstag. Sie können darauf wetten, dass daraus mit einem Urlaubstag ein verlängertes Wochenende gemacht wird. Dies sind die Feiertage, die zu berücksichtigen sind:

Neujahr	1. Januar	
Karneval	Ende Februar/Anfang März	je nach Gegend drei Tage bis drei Wochen
Ostern	Karfreitag und Ostersonntag	Ostermontag ist kein Feiertag
Tiradentes	21. April	Entdeckung Brasiliens
Tag der Arbeit	1. Mai	
Unabhängigkeitstag	7. September	
Nossa Senhora de Aparecida	12. Oktober	Tag der Schutzheiligen Brasiliens

Allerseelen	1. Sonntag im November	
Proklamation der Republik	15. November	
Concentização negra	20. November	Tag der schwarzen Bewusstseinsmachung
Weihnachten	25. Dezember	einen zweiten Weihnachtsfeiertag gibt es nicht

Eine weitere Selbstverständlichkeit – wir sprachen schon von den kontinentalen Ausmaßen Brasiliens – sind die verschiedenen Zeitzonen. Denken Sie beim Telefonieren auch daran, dass Brasilien und Deutschland in verschiedenen Zeitzonen liegen, der Zeitunterschied zu São Paulo kann drei, vier oder fünf Stunden betragen. Hier macht sich der Einfluss der Sommerzeit in beiden Ländern bemerkbar.

Ohne Geld geht nichts – oder doch?

Natürlich will man am liebsten Geschäfte machen, ohne selbst investieren zu müssen. Aber noch nicht einmal Bill Gates konnte das in Brasilien, denn seine Computerprogramme werden hier in einer portugiesischen Version vertrieben, und die ist natürlich nicht vom Himmel gefallen. Wenn man also nicht das Glück hat, dass man ein einmaliges und überall bekanntes Produkt verkauft, für das einem die Exportaufträge einfach ins Haus flattern, muss man Geld in die Hand nehmen, um die Grundlage für den Erfolg in Brasilien zu schaffen. Denn »Geiz ist geil« zahlte sich noch nicht einmal für Saturn aus, und schon unsere Altvorderen sagten mit Recht, dass sie zu wenig Geld hätten, um billig einzukaufen. Also sollten Sie mindestens ein Budget haben für Reisen nach Brasilien, für Reisen innerhalb Brasiliens und für landessprachliche Vertriebsunterlagen. 3B Scientific, eine Firma, die Anatomiemodelle herstellt, hat das auch erfahren müssen. Erst nachdem Peter Pogoda vor einem Jahr von seinem Chef 100.000 Dollar in die Hand gedrückt bekam mit dem Auftrag, etwas daraus zu machen, ging es aufwärts mit den Geschäften der Firma, denn mit diesem Geld wurde die eigene Vertriebsniederlassung in Brasilien gegründet. Es war der dritte Anlauf, und er wurde zum Erfolg, wie Pogoda sagte, weil er nicht São Paulo als Firmensitz wählte, sondern Joinville. Das hat für ihn den Vorteil, dass er seine Importe schnell und transparent ins Land bekommt, in einem überschaubaren Umfeld lebt, nicht unter Verkehrsstress und Kriminalität leidet und gute Mitarbeiter zu tragbaren Kosten fand. Das ist für ihn ein wichtiger Faktor, denn die von ihm geführte Firma hört nicht auf zu wachsen.

Übrigens ist Santa Catarina auch zu empfehlen, weil man ab 1 Million Euro Investition aus dem Ausland den Vorteil genießen kann, die ICMS, also die Warenumlaufsteuer für Importware, erst zu zahlen, wenn diese verkauft ist. In São Paulo sieht das anders aus, hier ist sie beim Verzollen fällig, 18 Prozent, sofort zahlbar. Dieses Förderprogramm Santa Catarinas heißt *pro emprego*, also »für die Anstellung« von Mitarbeitern. Pogoda weist Neuankömmlinge darauf hin, dass eine frisch gegründete Firma vom Zoll natürlich zunächst mit Misstrauen betrachtet wird. Die Importe würden in der Regel ein Jahr lang sehr gründlich geprüft, was bedeutet, dass der Container ausgepackt werden muss, weil sowohl die Ware als auch die Begleitpapiere genau kontrolliert werden. Wer diese Periode übersteht, ohne negativ aufzufallen, reduziert die Freigabezeit von anfänglich vier bald auf zwei Wochen oder weniger.

Budget ist aber nicht gleich Budget, das heißt, Sie müssen nicht unbedingt viel Geld ausgeben. Achten Sie auf ökonomische Möglichkeiten, Brasilien und potenzielle Geschäftspartner kennenzulernen. So werden in Deutschland von Verbänden und Handelskammern ständig Unternehmerreisen angeboten oder Delegationsreisen, an denen man zu subventionierten Preisen teilnehmen kann. Darüber hinaus gibt es viele Veranstaltungen in Deutschland, auf denen Sie sich kostenlos oder gegen eine geringe Gebühr über Brasilien und Geschäftsmöglichkeiten in diesem Lande informieren können. Die IHK Pfalz hält Brasilien-Seminare ab, die IHK Essen unterhält den Firmenpool Brasilien/Mercosur und veranstaltet mehrmals im Jahr Poolsprechtage mit kostenloser Erstberatung durch den Poolmanager.

Aber selbst wenn Sie kostenbewusst sind: Um die Ausgaben für portugiesische Prospekte, Kataloge, Siteinhalte und Imageprospekte Ihrer Firma sollten Sie sich nicht drücken. Selbst in Deutschland ist, wie gesagt, Geiz nicht mehr geil. Also versuchen Sie bitte auch nicht, um jeden Preis Ihrem Vertreter oder Händler die Kosten der Markterschließung aufs Auge zu drücken. Wenn Sie nicht in Ihr eigenes Geschäft investieren wollen, sieht der Brasilianer erst recht keinen Grund dafür. Ein Beispiel dafür ist ein mir bekannter sehr großer, rein brasilianischer Pharmakonzern. Der schrieb in den Händlervertrag, den ein deutscher Kunde von mir vorgeschlagen hatte, dass dieser bei vorzeitiger Vertragsauflösung oder Nichtverlängerung die Markterschließungskosten zurückzuzahlen habe. Und wir reden hier von einigen Hunderttausend Euro, also nicht von »Peanuts«.

Hüten Sie sich aber davor, bei einer brasilianischen Bank einen Kredit aufzunehmen, wenn Sie Geld brauchen. Statten Sie Ihre Firma in Brasilien auf jeden Fall mit genügend Eigenkapital aus, und schicken Sie, falls erforderlich, ein Gesellschafterdarlehen! Achten Sie dabei auf die strengen Zentralbankvorschriften, einfach Geld schicken geht nicht. Der Grund für diese Warnung? Die hohen Sollzinsen: Brasilien führt die folgende Aufstellung der Realzinsen der nächsten zwölf Monate (Stand Mitte 2007) leider immer noch an, aber gegenüber der Vergangenheit ist es doch ein Fortschritt:

8,3 Prozent	7,6 Prozent	5,2 Prozent	3,9 Prozent	3,6 Prozent
Brasilien	Türkei	Israel	Australien	China

Die im täglichen Leben in Brasilien praktizierten Jahreszinsen sehen ganz anders aus:

- 100 Prozent bei Ratenzahlung im Einzelhandel
- 223 Prozent bei Inanspruchnahme von Kreditkarten und ge-
  stückelter Abzahlung des geschuldeten Betrages
- 146 Prozent für einen Überziehungskredit der Bank *(cheque especial)*
- 87 Prozent für einen Bankkredit an natürliche Personen
- Und wer von den Banken nichts bekommt, kann Zuflucht bei
  den Finanzhaien suchen, die Kleinkredite vergeben, für die
  Lappalie von 265 Prozent im Jahr.

Ohne Geld geht es also im Normalfall nicht. Aber Sie müssen nicht
immer das große Geld einsetzen, um in Brasilien erfolgreich zu
sein. Wichtiger sind manchmal Einfühlungsvermögen, Flexibilität,
Realitätssinn und ein Gespür für das Machbare. Paaren Sie dies mit
Geduld, Hartnäckigkeit und nicht zuletzt Glück, wird Ihr Geschäft
auch in Brasilien blühen, wachsen und gedeihen!

Zum Abschluss eine gute und eine schlechte Nachricht für
Brasilien-Engagierte.

Die schlechte stammt von Jefferson Péres, respektiertem Senator der Föderativen Republik Brasilien, der im Dezember 2007
sagte, dass Brasiliens Politiker in ihrer Mehrheit besitztumsorien-
tiert seien und den Staat zu ihrem Nutzen verwenden; eine
Erbschaft der Kolonialzeit, die eigentlich schon überwunden sein
sollte. Sie hätten keinen republikanischen Geist, denn Brasilien
habe zwar die Republik proklamiert, aber nie eingeführt.

Die gute Nachricht macht allen Brasilien-Engagierten Hoffnung, ihr Glück in diesem Land zu versuchen: Im Jahr 2007 (Januar
bis November) gingen 62 Firmen an die Börse von São Paulo und
behielten von den eingenommenen 52 Milliarden Real 23 Milliarden für sich. 44 der Börsengänge erlösten jeweils mehr als 1 Milliarde Real, und viele der Firmengründer hatten kein oder kaum
Startkapital, aber die richtige Idee und eine gute Portion Glück und
Zielstrebigkeit!

Danksagung

Zunächst gilt mein Dank meinem Lektor Michael Wurster, der mir die Gelegenheit bot, dieses Buch zu schreiben. Ich wollte meine Erfahrungen im Ausland schon lange in einem Buch niederlegen, weil mir das Schreiben und das Thema Brasilien Freude machen. Mein Freund und Partner Harald Sterzinger hat sich ebenso wie mein Schwager Dr. Heinz-Peter Kopp die Mühe gemacht, das Manuskript *in statu nascendi* zu lesen, beiden verdanke ich wertvolle Hinweise, die die Lesbarkeit des Buches hoffentlich erhöhen. Das Urteil muss der Leser fällen. Eventuell übrig gebliebene Schachtelsätze gehen zu meinen Lasten. Als Quelle habe ich die brasilianische Presse ebenso benutzt wie Verbands- und Firmenmitteilungen, das Internet einschließlich Wikipedia und natürlich neben meinen eigenen Erfahrungen die Informationen, die mir Unternehmer in Gesprächen mitteilten.

Meinen Eltern Kurt und Käte Naumann danke ich ebenfalls, denn ohne sie wäre ich heute nicht im Ausland. Sie haben mich weltoffen erzogen, sorgten dafür, dass ich Fremdsprachen lernte, und besuchten mich später mehrmals in Südafrika, Mexiko und Brasilien, um sich zu überzeugen, dass dies alles auch gefruchtet hat. Leider hat mein Vater das Erscheinen des Buches nicht mehr erlebt, es hätte ihm sicher gefallen. Wahrscheinlich hätte er bemängelt, dass ich die Verhältnisse in Brasilien oft sehr kritisch beschreibe. Aber so ist der Leser, wenn er seine eigenen Erfahrungen macht, wenigstens gewappnet.

Maria Rodrigues-Naumann, meiner Frau, gebührt besonderer Dank, denn sie begleitete mich in alle Länder, organisierte geduldig jeden Umzug, hilft mir seit 30 Jahren als gebürtige Brasilianerin, ihr Heimatland zu verstehen, und klagte kaum, wenn ich abends den Laptop auf dem Schoß hatte und über Brasilien schrieb.

Meine in Brasilien geborene, aber in Deutschland lebende Tochter Carla Siefkes darf ich hier nicht vergessen, denn sie verbessert bis heute meine portugiesische Aussprache und hat, ohne sich zu beschweren, in vier Ländern die Schule besucht. Was nicht verhinderte, dass ihre beiden Söhne Alexander und Andreas Portugiesisch sprechen wie ihr Großvater – mit deutschem Akzent.

Last, but not least gilt mein Dank der IHK Essen, die es mir als Trägerorganisation des Firmenpools Brasilien/Mercosur möglich machte, durch meine Arbeit als Poolmanager einen Großteil der Erfahrungen zu machen, die in diesem Buch niedergelegt wurden. Insbesondere danke ich dem inzwischen pensionierten Außenhandelsgeschäftsführer Dr. Gehring und seiner Nachfolgerin Veronika Lühl, die auch stellvertretende Hauptgeschäftsführerin der Kammer ist, sowie in der Reihenfolge der wechselnden Zuständigkeit meinen Poolbetreuerinnen Cora Breulmann, die heute Kempff heißt und für die EnBW arbeitet, und Gabriele Hein sowie meinem aktuellen Poolbetreuer Tobias Slomke für die schon elf Jahre anhaltende harmonische und effektive Zusammenarbeit.

Außerdem danke ich Kim Gronemeier vom Kompetenzzentrum Lateinamerika der IHK Pfalz für die Möglichkeit, schon seit einigen Jahren als Vortragender bei ihren Brasilien-Veranstaltungen auftreten zu können, und Julio Neto, dem stellvertretenden Chef des Außenwirtschaftsbereiches der IHK Stuttgart, für die gastfreundliche Bereitstellung von Räumlichkeiten für meine Beratungsgespräche, die seit Jahren von Harald Sterzinger für unsere Kunden und Poolinteressenten in Süddeutschland organisiert werden. Die Erfahrungen aus dem Gedankenaustausch mit Brasilien-Interessierten dieser beiden Kammern sind im Buch gebührend berücksichtigt worden.

São Paulo, im Januar 2008

Karlheinz Kurt Naumann

Anhang

Brasilien in Zahlen

Außenhandel

Jahr	Import Mrd. US$	Export Mrd. US$	Saldo Mrd. US$
1997	59,7	53,0	– 6,7
1998	57,8	51,1	– 6,6
1999	49,3	48,0	– 1,3
2000	55,8	55,1	– 0,8
2001	55,6	58,2	2,7
2002	47,2	60,4	13,1
2003	48,3	73,1	24,8
2004	62,8	96,5	33,6
2005	73,6	118,3	44,7
2006	91,4	137,8	46,5
2007	120,6	160,6	40,0

2007	Import Mrd. US$	Export Mrd. US$	Saldo Mrd. US$
Januar	8,5	11,0	2,5
Februar	7,2	10,1	2,9
März	9,6	12,9	3,3
April	8,3	12,4	4,2
Mai	9,8	13,6	3,9

Juni	9,3	13,1	3,8
Juli	10,8	14,1	3,3
August	11,6	15,1	3,5
September	10,7	14,2	3,5
Oktober	12,3	15,8	3,4
November	12,0	14,1	2,0
Dezember	10,6	14,2	3,6
Summe	120,7	160,6	39,9

Der Import wuchs 2007 gegenüber 2006 um 32 Prozent. Trotz
dieser Zunahme importiert Brasilien im Vergleich zu anderen
Schwellenländern wenig. Im Fall Brasiliens machte der Import
2007 10 Prozent vom Bruttoinlandsprodukt aus, während es bei
Argentinien 18 Prozent und bei China und Mexiko je 30 Prozent
waren.

Die meistexportierten Güter Brasiliens waren 2007 Eisenerz
(10,5 Milliarden US-Dollar, + 17,5 Prozent), Erdöl (8,9 Milliarden
US-Dollar, + 28,7 Prozent), Soja (6,7 Milliarden US-Dollar, + 18,0
Prozent), Flugzeuge (4,7 Milliarden US-Dollar, + 45,0 Prozent),
Hähnchenfleisch (4,2 Milliarden US-Dollar, + 44,0 Prozent), Rind-
fleisch (3,5 Milliarden US-Dollar, + 10,7 Prozent).

Exportanteil Prozent	Bestimmung		Importanteil Prozent	Ursprung
25,2	Europäische Union		25,4	Asien
15,8	USA		22,2	Europäische Union
15,5	Asien		15,7	USA
10,8	Mercosul		9,6	Mercosul

Bruttoinlandsprodukt

Die Weltbank hat eine Rangliste auf der Basis der Werte von 2005 publiziert, wobei als Kriterium die Kaufkraftparität der jeweiligen Landeswährung zum Dollar benutzt wurde, nicht die zum Wechselkurs umgerechneten Werte. Der Prozentanteil der wichtigsten Länder am Weltbruttoinlandsprodukt sieht demnach so aus:

23 %	USA
10 %	China
7 %	Japan
5 %	Deutschland
4 %	Indien
3 %	Großbritannien, Frankreich, Rußland, Italien, Brasilien
2 %	Spanien, Mexiko

Inflation

Brasilien misst die Inflation auf viele Weisen, hier wird nur der Verbraucherpreisindex IPCA betrachtet. Dieser stieg zwar in 2007 gegenüber dem Vorjahr, blieb aber im von der Regierung angestrebten Bereich:

Jahr	Inflation %	Ziel %
1999	8,94	8,00
2000	5,97	6,00
2001	7,67	4,00
2002	12,53	3,50
2003	9,30	3,25
2004	7,60	3,75
2005	5,69	4,50
2006	3,14	4,50
2007	4,46	4,50
2008	4,30	4,50

Der Inflationswert für das Jahr 2008 ist der Mittelwert von Prognosen verschiedener Finanzinstitutionen. Schuld am Anstieg

2007 haben die Lebensmittelpreise, die sich aufgrund klimatischer Einflüsse und der Entwicklung der Weltmarktpreise verteuerten. Dafür sanken die Preise u.a. von Autoversicherungen, Fernsehapparaten, Hifi-Anlagen, Computern, Telefonen und Elektrohaushaltsgeräten.

Investition

Laut einer Serasa-Untersuchung von 43.300 Jahresabschlüssen haben brasilianische Firmen 2006 so viel wie seit 1999 nicht mehr investiert: 18.800 der analysierten Jahresabschlüsse stammten aus dem Handel, 14.100 aus dem Dienstleistungssektor und 10.400 aus der Industrie. Der Investitionsindex (Investition in Prozent des Nettoumsatzes) betrug, heruntergebrochen auf Sektor und Aktivität (in Klammern Wert von 2005):

Dienstleistung	Industrie	Handel
11,7 (10,6) Elektroenergie	7,9 (5,2) Nahrungsmittel	1,2 (1,6) kleiner Lebensmitteleinzelhandel
12,1 (12,8) Festnetztelefonie	7,8 (6,1) Petrochemie	1,4 (1,9) Supermärkte
19,4 (27,1) Mobilnetztelefonie	6,1 (5,7) Stahlerzeugung	1,4 (1,2) Lebensmittelgroßhandel
13,7 (12,8) Transport	31,1 (14,3) Papier und Zellulose	
15,0 (17,2) Gas		
13,1 (10,8) Summe	7,5 (6,7) Summe	1,3 (1,4) Summe

Steuern

2007 haben die Brasilianer Steuern gezahlt wie nie zuvor. Die Steuerlast der Mittelschicht, die zwischen 3.000 und 10.000 Real monatlich verdient, erreichte 42,7 Prozent. Die Gesamtsteuerlast erreichte 36 Prozent des Bruttoinlandsproduktes. In den siebziger Jahren musste ein Brasilianer 73 Tage arbeiten, um seinen Steuerverpflichtungen auf Bundes-, Landes- und Kommunalebene nachzukommen, 2007 waren es schon 146 Tage. Die Schweden müssen allerdings 185 und die Franzosen 149 Tage arbeiten, während die US-Bürger mit 102 Tagen auskommen und die Argentinier mit 97 sowie die Chilenen mit 92. Ab 2008 soll die relative Steuerlast der Brasilianer allerdings erstmals seit vielen Jahren wieder sinken.

Jahr	Brasilianisches Bundessteueraufkommen in Milliarden Real (nominal)	Regierung
1999	210,7	
2000	250,3	zweite Amtszeit Fernando Henrique Cardoso
2001	278,6	
2002	341,5	
2003	391,1	
2004	454,3	erste Amtszeit Lula
2005	514,4	
2006	570,8	
2007	650,9	zweite Amtszeit Lula

Grund für das hohe Steueraufkommen ist übrigens die gute Verfassung der brasilianischen Volkswirtschaft und nicht die Bösartigkeit der Regierung! Malen Sie sich einmal aus, wie es in Brasilien aussehen wird, wenn die nötigen Reformen (Steuern, Parteiengesetz, Arbeitsgesetzgebung, Sozialversicherung ...) endlich über die Bühne gegangen sind. Das Land wird nicht mehr zu bremsen sein!

Wechselkurs

Der Wechselkurs des Euro (Verkauf, kommerzieller Kurs) gegenüber dem Real und das Länderrisiko Brasiliens haben sich in den
letzten drei Jahren wie folgt entwickelt (Werte jeweils vom Jahres-
ende):

	Kurs	Länderrisiko
2007	2,6059	222
2006	2,8182	193
2005	2,7701	303

Am 6. Februar 2008 galt 1,000 Euro = 2,5657 Real und das
Länderrisiko betrug 263 Punkte.

Kleines Lexikon brasilianischer Wörter

Diese Aufzählung ist naturgemäß nicht vollständig und enthält
eine Auswahl der Wörter, von denen die meisten nach Ansicht von
erfahrenen Besuchern für das Wohlergehen von Geschäftsreisenden in Brasilien wichtig sind:

Caboclo	Mischling aus Europäer und Indio, in der Praxis meist Nachkomme eines Europäers und einer Indiofrau.
Caipi	Kurzform von *Caipirinha*.
Caipirinha	Ein auch in Deutschland beliebtes Getränk aus Rohrzucker, Limonen und Zuckerrohrschnaps; je nach persönlichem Geschmack oder Restaurant mit gestoßenem Eis oder Eiswürfeln, sehr süffig und sehr stark, was viele ausländische Besucher Brasiliens nicht daran hindert, mehr davon zu trinken als ratsam.
Caipirosca	*Caipirinha* auf Wodkabasis, von Brasilianerinnen bevorzugt.

Capitania	Herrschaftsbereiche im kolonialen Brasilien, bis 1759 erblich.
Churrascaria	Ein Fleischrestaurant, in dem man selten à la carte und meist nach einem System namens *rodizio* isst und bei dem der Ober dem Gast so lange Rindfleisch unterschiedlichster Art von Spießen herunterschneidet, bis dieser nicht mehr mithalten kann; deshalb wurden ampelartige Vorrichtungen ersonnen, mit denen man um eine Pause bitten kann.
Churrasco	Ein Grillfest à la Brasil, zu dem man nicht pünktlich kommen sollte, weil der brasilianische Gastgeber meist noch nicht fertig ist. Sehr reichhaltig, sättigend und von viel gezapftem Bier und *Caipirinha* begleitet.
Feijoada	Das frühere Essen der Sklaven, aus gekochten Schweinefleischstücken zubereitet, die die Herrschaft nicht essen wollte, weil sie sich nicht für Ohren, Spitzbein, Zunge und andere Fleischhäppchen begeistern konnte; zusammen mit Reis, schwarzen Bohnen, *farofa*, Apfelsinenspelzen und Kohl serviert, heute mittwochs und sonnabends bevorzugtes Essen auch der nicht armen Brasilianer in *churrascarias*, vor allem im Winter, wenn an kalten Tagen die Temperatur nur 20 Grad beträgt.
Jeitinho	Eine typisch brasilianische Lösung für ein Problem, welches eigentlich unlösbar ist, ist oft *permanentprovisorisch* und kann bei Deutschen preußischer Abstammung oder Gesinnung entweder Verwirrung, Verzweiflung oder Bewunderung hervorrufen.
Jogo de cintura	Wörtlich: Gürtelspiel; sinngemäß: Überweite, das heißt Spielraum für Entscheidungen, Flexibilität.
Manga	Heißt in Deutschland Mango, schmeckt aber in Brasilien besser und wird hier in jedem guten Hotel zum Frühstück angeboten.

Picanha	Eine Rindfleischart, die in Deutschland und auch in Argentinien unbekannt ist und zu den teuersten Brasiliens gehört, bei Gästen und Gastgebern bei einem *churrasco* besonders beliebt.
Pinga	Zuckerrohrschnaps, auch *cachassa* oder *águadente* genannt. Eine Flasche gibt es bereits für zirka 1 Euro, in Deutschland wesentlich teurer, was einen Rückschluss auf die Importkosten Deutschlands oder auf die Gewinnspanne der *Pinga*-Verkäufer außerhalb Brasiliens erlaubt.
Real	Singularform der brasilianischen Währung; in Brasilien wird für mehr als 1 Real, abgekürzt R$, die Pluralform Reais benutzt. In diesem Buch wird durchgehend nur die Singularform verwandt, denn im Deutschen heißt es ja auch nicht 100 Dollars oder Euros.

Vergleich portugiesischer und brasilianischer Wörter

Deutsch	»Brasilianisch«	Portugiesisch
abschließen	trancar	fechar à chave
Adresse	endereço	morada
Aktion	ação	accão
an einem Kurs teilnehmen	fazer um curso	tirar um curso
Ananas	abacaxi	ananás
Badehose	sunga	calções de banho
Badezimmer	banheiro	casa de banho
Baguette	pão francês	cacete
Bleistiftanspitzer	apontador	apara-lápis

blond	loiro	louro
Bushaltestelle	ponto/parada de ônibus	paragem de autocarro
Cremetorte	torta de creme	pastel de nata
den Arm brechen	quebrar o braço	partir o braço
Direktor	diretor	director
einfügen	colocar	meter
Eintrittskarte	ingresso	bilhete
Elektriker	eletricista	electricista
erkältet sein	estar resfriado	estar constipado
erwärmen	esquentar	aquecer
Fahrer	motorista	condutor
gekochter Schinken	presunto cozido	fiambre
gewürfelt	xadrez	aos quadrados
Glühwürmchen	vaga-lume	pirilampo
Gras, Rasen	grama, gramado	relva
Güterzug	trem de carga	comboio de mercadorias
Hämatom	mancha roxa	nódoa negra
Heftpflaster	esparadrapo	adesivo
Heilmittel	remédio	medicamento
Hintern	bunda	rabo
Imbissstube	lanchonete	pastelaria
Kinder	crianças	miúdos
Klempner	encanador	canalizador
Kühlschrank	geladeira	frigorífico
Lastwagen	caminhão	camião

Metzger	açogueiro	talhante
Parterre	térreo	rés-do-chão
Penthouse	cobertura	apartamento com águas-furtadas
Qualle	água-viva	alforreca
Schaukel	balança	baloiço
Schwimmflossen	pé de pato	barbatana
sechzehn	dezesseis	dezasseis
Speisekarte	cardápio	lista
Steppdecke	edredom	ededrão
Umkleidekabine	provador, cabine	gabinete de provas
Zelt	barraca	tenda

In eigener Sache

Wer über das Buch hinaus Ratschläge braucht, sollte die Internetseite meiner Firma Eurolatina unter *www.eurolatinainternational.com.br* aufsuchen, dort findet er ein komplettes Dienstleistungsangebot für Brasilien und die übrigen lateinamerikanischen Länder. Das ist unser Geschäft: Geschäftspartnervermittlung, Firmengründung und -aufbau, Firmenkauf und -beteiligung, Lizenzen, Lateinamerika-Beratung, Executive Search und operative Geschäftsunterstützung für Entwicklung, Vertrieb, Verwaltung, Logistik und Produktion.

Meine E-Mail-Adresse für Fragen und Kommentare ist *k.k.naumann@mac.com*.

Wenn Sie aktuelle Wirtschaftsinformationen über Brasilien benötigen, besuchen Sie *http://brasilienaktuell.blogspot.com,* hier schreibe ich über Brasilien und seine Wirtschaft, mit vielen Daten und nützlichen Hinweisen, so sagen wenigstens meine Leser.

Stichwortverzeichnis